RECONECTAR

```
R311    Reconectar : como criar uma cultura escolar com
            sentido, propósito e pertencimento / Doug Lemov... [et al.] ;
            tradução: Gustavo da Rosa Rodrigues ; revisão técnica:
            Luciana Vellinho Corso. – Porto Alegre : Penso, 2024.
            xxxv, 235 p. ; 23 cm.

            ISBN 978-65-5976-040-4

            1. Educação. 2. Prática de ensino. I. Lemov, Doug.

                                                        CDU 37.02
```

Catalogação na publicação: Karin Lorien Menoncin – CRB 10/2147

DOUG **LEMOV**

HILARY **LEWIS**   DARRYL **WILLIAMS**   DENARIUS **FRAZIER**

COMO CRIAR UMA CULTURA ESCOLAR

RECONECTAR

com SENTIDO, PROPÓSITO *e* PERTENCIMENTO

Tradução
Gustavo da Rosa Rodrigues

Revisão técnica
Luciana Vellinho Corso
Professora associada da Faculdade de Educação da Universidade Federal do Rio Grande do Sul (Faced/UFRGS) e do Programa de Pós-graduação em Educação da Faced/UFRGS.
Mestra em Educação pela Flinders University – Austrália.
Doutora em Educação pela UFRGS.

Porto Alegre
2024

Obra originalmente publicada sob o título
Reconnect: Building School Culture for Meaning, Purpose, and Belonging, First Edition.
ISBN 9781119739975

Copyright © 2023. All Rights Reserved. This translation published under license with the original publisher John Wiley & Sons, Inc.

Gerente editorial: *Letícia Bispo de Lima*

Colaboraram nesta edição:

Coordenadora editorial: *Cláudia Bittencourt*

Editor: *Lucas Reis Gonçalves*

Capa: *Paola Manica | Brand&Book*

Preparação de original: *Luísa Branchi Araújo*

Leitura final: *Nathália Bergamaschi Glasenapp*

Editoração e projeto gráfico: *Clic Editoração Eletrônica Ltda.*

Reservados todos os direitos de publicação, em língua portuguesa, ao
GRUPO A EDUCAÇÃO S.A.
(Penso é um selo editorial do GRUPO A EDUCAÇÃO S.A.)
Rua Ernesto Alves, 150 – Bairro Floresta
90220-190 – Porto Alegre – RS
Fone: (51) 3027-7000

SAC 0800 703 3444 – www.grupoa.com.br

É proibida a duplicação ou reprodução deste volume, no todo ou em parte, sob quaisquer formas ou por quaisquer meios (eletrônico, mecânico, gravação, fotocópia, distribuição na Web e outros), sem permissão expressa da Editora.

IMPRESSO NO BRASIL
PRINTED IN BRAZIL

SOBRE OS AUTORES

Doug Lemov é fundador e diretor de conhecimento da equipe Teach Like a Champion, que planeja e executa capacitações de professores com base no estudo de docentes com alto desempenho. Foi diretor-geral das Uncommon Schools.

Hilary Lewis é diretora-sênior de consultoria e parcerias da equipe Teach Like a Champion. Hilary atribui o amor que tem pela educação à sua primeira e melhor professora – sua mãe.

Darryl Williams é CEO da equipe Teach Like a Champion. Foi diretor-executivo na Office of School Leadership, do Distrito Escolar Independente de Houston, superintendente regional da rede Achievement First e diretor e professor em Albany, Nova York, Estados Unidos.

Denarius Frazier é diretor da Uncommon Collegiate Charter High School, no Brooklyn, Nova York, Estados Unidos, e atua como consultor-sênior na equipe de consultoria e parcerias da Teach Like a Champion.

Conheça o trabalho da equipe Teach Like a Champion acessando o *link* www.teachlikeachampion.org.

A todos os nossos colegas que se dedicaram intensamente a seus alunos durante um momento sem precedentes.

AGRADECIMENTOS

Durante a escrita deste livro, contamos com a ajuda e o conhecimento de muitas pessoas. Entre elas, as da equipe Teach Like a Champion e nossos parceiros em todo o mundo, que humildemente abriram as portas de suas escolas e salas de aula para nossa equipe durante um momento sem precedentes para a educação. Muitos de nossos colegas encontraram espaço em suas agendas lotadas, tentando administrar as melhores escolas e salas de aula possíveis diante de uma crise internacional, para discutir as experiências e os desafios que estavam enfrentando. Um agradecimento especial a David Adams, Jen Brimming, Eric Diamon, Samantha Eaton, Charlie Friedman, Stacey Shells Harvey, Jody Jones, Rhiannon Lewis DeFeo, Shawn Mangar, Ishani Mehta, Lagra Newman, Rebecca Olivarez, Eddie Rangel, Elisha Roberts e Bill Spirer.

Além disso, vários colegas leram partes do texto original deste livro e contribuíram com suas opiniões e ideias perspicazes, muitas delas de valor inestimável. Entre eles, Robert Pondiscio, Russ Roberts, Tracey Schirra e Erica Woolway. Os vídeos que acompanham esta obra foram editados e preparados com habilidade e técnica por John Costello. Agradecemos à equipe da John Wiley & Sons pela flexibilidade à medida que a ideia deste livro evoluía e por toda a ajuda especializada que recebemos ao longo do processo de escrita. Amy Fandrei e Pete Gaughan merecem menção especial. Rafe Sagalyn, como sempre fez com os livros da equipe Teach Like a Champion, nos ajudou a descobrir que livro precisávamos e queríamos escrever.

Também vamos deixar alguns agradecimentos pessoais.

Hilary gostaria de agradecer à sua família pelo incomensurável amor e apoio e expressar a mais profunda gratidão à sua mãe, Linda Lewis, sua primeira e melhor professora.

Darryl agradece à sua família, especialmente aos filhos, Mia e Darryl, pelo amor, pela paciência e pela compreensão enquanto ele viaja pelo país ajudando ótimos educadores e aprendendo com eles.

Denarius é grato a seus alunos pelas inúmeras lições que aprendeu com eles ao longo dos anos, a seus professores e mentores pela paciência, pelo apoio e pela orientação nessa jornada, e à sua família, por sempre acreditar nele e na sua capacidade de vencer.

Doug agradece à sua esposa, Lisa, e a seus filhos, Caden, Maia e Willa, pelo amor, pelo apoio, pela sabedoria e pelo senso de humor.

ALÉM DO LIVRO

Como acessar os vídeos

Veja os vídeos legendados que acompanham este livro acessando o *link* **paginas.grupoa.com.br/reconectar** ou apontando a câmera para o QR Code a seguir.

SUMÁRIO

Introdução: Qual é o problema? xv

1. Como estamos conectados 1
2. Uma grande desconexão 31
3. Como reconectar a sala de aula:
   um ensino que amplifica os sinais de pertencimento 75
4. Como conectar a escola para uma aprendizagem
   socioemocional 129
5. Estudos de caso no processo de reconexão 173

   Posfácio: Como escolhemos 215

   Índice 225

INTRODUÇÃO
QUAL É O PROBLEMA?

Após sucessivos anos de uso de máscaras, isolamento social e experiências em massa com o ensino remoto, os educadores finalmente voltaram às escolas para descobrir que as salas de aula e os estudantes haviam mudado.

Nos primeiros dias de retorno, talvez não tenhamos conseguido perceber isso totalmente. Sim, a maioria de nós sabia que haveria grandes lacunas de aprendizagem. Muitos de nós entenderam o que os dados já mostravam com clareza: apesar dos esforços muitas vezes heroicos envolvidos no ensino remoto, a aprendizagem e o progresso acadêmico regrediram de forma considerável, com os custos recaindo de forma mais pesada sobre aqueles que menos podiam pagar,[1] algo que levaríamos anos, e não apenas meses, para recuperar. Mas estávamos todos juntos de novo. Havíamos retomado nosso caminho.

Com o passar dos dias, porém, uma realidade preocupante veio à tona. Os alunos que voltaram às aulas haviam passado longos períodos longe dos colegas, sem atividades ou interações sociais. Para muitos jovens – e seus professores –, os períodos de isolamento social foram difíceis emocional e psicologicamente. Alguns perderam entes queridos, outros precisaram ficar meses trancados em suas casas ou apartamentos, enquanto tudo aquilo que mais valorizavam – praticar um esporte, fazer um curso, teatro, aula de música, sem falar em encontrar os amigos para rir e conversar – desapareceu repentinamente.

Mesmo que não tivessem vivenciado o pior da pandemia, muitos deles não sabiam mais quais eram as expectativas, as boas maneiras e as formas de troca do dia a dia. Suas competências sociais diminuíram. Eles eram os mesmos – ao menos, acreditávamos que eram os mesmos por trás das máscaras de proteção –, mas alguns se mostravam preocupados e distantes, com dificuldade para se concentrar e seguir orientações. Alguns tinham dificuldades de convivência. Frustravam-se com facilidade e desistiam rapidamente. Nem todos, é claro, mas havia uma tendência clara. De repente, surgiram notícias com histórias de alunos com problemas de disciplina, interrupções escolares por longos períodos e aumento histórico na taxa de ausência dos estudantes. Em escolas onde ninguém nunca precisou pensar em como lidar com brigas, elas se alastraram como incêndios florestais.

No momento em que o ensino de qualidade era mais necessário, tudo ficou mais difícil, e os jovens pareciam preocupados e ansiosos. Para completar, estávamos com falta de funcionários, nos esforçando para não deixar os alunos sem aula. No fim das contas, é possível que o primeiro ano pós-pandemia tenha sido mais difícil do que os próprios anos de pandemia. Os alunos que voltaram não eram os mesmos de antes.

Mas, argumentamos, a história é mais complexa do que parecia naquele momento. O que aconteceu não foi apenas um evento adverso prolongado que ocorre uma vez a cada geração, mas os efeitos combinados de várias tendências transformadoras em larga escala que alteraram a vida dos estudantes. Esses eventos já ocorriam antes da pandemia, mas, em muitos casos, foram agravados por ela, e seus efeitos são significativos e possivelmente irreversíveis. Não podemos voltar no tempo. Porém esses eventos devem nos levar a projetar e planejar nossas escolas e dinâmicas de sala de aula de maneira diferente daqui para a frente, não apenas por um ou dois anos, até que consigamos nos "recuperar", mas de forma duradoura.

Nesta introdução, vamos examinar três problemas sem precedentes que nossos jovens estão enfrentando: 1) uma crise de saúde mental em meio ao aumento do tempo de tela; 2) a falta de confiança nas instituições; e 3) o desafio de equilibrar os benefícios do individualismo com os benefícios do coletivo em instituições que dependem fortemente de contratos sociais. Que fique claro que este livro não tem apenas uma perspectiva negativa e pessimista: focaremos também as soluções para as questões levantadas. E acreditamos que as soluções existem. Primeiro, no entanto, precisamos entender muito bem onde estamos.

PANDEMIA EM MEIO À EPIDEMIA

Mesmo antes da pandemia, a psicóloga Jean Twenge já alertava sobre os crescentes casos de depressão, ansiedade e isolamento entre adolescentes. "Eu estudava saúde mental e comportamento social há décadas e nunca havia visto nada parecido", escreveu Twenge em seu livro *iGen: why today's super-connected kids are growing up less rebellious, more tolerant, less happy – and completely unprepared for adulthood*.

A diminuição histórica no bem-estar psicológico entre jovens coincidiu quase por completo com o aumento vertiginoso do uso de *smartphones* e mídias sociais e, mais especificamente, com o momento em que o número de usuários aumentou a tal ponto que adolescentes que quisessem ter uma vida social normal não tinham alternativa a não ser se tornar eles mesmos usuários de uma rede social. Além disso, o fenômeno coincidiu com a introdução do botão "Curtir" nos aplicativos de mídias sociais. Com isso, o uso das redes sociais se tornou ainda mais compulsivo, e os usuários, ainda mais dependentes.

"A chegada dos *smartphones* mudou radicalmente a vida dos adolescentes em vários aspectos, desde a natureza de suas interações sociais até a saúde mental", afirmam Twenge e seu coautor Jonathan Haidt no jornal *The New York Times*.[2] "É mais difícil puxar papo com alguém no refeitório ou após a aula quando todos estão vidrados em seus celulares. É mais difícil ter uma conversa substancial quando cada interlocutor é interrompido a qualquer momento pelo barulho e pela vibração das notificações." Twenge e Jonathan Haidt citam a psicóloga Sherry Turkle, que afirma que, hoje, estamos "sempre em outro lugar".

Quando Twenge publicou *iGen*, o uso de mídias de tela havia dobrado em 10 anos – entre diferentes gêneros, etnias e classes sociais –, passando de uma hora para duas horas por dia.[3]

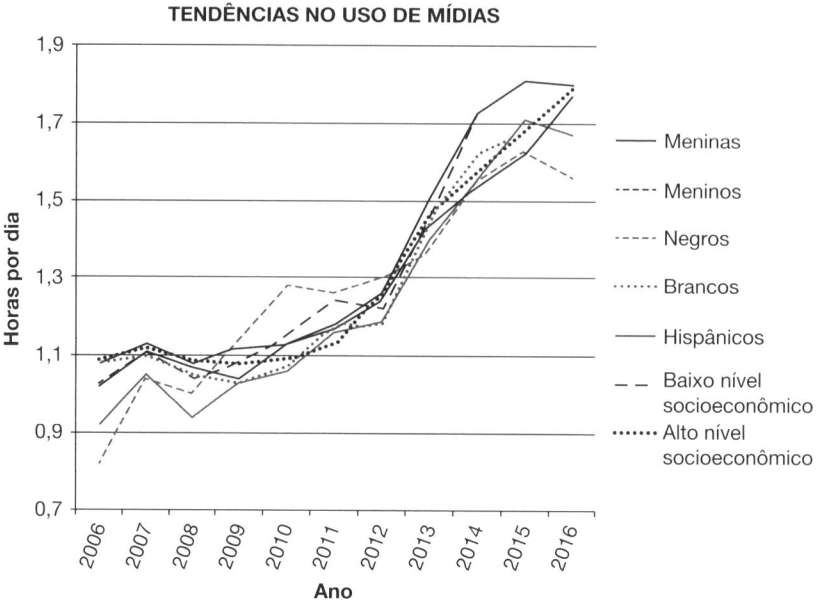

Até aquele momento, 97% dos alunos do último ano do ensino básico estadunidense (e 98% das meninas no mesmo ano escolar) usavam redes sociais. Era "a experiência mais universal possível", observou Twenge. E esses dados são anteriores às mais novas e viciantes redes sociais, como o TikTok, lançado em 2016, cujos efeitos não aparecem nos resultados. Mas os números já eram alarmantes. Twenge e Haidt descobriram que, em 37 países, a solidão na adolescência, que manteve índices "relativamente estáveis entre 2000 e 2012, com menos de 18% dos jovens relatando altos níveis de solidão", subiu rapidamente com a disseminação dos *smartphones* e das redes sociais. Em seis anos, a partir de 2012, afirmam eles, "as taxas quase dobraram na Europa, na América Latina e nos países anglófonos".

Já existia uma epidemia alterando cada aspecto da vida dos adolescentes. Como mostra o gráfico a seguir, Twenge aponta que um aluno do último ano do ensino básico, em 2016, saía com amigos com menos frequência do que um aluno do 8º ano* 10 anos antes. Em vez de passar um tempo no *shopping*, encontrar-se no McDonalds ou passear de carro, esses adolescentes estavam em seus quartos interagindo nas redes sociais (ou jogando, especialmente os meninos). E, mesmo quando não estavam em casa, muitas vezes não estavam totalmente no momento presente.

---

*N. de T. O uso dos anos escolares neste livro está baseado no sistema de ensino estadunidense.

Introdução: Qual é o problema? **xix**

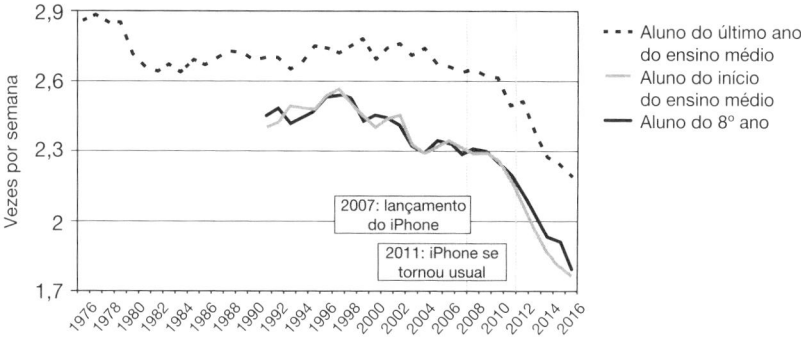

A tendência de os jovens socializarem *on-line* e em seus quartos, em vez de presencialmente, trouxe diversas consequências – boas e ruins, ressalta Twenge. Muito menos jovens tiveram relações sexuais ou consumiram álcool ou drogas. A taxa de gravidez na adolescência caiu para o nível mais baixo em décadas. A chance de adolescentes morrerem no trânsito diminuiu. Mas eles não aprenderam as responsabilidades e as competências sociais que adquirimos ao estar com outras pessoas – ter um emprego, fazer trabalho voluntário, conhecer pessoas novas, aprender a dirigir ou mesmo ir a festas. A propósito, caso você esteja se perguntando, eles não passaram mais tempo fazendo lição de casa, o que sugere que a teoria comum sobre a carga de tarefas escolares ser a causa do aumento dos problemas de saúde mental possivelmente não é verdadeira. O número de jovens que não conseguem ter uma boa noite de sono aumentou a níveis nunca vistos. Acima de tudo, e muito mais importante, as taxas de depressão, ansiedade, solidão e até suicídio de repente atingiram níveis históricos, números que Twenge jamais havia visto.

Enquanto isso, a vida intelectual dos jovens também estava mudando. Em competição com os celulares e as redes sociais, a ideia de ler um livro por prazer praticamente desapareceu. Não muito tempo atrás, em 1996, metade dos adolescentes lia por prazer regularmente; em 2017, apenas um em cada 10 adolescentes o fazia. Além disso, a leitura se tornou uma tarefa diferente. Aqueles adolescentes que liam não o faziam como as gerações passadas – por meio da imersão profunda em outro mundo, com experiências contínuas que geram empatia, quase sem interrupções e por longos períodos –, mas enquanto fazem outras atividades: com os *smartphones* os interrompendo a cada poucos segundos com uma notificação *push*. Sua narrativa interna, aquela em que eles descobrem as razões que fizeram a protagonista do livro se manter firme ante todas as dificuldades de sua vida, tem o mesmo peso de reflexão que as últimas novidades sobre as Kardashians e que a mensagem "E aí, meu, tá onde? A gente tá aqui na casa do João".

Os jovens trocaram as relações sociais por relações virtuais, mas a um custo alto. A natureza das interações virtuais nas redes sociais é projetada por terceiros – desenvolvedores de aplicativos –, cujo objetivo não é criar uma conexão verdadeira, mas uma relação de dependência. Como resultado, até mesmo a aceitação social nas mídias sociais pode ser problemática. O botão "Curtir" (adicionado pela primeira vez às plataformas de mídias sociais em 2009), em particular, foi desenvolvido para manipular o desejo que temos de nos conectarmos socialmente e criar uma dependência do produto. O botão gera "*loops* de resposta de curto prazo gerados pela dopamina".[4] Receber uma curtida nos comunica aprovação e aceitação sociais. Isso libera um pouco da mesma substância química cerebral (a dopamina) que é liberada quando fazemos outras atividades prazerosas. Os algoritmos das mídias sociais fazem com que pequenas doses da substância sejam liberadas em um *cronograma de recompensa variável e imprevisível*: você não sabe quando nem se sentirá o pequeno aumento de bem-estar que vem com uma curtida; como o cronograma é imprevisível, você está sempre checando as redes sociais. Tais *loops* de resposta sequestram nosso desejo evolutivo de sermos aceitos socialmente e o traduzem em moeda digital. Para os adolescentes, cuja necessidade de validação e afirmação é especialmente alta, isso transforma suas vidas em uma constante competição por popularidade.

Em outras palavras, os botões de curtida são como a erva-gateira (ou *catnip*) agindo no cérebro, mas o resultado de não receber curtidas é negativo. "Antes, quando você sofria *bullying* na escola, voltava para casa, para sua família. Podia sair do ambiente negativo. Você estava a salvo. Você tinha uma pausa. Isso permitia que você lidasse com a situação. Hoje, se você sofre *cyberbullying*, não tem a quem recorrer. O *bullying* está no seu quarto com você. Você nunca está livre. Nunca está em segurança", observou Cristina Fink, psicóloga da Rowan University, em uma conversa recente.

Em 2017, Twenge descobriu que o antídoto mais confiável para os efeitos negativos das mídias sociais e do uso de tela excessivo era a interação social presencial e contínua – longe dos *smartphones* e em relação direta com outras pessoas. Os efeitos mais poderosos do antídoto geralmente se manifestavam nos pequenos gestos: sorrir para outra pessoa; compartilhar uma risada; fazer uma tarefa simples com alguém, como definir o plano dos atores para uma peça na escola. Os jovens que praticavam esportes tinham muito menos chance de ter ansiedade e depressão, porque tinham uma longa e forçada pausa de seus telefones *e* porque, quando estavam longe dos aparelhos, criavam conexões por meio de interações sociais, o que os equilibrava.

Mas o número de jovens que participava de atividades organizadas estava diminuindo. Em 2019, um relatório da Common Sense Media descobriu que o adolescente médio passava mais de sete horas por dia nas telas. Quase dois terços passavam mais de quatro horas por dia nas mídias de tela.[5] Para quase 30%, a média era de oito horas por dia.[6]

Eis que, em 2020, a pandemia chegou, e tudo que poderia ser oferecido como uma alternativa ao tempo de tela desapareceu repentinamente. Quando os jovens não estavam na escola, treinando algum esporte ou no *shopping* com os amigos, eles estavam em seus telefones. Em março de 2022, a Common Sense Media atualizou os dados da pesquisa: o uso de telas e mídias sociais aumentou drasticamente durante a pandemia, com a média de adolescentes e pré-adolescentes passando uma hora a mais *on-line*, aumentando ainda mais os altos níveis de exposição. O uso diário da tela aumentou entre pré-adolescentes (idades de 8 a 12) para cinco horas, em média, e para mais de oito horas e meia entre adolescentes (idades de 13 a 18). As famílias de baixa renda foram as mais afetadas, com os pais sendo mais propensos a terem que trabalhar presencialmente e com menos recursos para investir em alternativas às telas.

Nesses níveis de uso, os *smartphones* são catastróficos para o bem-estar dos jovens. "Não é exagero afirmar que esta geração está à beira da pior crise de saúde mental em décadas", escreve Twenge.

E os problemas não se limitam à saúde mental. Todo esse tempo em frente às telas deteriora as habilidades de atenção e concentração, tornando mais difícil se concentrar totalmente em uma tarefa e manter o foco. Isso não é pouca coisa. A atenção é fundamental para qualquer tarefa de aprendizagem, e a qualidade da atenção de quem está aprendendo condiciona o resultado dessa aprendizagem. Quanto mais rigorosa a tarefa, mais ela exige o que os especialistas chamam de "atenção direcionada" (ou seletiva), que, de acordo com Michael Manos, diretor clínico do Center for Attention and Learning, da Cleveland Clinic, é "a capacidade de inibir as distrações, manter o foco e mudar a atenção de forma apropriada". Em outras palavras, para aprender bem, você deve manter a autodisciplina sobre o foco da sua atenção.

O problema com os *smartphones* é que os jovens trocam de tarefa a cada poucos segundos. Melhor dizendo, eles praticam a mudança de tarefas a cada poucos segundos e, assim, acostumam-se a estados de meia atenção, esperando sempre novos estímulos. Quando uma frase ou problema requer uma análise lenta e detalhada, sua mente já está procurando por algo novo e mais divertido.

O cérebro se reprograma constantemente com base no seu funcionamento. Essa ideia, conhecida como neuroplasticidade, significa que, quanto mais tempo os jovens passam alternando tarefas sem prestar muita atenção a nenhuma delas, mais difícil se torna manter a capacidade de concentração intensa e sustentada por longos períodos. Depois de um tempo, o cérebro se acostuma a conexões de impulsividade e fica mais propenso a responder dessa forma. "Se o cérebro de uma criança se acostuma a mudanças constantes, será muito mais difícil para ele se adaptar a uma atividade não digital, em que as coisas não se movem tão rápido", continua Manos.

Embora todos nós estejamos propensos a esse risco, os jovens são particularmente mais suscetíveis. O córtex pré-frontal – uma região do cérebro que exerce controle sobre a impulsividade e a autodisciplina – não está totalmente desenvolvido até os 25 anos de idade. Em 2017, um estudo descobriu que alunos de graduação (com cérebro mais desenvolvido do que alunos do ensino fundamental e do ensino médio e, portanto, com mais capacidade de controlar impulsos) "mudavam de tarefa em média a cada 19 segundos quando estavam *on-line*". Podemos supor que os alunos mais jovens mantenham a atenção por ainda menos tempo.

Em outras palavras, sempre que os jovens estão expostos a uma tela, eles estão em um ambiente que os acostuma a estados de baixa atenção e à troca de tarefas constante. No início, os telefones interrompem nossa atenção quando os usamos, mas, depois de um tempo, nossa mente se adapta às distrações. Em pouco tempo, os celulares começam a fazer parte de nós.

PERDA DE CONFIANÇA NAS INSTITUIÇÕES

Além dos efeitos na vida dos estudantes e no uso das mídias sociais, a pandemia se sobrepôs e possivelmente intensificou outro fenômeno social importante que afeta alunos, escolas e educadores: a perda de confiança nas instituições. Em um relatório de novembro de 2020, intitulado *A democracia em tempos sombrios*,[7] os professores James Hunter, Carl Bowman e Kyle Puetz descrevem uma "crise de credibilidade, em lenta evolução, de todas as instituições estadunidenses". A perda de confiança é geralmente verificada em relação às instituições públicas e à mídia (nesse estudo e em outros), mas a "capacidade do governo de resolver problemas", como os autores pontuam, também afeta outras áreas da vida pública, como as escolas.

Essa tendência, que teve início nos últimos anos do século XX e acelerou desde então, mostra que, cada vez mais, os cidadãos veem as instituições como "incompetentes" e "eticamente suspeitas". Isso gera uma crise de legitimação: a chance de as pessoas aceitarem ou apoiarem as decisões de uma instituição em que não confiam é muito menor. Elas tendem a contribuir menos com seu tempo e esforço para essas iniciativas. Tudo isso, claro, torna mais difícil administrar essas instituições com eficiência.

No meio da pandemia, os níveis de insatisfação se agravaram. Metade de todos os estadunidenses afirmou, sem viés político, que em alguns momentos "se sentia como um estranho no próprio país".

Precisamos fazer uma pausa para definir o termo "instituições". O analista político Yuval Levin define "instituições" como "as formas duráveis […] do que fazemos juntos. São conjuntos de pessoas organizadas em torno de um fim particular e um mesmo ideal, empenhadas em encontrar modos de alcançar um objetivo importante".[8] A gama de instituições nos Estados Unidos é ampla. Uma instituição pode ser específica (um distrito escolar) ou mais abstrata (a educação pública).

A perda de confiança nas instituições afeta diretamente as escolas, uma vez que elas mesmas são instituições. As escolas já não contam mais com a boa vontade e a confiança dos pais dos alunos. Os dados mostram claramente essa tendência. O Pew Research Center, por exemplo, realiza pesquisas regularmente com uma ampla amostra de cidadãos dos Estados Unidos sobre a confiança deles em autoridades de diversas instituições. No início de 2022,[9] eles descobriram, por exemplo, que a confiança das pessoas nos jornalistas havia diminuído drasticamente. Em 2018, mais da metade dos estadunidenses – 55% – afirmaram que confiavam "bastante" ou "razoavelmente" nos jornalistas, enquanto 44% disseram que "quase nada ou nada". Em 2022, os números se inverteram: 40% disseram que confiavam, e 60% disseram que não. O nível de desconfiança em relação aos jornalistas aumentou em 50% em quatro anos. A confiança nas autoridades eleitas diminuiu ligeiramente a partir de números já desanimadores (talvez não tivesse como ficar pior).

Autoridades eleitas e jornalistas estavam entre as profissões com o maior nível de desconfiança, mas a pesquisa também perguntava sobre os diretores de escolas públicas, que igualmente sofreram com uma queda de confiança significativa. Em 2018, 80% dos estadunidenses confiavam razoavelmente ou mais nos diretores das escolas. Apenas 20% confiavam pouco ou menos. Em 2022, os níveis de confiança caíram para 64%, e os de desconfiança aumentaram para 35%. Quase dobraram.

É importante observar que, dentro da tendência geral – perda de confiança –, os números mostram duas subtendências. A primeira é o aumento no ceticismo da maioria dos pais. Será preciso um pouco mais de trabalho para fazê-los perceber que podem acreditar na escola e na capacidade dela de educar bem seus filhos. E há também uma tendência específica de pessoas que sentem total desconfiança. Essas são as famílias que podem afrontar as políticas educacionais, se o ceticismo delas não for abordado com eficiência.

Isso é extremamente importante. Como as nações das quais fazem parte, as escolas são instituições que dependem de um contrato social. Os participantes concordam em aceitar restrições relativamente pequenas sobre suas próprias ações para que haja benefícios maiores e mais importantes quando todos seguem essas regras. Como cidadão, aceito que não roubarei os bens do meu vizinho, por mais que queira fazer isso. Em troca, vivo em uma sociedade em que as posses de todas as pessoas estão seguras, onde vale a pena ter bens, porque dificilmente vou perdê-los, e onde as pessoas inventam coisas que vale a pena ter, porque essas invenções serão valorizadas, algo que só é possível quando as propriedades estão protegidas. Quer uma economia empreendedora vibrante? Comece pelos direitos de propriedade.

As escolas também têm a sua versão desse contrato social. Como estudante, aceito que não vou gritar na sala de aula e interromper as instruções dos professores, pois assim outros alunos poderão aprender, e me beneficio do fato de que agora tenho um espaço em que posso legitimamente almejar me tornar o que eu sonho ser.

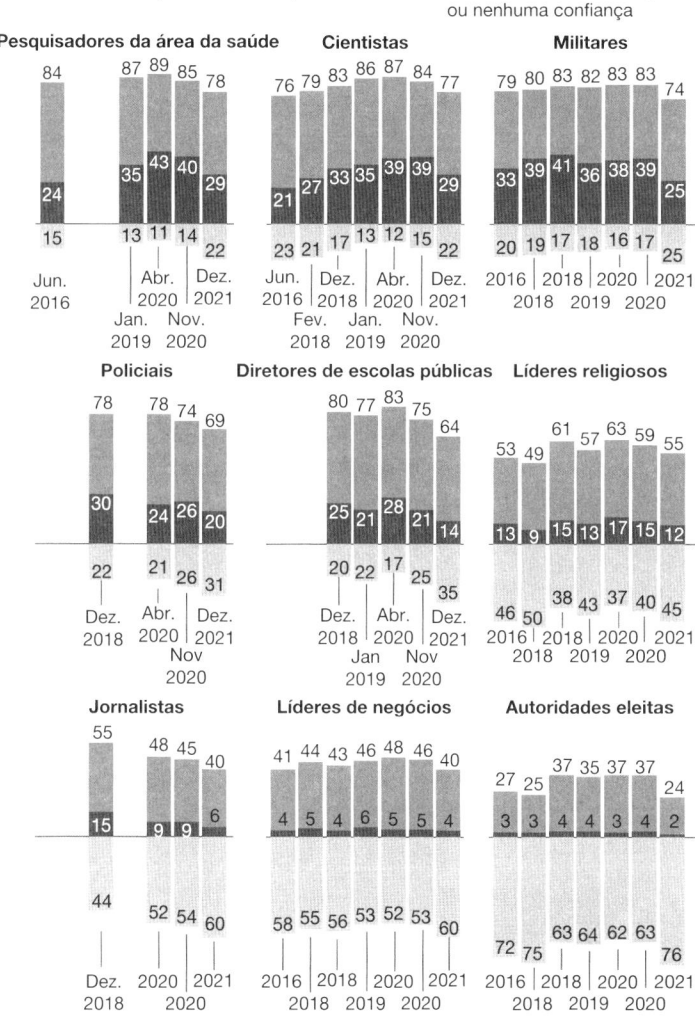

Observação: os entrevistados que não responderam não aparecem nos resultados.
Fonte: pesquisa realizada entre 30 de novembro de 2021 e 12 de dezembro de 2021.[9]

Como pai ou mãe, concordo que meu filho ou minha filha possa ser convidado a aceitar esse contrato social. Isso quer dizer que a existência da escola depende da disposição das pessoas em aceitar que autoridade não é apenas diferente de autoritarismo, mas também algo bom e, na verdade, benéfico – necessário para a construção de um contrato social. O contrato só funciona quando os participantes confiam no líder da escola para determinar os termos do acordo. Não é preciso que a maioria rejeite os termos do contrato social para que sua viabilidade fique prejudicada. Alguns participantes já bastam.

Já que estamos falando sobre confiança nas escolas, vale a pena observar mais um ponto. Os dados do Pew apresentados anteriormente são específicos para diretores, mas, no geral, como as pessoas se sentem em relação às escolas? Desde 1973,[10] a organização de pesquisa Gallup tem perguntado aos estadunidenses sobre o nível de confiança que eles têm em relação a algumas instituições na sociedade dos Estados Unidos. As opções de resposta são "muita confiança", "bastante confiança", "confiança razoável" ou "muito pouca confiança".

A seguir são apresentadas as respostas dos entrevistados sobre as escolas públicas.

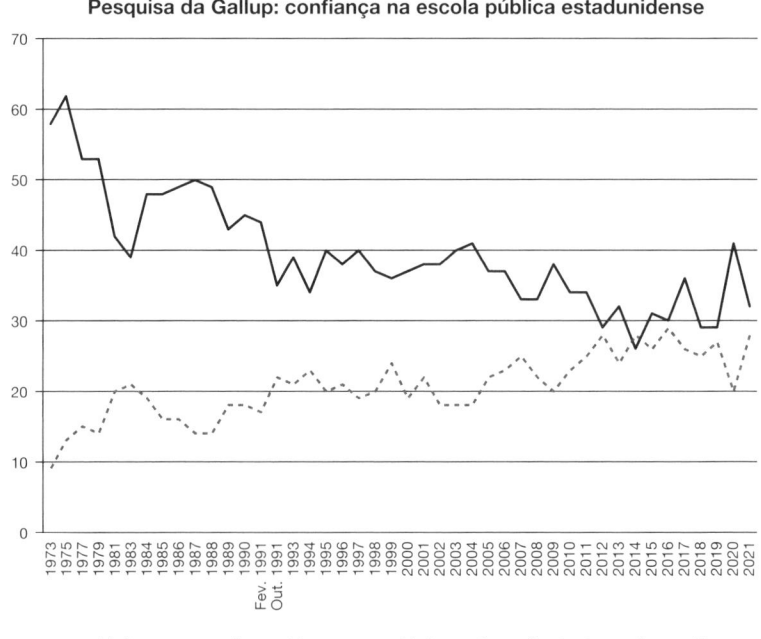

A tendência ao longo do tempo é clara. Durante os 50 anos em que os dados foram coletados, a confiança na escola pública estadunidense vem diminuindo de forma constante e generalizada. A porcentagem de entrevistados que sentiam "bastante" confiança ou mais caiu pela metade. Mesmo na primeira década do século XXI, os números estavam constantemente 10 pontos mais altos do que em 2021.

Essa tendência geral foi interrompida por um curto aumento de boa vontade em 2020 – nosso longo ano de pandemia. Os estadunidenses pareciam reconhecer os esforços das escolas durante a crise de saúde e responderam de forma mais flexível e agradecida. Mas esse aumento foi breve. Os dados caíram rapidamente mais uma vez.

A tendência inversa também é clara. A porcentagem de entrevistados que sentem muito pouca confiança na escola pública estadunidense quase triplicou desde que a pesquisa começou a ser realizada. As linhas das tendências quase se tocam. A chance de os pais confiarem na escola pública é a mesma de não confiarem. É provável que as coisas continuem assim ou até piorem. A experiência de muitos pais durante a pandemia – a frustração ou a raiva com a máscara de proteção ou o ensino a distância, as taxas históricas com que retiraram seus filhos das escolas – não vai desaparecer facilmente da memória. São condições difíceis sob as quais se espera construir e defender um novo contrato social. As escolas enfrentam um claro desafio: o fato de que as famílias que elas buscam atender não as veem como confiáveis, capazes e críveis.

Enquanto isso, outro desafio se aproxima. Enquanto as escolas lutam para funcionar sob um ambiente de desconfiança, as instituições que compõem seu ecossistema – instituições religiosas, instituições culturais, instituições que oferecem programas de esporte, música e teatro para conectar jovens nos bairros – também enfrentam dificuldades.

Uma das consequências do aumento da desconfiança em relação a essas instituições são as baixas taxas de participação comunitária. Em decorrência disso, as pessoas estão cada vez mais propensas a se conectar *on-line* em vez de pessoalmente, como fariam em uma igreja, em alguma atividade ou mesmo em uma reunião de bairro. Os jovens estão cada vez menos absorvendo os códigos de mutualidade e de cooperação dessas instituições. Nesses espaços, a chance de encontrar pessoas cujos valores e crenças não são os mesmos que os seus é maior. Sem isso, correm o risco de viver em uma câmara de eco, em que as percepções iniciais são facilmente reforçadas, em que as pessoas que discordam são difamadas, e os motivos delas são colocados em dúvida.

Os indivíduos que vivem nesses tipos de ambientes raramente têm motivos para questionar ou mudar suas ideias e percepções. A pesquisa de Jonathan Haidt, no livro *A mente moralista*, deixa isso claro: mudamos de ideia quando as pessoas em quem confiamos e com as quais sentimos uma conexão expressam uma perspectiva diferente. Repreender uma pessoa ou contestar seus motivos raramente faz com que ela mude de opinião ou amplie sua visão. Você muda de ideia ou modera suas suposições porque, de alguma forma, alguém que admira ou gosta tem uma opinião diferente. O fato de que as pessoas – em especial, os adolescentes – têm cada vez menos chance de conhecer e se conectar com pessoas que são menos parecidas com elas, seja por opiniões, seja por origens diferentes, traz um aumento no risco de isolamento cultural (e, possivelmente, de polarização política).[11] A perda de confiança nas instituições não apenas dificulta a missão da escola, mas também intensifica os efeitos do isolamento das mídias sociais nos alunos.

A TENSÃO ENTRE O INDIVIDUALISMO E O PERTENCIMENTO

O último grande desafio que os estudantes e as escolas enfrentam hoje em dia é a nossa cultura cada vez mais individualista, muitas vezes em detrimento da orientação comunitária e da obrigação mútua.

O psicólogo social holandês Geert Hofstede definiu o individualismo como "a preferência por uma estrutura social fraca, em que os indivíduos devem cuidar apenas de si mesmos e de sua família próxima". Seu oposto, o coletivismo, é "a preferência por uma sociedade forte, em que se entende e espera que os membros do grupo cuidem uns dos outros em troca de lealdade mútua". Hofstede classificou as sociedades em uma escala de 1 (coletivismo máximo) a 100 (individualismo máximo). A China, uma sociedade baseada nas ideias confucionistas que enfatizam os princípios da obrigação mútua, teve uma pontuação de 20. O Brasil, uma sociedade razoavelmente coletiva, pontuou 38. As nações ocidentais tendem a ser as mais individualistas. A Alemanha foi classificada com 67 pontos. Mas os Estados Unidos têm a pontuação mais alta entre todos os países: 91. E o Reino Unido não fica muito atrás.

Os Estados Unidos não são apenas a sociedade mais individualista do mundo, mas também, muito provavelmente, a sociedade mais individualista da história da humanidade. Como é possível imaginar, a mudança para a modernidade criou um afastamento da mentalidade coletiva. Como diz Jonathan Haidt, a maioria das sociedades historicamente escolheu a resposta "sociocêntrica" – a crença em laços comunitários – até o século XX, quando "os direitos individuais se ampliaram rapidamente, e a cultura do consumo se espalhou pelo mundo". A orientação individualista substituiu a orientação "sociocêntrica". Em outras palavras, a individualidade é uma tendência da modernidade.

Queremos ser claros: não há nada de errado com o individualismo. Grande parte da sua ascensão foi uma reação à destruição dos direitos e das liberdades individuais pelos regimes totalitários do século XX. É difícil assistir à erosão do individualismo na Rússia e na China atualmente e querer trocar. Mas também achamos importante reconhecer as maneiras pelas quais a ênfase extrema de nossa cultura no individualismo, mesmo com suas vantagens, pode se beneficiar da moderação – e pode nos levar a ignorar formas que criem um sentido de pertencimento mais forte e sejam terapêuticas em momentos de dificuldade e desconexão.

Afinal de contas, como sociedades altamente individualistas, temos um temperamento resistente a muitos dos princípios importantes pelos quais grupos com propósitos são formados. A ordem social, Jonathan Haidt escreve em *A mente moralista*, é "construída para proteger indivíduos e suas liberdades" e muito menos nossas obrigações mútuas. "Qualquer regra que limite a liberdade individual pode ser questionada", escreve Haidt. "Se ela não protege alguém de danos, então não pode ser justificada moralmente."

Com base nesses termos, torna-se muito difícil criar um senso de comunidade e de obrigação mútua. Conversar com pessoas em uma sociedade altamente individualista sobre os sacrifícios e o bem-comum – na sociedade, nas escolas, em meio a uma pandemia – é desafiador e, invariavelmente, gera resistência. Mas um contrato social viável, em que as pessoas regularmente adiam e abdicam de seus desejos e impulsos imediatos (não tenho vontade de fazer o que minha professora pede) em prol do bem comum de uma iniciativa social (se eu fizer isso, impossibilito a professora de ensinar a mim e a outros colegas) é uma condição necessária para escolas que promovam realização e bem-estar.

NA VERDADE, SOMOS OTIMISTAS

Pedimos desculpas se a primeira parte desta introdução causou uma certa ansiedade. Às vezes, parece uma lista interminável de problemas. Em certos momentos, foi emocionalmente difícil escrevê-la. Mas as coisas melhoram a partir daqui. Agora que definimos o problema, podemos passar para as soluções. E acreditamos que as soluções existem: etapas claras que as escolas podem implementar para solucionar cada um desses desafios com sucesso. Estamos no meio da floresta. Talvez sem esperança. Mas há migalhas de pão que podemos seguir. Não será fácil, mas esperamos humildemente ajudar as escolas a encontrar o caminho para fora da floresta.

Considere, por exemplo, uma reunião que acompanhamos recentemente – ou, mais precisamente, três de nós acompanhamos. A quarta pessoa, Denarius, estava organizando o encontro. A reunião foi com um grupo de estudantes da Uncommon Collegiate Charter High School, no Brooklyn, onde Denarius é diretor. Como preparação para uma sessão de planejamento estratégico que faria com seu colíder, ele queria saber a opinião dos alunos sobre a experiência deles em relação a uma série de normas e decisões da escola.

Foi um estudo de caso sobre algo que discutiremos mais extensamente no Capítulo 1: a *equidade processual*. Em alguns casos, Denarius queria a opinião dos alunos sobre as decisões que estava tomando ou pensando em rever. Em outros casos, ele só queria saber o que os alunos pensavam das coisas que pareciam boas para ele. Como deveria ser a chegada durante a manhã? Quais deveriam ser os ajustes finais para as normas sobre celulares e uso de uniformes? Quais eventos e atividades na escola os alunos valorizavam? Se eles tivessem uma varinha mágica e pudessem mudar uma coisa na escola, o que seria e por quê?

Por um lado, ele tinha um propósito específico, por outro, ele apenas seguia seu hábito de recolher informações, de ouvir as pessoas com naturalidade. Vale observar que, no primeiro caso, ouvir e pedir a opinião dos alunos *não implicava que ele concordaria ou daria a eles o que queriam*. Vários alunos defenderam a conveniência de passar pelo *scanner* de segurança* da escola assim que chegassem, ter um local para vestir o unifor-

---

*N. de R.T. Medida de segurança adotada com frequência nas escolas estadunidenses. Funciona como um raio X usado para evitar que os alunos adentrem o ambiente escolar portando armas ou objetos perigosos.

me e seguir para a aula. Denarius ouviu atentamente. Ele sorria. Explicou que, no ano anterior, haviam tentado esse método, mas mudaram depois que muitos estudantes começaram a chegar atrasados nas aulas porque permaneciam no refeitório (e nos corredores). Passar pelo *scanner* de segurança por último e fora do refeitório resultou em taxas mais altas de alunos chegando nas aulas no horário. "Vocês querem ver os dados?", Denarius perguntou, novamente de forma calorosa e sorridente. Para ele, era bom que os alunos quisessem saber mais sobre as normas escolares, mesmo que ele já soubesse qual era a decisão correta sobre essa questão específica.

Ainda assim, o fato de que ele valorizava os alunos o suficiente para querer saber suas opiniões e mostrar-lhes os dados sobre as decisões tomadas criou equidade processual. Os alunos sentiram que a escola valorizava suas opiniões e as levava em consideração. Isso resultou em confiança e admiração, mesmo que muitas das decisões, a maioria, não fossem o que os alunos haviam pedido (algumas foram; "eu sempre tento ceder um pouco", conta Denarius). De repente, os estudantes passaram a ver as razões mais claramente, como elas se alinhavam com seus objetivos e não eram arbitrárias. Eles não apenas aceitaram as decisões, mas as entenderam e concordaram com elas. No final, muitos alunos pareciam felizes por não conseguirem o que queriam.

A reunião de Denarius não teve estratégias complicadas. Apenas ouvir com atenção e tirar um tempo para perguntar e explicar – e aceitar bem as críticas construtivas dos jovens. Ele e um colega estavam tomando notas enquanto os alunos falavam. Esse pequeno detalhe demonstrava que a opinião dos alunos era importante. O mesmo aconteceu com a capacidade de falar sobre valores e objetivos com os jovens sem menosprezá-los. Rir de vez em quando também ajudou – o riso mostra às pessoas que elas estão conectadas. Além disso, Denarius estava sempre sorrindo. Os estudantes que se interessam por discutir e debater sobre as normas da escola são estudantes engajados, e isso é uma coisa boa. Eles devem sentir que ouvimos e valorizamos isso, conseguindo ou não o que querem. Na verdade, uma boa regra prática – seja para gerenciar escolas, seja de forma mais geral – é que o momento mais importante para ouvir é quando você acha que discorda.

Trazemos esse exemplo para mostrar que é possível combater os efeitos da pandemia e da crescente onda de desconfiança que nossos alunos enfrentam e ajudá-los a ter um sentimento de pertencimento em relação à escola. Voltaremos à ideia de pertencimento neste livro – à questão de como criar escolas que promovam esse sentimento nos alunos. Acreditamos que, quando as escolas fazem isso, elas criam uma comunidade – uma expectativa mútua de benefícios e obrigações compartilhados. Quando isso acontece, é como se fosse um vilarejo, uma entidade que se situa dentro de uma sociedade mais ampla, que tem uma cultura distinta, tem um contrato social de reciprocidade e prepara as pessoas para prosperar como grupo em seus próprios limites e na sociedade em geral.

Todos os dias, as pessoas nas escolas fazem coisas como o que Denarius fez em sua reunião. Nosso objetivo neste livro é buscar essas ideias e descrevê-las para você. Contaremos sobre como Charlie Friedman e sua equipe em Nashville reformularam as atividades extracurriculares para aumentar o sentimento de pertencimento em relação à sua escola, a Nashville Classical. Falaremos de como Sam Eaton e seus colegas da Cardiff High School, em Cardiff, no País de Gales, mudaram o formato do intervalo para permitir que os alunos se conectassem entre si, criassem relações e desenvolvessem habilidades sociais. Vamos mostrar vídeos de Ben Hall ensinando seus alunos a conversar, em vez de falarem todos ao mesmo tempo, para criar um senso de pertencimento durante o aprendizado.

O momento é desafiador, mas este é um livro que traz esperança e busca honrar e compartilhar soluções encontradas por educadores como você.

As escolas cujas ideias usamos aqui se propuseram a criar, de formas diversas, uma ampla variedade de culturas escolares. Elas são todas culturas inclusivas e acadêmicas, mas não há apenas uma forma de construir uma cultura escolar específica. Existem muitas maneiras de fazer isso. O que essas culturas escolares têm em comum é que todas elas são *projetadas e executadas de forma cuidadosa*. Existem princípios para ajudar uma escola a fazer isso, mas ninguém "programa", ninguém cria um modelo de como deve ser uma escola que ajuda os jovens a se desenvolverem.

Com isso em mente, confira a seguir um pouco mais sobre os assuntos que estão por vir.

No Capítulo 1, "Como estamos conectados", vamos explorar mais profundamente os desafios que apresentamos nesta introdução e começar a indicar algumas soluções. Para esboçar os caminhos possíveis, vamos tentar usar o que sabemos sobre a importância evolutiva da conexão e do pertencimento para o bem-estar humano, sobre como a tecnologia dos *smartphones* afetou os jovens e sobre a recuperação da confiança nas escolas como instituições.

No Capítulo 2, "Uma grande desconexão", vamos nos aprofundar na tecnologia. Falaremos sobre algumas das vantagens da tecnologia, mas também sobre suas desvantagens, além de observar a realidade de forma prática: precisamos restringir o acesso aos celulares durante o dia na escola. Sabemos que essa opinião não costuma agradar, e é por isso que usamos uma quantidade significativa de tempo explicando as razões por trás da desconexão que nossos alunos merecem. Fazer isso vai ser difícil, então vamos ser práticos sobre como as escolas podem, com sucesso, tomar essa decisão tão complicada.

No Capítulo 3, "Como reconectar a sala de aula", começaremos falando sobre como as escolas podem se preparar para atender melhor os alunos neste momento, começando com a sala de aula. Mostraremos como é possível reconectar a sala de aula, enviando sinais constantes de pertencimento aos alunos, mesmo que o foco principal dos professores recaia sobre os conteúdos escolares. As salas de aula devem garantir que os estudantes se sintam conectados e aprendam o máximo possível. Não podemos permitir que seja preciso escolher entre socialização e aprendizado. Muitos leitores estarão familiarizados com o livro *Aula nota 10*, de Doug. O Capítulo 3 discute como aplicar, adaptar e priorizar algumas das técnicas desse livro, dadas as realidades atuais. Compartilharemos vídeos também. Há muito mais que podemos fazer para vencer a crise atual para além do ensino excelente no dia a dia, mas, no fim, não podemos vencer a luta sem ele.

No Capítulo 4, "Como conectar a escola para uma aprendizagem socioemocional", falaremos sobre como reprogramar o trabalho socioemocional das escolas. Focaremos na educação do caráter e na instilação de virtudes que promovem o bem-estar individual e em grupo. Compartilharemos pesquisas importantes sobre o valor da resiliência e da gratidão e como podemos usá-las para deixar os alunos felizes, conectados e satisfeitos.

No Capítulo 5, "Estudos de caso no processo de reconexão", falaremos sobre os processos de planejamento necessários para projetar e operar nossas escolas com mais eficiência, em resposta ao desafio atual, e examinaremos alguns estudos de caso: como as atividades extracurriculares e a cultura escolar poderiam ser reformuladas e, em particular, como poderíamos reprogramar o que fazemos quando o comportamento do aluno não é o mais adequado.

Encerramos com um posfácio intitulado "Como escolhemos", uma breve conclusão sobre o papel que a escolha da escola pode desempenhar na construção de escolas mais responsivas e conectadas. Ao longo do livro, discutimos a importância de um contrato social para uma instituição viável. As pessoas devem sacrificar liberdades pessoais para alcançar ganhos mútuos compartilhados. Fazer isso é mais difícil em uma sociedade fragmentada, mas uma visão ampla de escolha, em que os pais selecionam as escolas por seus propósitos, pode nos ajudar a dar a mais famílias o que elas desejam e reduzir satisfatoriamente as dificuldades práticas de administrar escolas excelentes quando mais precisamos delas.

NOTAS

1. JACK, R.; HALLORAN, C.; OKUN, J. *Pandemic schooling mode and student test scores:* evidence from U.S. School Districts. 2022. Disponível em: https://emilyoster.net/wp-content/uploads/MS_Updated_Revised.pdf. Acesso em: 30 maio 2023; LEONHARDT, D. Not good for learning. *New York Times*, 5 de maio de 2022. Disponível em: https://www.nytimes.com/2022/05/05/briefing/school-closures-covid-learning-loss.html. Acesso em: 20 maio 2023; entre outros.

2. TWENGE, J.; HAIDT, J. This is our chance to pull teenagers out of the smartphone trap. *New York Times*, 31 de julho de 2021, Disponível em: https://www.nytimes.com/2021/07/31/opinion/smartphone-iphone-social-media-isolation.html. Acesso em: 20 maio 2023.

3. Duas horas por dia podem não parecer muito – até o final do Capítulo 1, esse número parecerá estranhamente positivo –, mas, se multiplicarmos duas horas diárias por sete dias na semana por 52 semanas no ano, o total são 728 horas. Tire oito horas de sono e divida as 728 horas pelas 16 horas restantes em um dia, e o resultado são 45 dias – 45 dias sem jogar futebol, sem participar de uma peça de teatro na escola, sem ler ou sem passar tempo com os amigos, sendo que todas essas atividades são substituídas por algo que gera ansiedade, isolamento e infelicidade.

4. HAYNES, T. Dopamine, smartphones & you: a battle for your time. *Blog Harvard University*, 1 de maio de 2018. Disponível em: https://sitn.hms.

harvard.edu/flash/2018/dopamine-smartphones-battle-time. Acesso em: 30 maio 2023.

5   ROGERS, K. US teens use screens more than seven hours a day on average – and that's not including school work. *CNN Health* – Life but better, 29 de outubro de 2019. Disponível em: https://www.cnn.com/2019/10/29/health/common-sense-kids-media-use-report-wellness/index.html. Acesso em: 30 maio 2023; MOYER, M. W. Kids as young as 8 are using social media more than ever; study finds. *New York Times*, 24 de março de 2022. Disponível em: https://www.nytimes.com/2022/03/24/well/family/child-social-media-use.html#:~:text=On%20average%2C%20daily%20screen%20use,(ages%2013%20to%2018. Acesso em: 30 maio 2023.

6   Muitas vezes, é difícil saber o quanto desse tempo é uso de mídia social, pois os adolescentes alternam entre aplicativos constantemente. Certamente, o tempo é fragmentado, e quase sempre com as redes sociais "no cérebro". Vale ressaltar também que esses dados são baseados em autorrelato. Os números reais são provavelmente maiores.

7   HUNTER, J. D.; BOWMAN, C. D.; PUETZ, K. *Democracy in dark times*: the 2020 IASC survey of American Political Culture™. New York: Finstock & Tew, 2020. Disponível em: https://iasculture.org/research/publications/democracy-in-dark-times. Acesso em: 30 maio 2023.

8   LEVIN, Y. *The Importance of Institutions, with Yuval Levin* [entrevista]. Washington: Hoover Institution, 2020. Disponível em: https://www.hoover.org/research/importance-institutions-yuval-levin-1. Acesso em: 30 maio 2023.

9   KENNEDY, B.; TYSON, A.; FUNK, C. Americans' trust in scientists, other groups declines. *Pew Research Center*, 15 de fevereiro de 2022. Disponível em: https://www.pewresearch.org/science/2022/02/15/americans-trust-in-scientists-other-groups-declines/. Acesso em: 30 maio 2023.

10 GALLUP. *Confidence in Institutions*, 2023. Disponível em: https://news.gallup.com/poll/1597/confidence-institutions.aspx. Acesso em: 30 maio 2023.

11 Jonathan Haidt discute a conexão entre mídia social, tensão política e polarização aqui: HAIDT, J. Why the past 10 years of american life have been uniquely stupid. *The Atlantic*, 11 de abril de 2022. Disponível em: https://www.theatlantic.com/magazine/archive/2022/05/social-media-democracy-trust-babel/629369. Acesso em: 30 maio 2023.

1

COMO ESTAMOS CONECTADOS

> *A beleza e a tragédia do mundo moderno é que ele elimina muitas situações que exigem das pessoas a demonstração de compromisso com o bem coletivo.*
>
> — Sebastian Junger

Na introdução, apresentamos três grandes desafios que nossos alunos e nossas escolas enfrentam: a necessidade de pertencimento em uma era de individualismo, a crise de saúde mental induzida pelos *smartphones* e uma ampla perda de confiança nas instituições. As soluções que descrevemos no restante deste livro serão baseadas nesses argumentos. Neste capítulo, explicaremos em mais detalhes os desafios dessas questões e por que as escolas deveriam entender esses problemas para rever a forma como interagem com os alunos e as famílias.

ARGUMENTO UM: IMPERATIVO DO PERTENCIMENTO

Um dos fatos mais importantes sobre os seres humanos é que evoluímos para nos organizar em grupos que têm responsabilidades mútuas e propósitos compartilhados, assim como para buscar o senso de pertencimento, de significado e de comunidade que a participação em um grupo cria. Isso molda profundamente nossas motivações e nossos desejos, mesmo quando, como costuma acontecer, não percebemos.

O desejo de pertencimento vem de um milhão de anos de evolução aproximadamente, tanto humana quanto, antes disso, hominídea. Quando olhamos para trás, para esse processo, tendemos a vê-lo através das lentes do nosso individualismo contemporâneo. Explicamos os processos de nos tornarmos "nós" focando no papel decisivo dos traços e das características *individuais*. Nos termos mais simples possíveis, acreditamos que prosperamos graças ao nosso cérebro grande, à nossa postura bípede e aos nossos polegares opositores. E, embora isso seja a mais pura verdade, é apenas parte da história. Igualmente crucial para o sucesso de nossos ancestrais foi a construção de grupos cooperativos, com propósito e mutuamente responsáveis.

Ao longo de eras da Pré-história, ser um hominídeo sozinho na savana com um cérebro grande e uma série de atributos excepcionais significava morrer de fome ou se tornar a refeição de outro animal, possivelmente de forma muito rápida. Os seres humanos sozinhos são fracos, lentos e superados facilmente por uma série de rivais em relação a ferramentas de caça e defesa. Mas estar na savana como parte de um pequeno grupo de humanos capazes de coordenação, lealdade e cooperação contínuas – um grupo que poderia perseguir presas de forma coordenada e eficaz por horas a fio, um grupo que se uniria quando algo com garras e dentes atacasse – era se tornar, de repente, um grande predador. O maior predador.

Durante grande parte da nossa existência, sobreviveram apenas os humanos que foram capazes de formar grupos produtivos e facilitar a inclusão das pessoas aos grupos. Os que não conseguiram se unir, os que criaram grupos que se fragmentaram e os que foram expulsos de grupos não sobreviveram. Somos individualistas agora, todos nós (particularmente nos Estados Unidos e no Reino Unido), mas, durante a maior parte da nossa evolução, o individualismo significou uma sentença de morte.

Por milhares de gerações de seleção, fomos programados para a formação de grupos e para os instintos de nutrir os mais jovens e acasalar. É assim que a evolução funciona. Devemos ser atraídos pelos imperativos de sobrevivência sem saber disso. É algo que precisa vir de berço.

William von Hippel descreve a importância de arremessar pedras, em seu notável estudo sobre a dinâmica evolutiva de grupos, *A evolução improvável*. O arremesso de pedras, ou mais precisamente o arremesso de pedras em grupo, é "[...] a invenção militar mais importante de todos os tempos", argumenta Von Hippel, e um dos avanços mais importantes no desenvolvimento cognitivo da humanidade.

Já não enxergamos as pedras como armas mortais, mas, até o século XIX, ressalta o autor, soldados profissionais portando armas de fogo eram frequentemente forçados a recuar, com baixas de contingente, em enfrentamentos contra povos indígenas armados com nada além de pedras. Às vezes, até mesmo uma coluna armada com rifles não era páreo para um grupo de pessoas que a cercavam de forma hábil e arremessavam pedras com posições precisas e cuidadosamente coordenadas.

No contexto da história evolutiva, o arremesso cooperativo de pedras permitiu que, pela primeira vez, uma espécie mais fraca se defendesse e, até mesmo, caçasse adversários maiores, mais rápidos e mais fortes. De repente, os humanos podiam atacar ou se defender à distância – uma posição muito mais segura. Em um combate corpo a corpo, 15 humanos podem vencer um leão, mas com a provável perda de vários membros do grupo. Porém um grupo de 15 humanos arremessando pedras em um leão tem potencial de vitória ao se defender ou capturar o animal, com mais chances de sobrevivência para cada indivíduo e, portanto, mais confiança, eficácia e agressão. Isso transforma a presa em predador. Finalmente, os humanos não estavam entre as espécies mais fracas – desde que conseguissem alcançar a cooperação mútua.[1]

Os indivíduos que aprenderam a trabalhar de forma cooperativa tiveram uma enorme vantagem e, observa Von Hippel, "[...] a evolução teria favorecido quaisquer mudanças psicológicas subsequentes que apoiassem a qualidade da resposta coletiva do grupo. Como resultado, nossos ancestrais, que podiam contar com a cooperação dos outros, receberam uma grande recompensa". Logo depois, a competição passou a ser entre grupos da mesma espécie, e, mais uma vez, a seleção recompensou os grupos que tiveram mais sucesso em relação à cooperação e à reciprocidade.

Os indivíduos que sobreviveram e prosperaram conseguiram formar grupos que se mantiveram unidos mesmo sob pressão, mas isso só funcionava se a maioria dos membros do grupo pudesse contar com o mutualismo. Evoluímos para buscar constantemente grupos em que sentimos o apelo da responsabilidade mútua, em que vemos evidências de que tarefas complexas podem ser realizadas de forma confiável, em que a confiança e a cooperação são compreendidas. Quando encontramos esse grupo, buscamos continuamente a confirmação de que nossa situação nele é boa ou, por outro lado, sinais de que podemos ser expulsos. Para nosso eu evolutivo, ser expulso é uma sentença de morte. Em um grau um pouco menor, o mesmo acontece com estar em um grupo incapaz de defesa, coordenação e lealdade mútuas. O espírito de grupo foi (e é) de importância fundamental para nós, absolutamente central para nossa sobrevivência.

Em outras palavras, *apenas na forma plural os humanos foram os vencedores da seleção natural*, e mesmo que a importância do grupo para nosso sucesso agora pareça muito menos relevante, ainda estamos programados para cumprir vigorosamente as normas do grupo e temer o isolamento, a separação e a possibilidade de sermos condenados ao ostracismo. "Os indivíduos não são realmente indivíduos",[2] observa Sandy Pentland, diretor do Connection Science do Instituto de Tecnologia de Massachusetts (MIT), ou pelo menos não exclusivamente. É claro que, ao longo da evolução, também competimos como indivíduos dentro de grupos, ao mesmo tempo que competimos entre grupos: competimos por *status* dentro do grupo e pelo direito de escolher parceiros.[3] Mas, do ponto de vista da seleção, é melhor ser um membro de *status* médio de um grupo unido do que o alfa em um grupo que não consegue se unir e cooperar.

Não é difícil perceber as evidências de que a natureza social da evolução está programada em nós. Nós nos estressamos com o isolamento social, e as pessoas que vivenciam solidão e desconexão social de forma contínua têm problemas com a saúde mental e física. A psicóloga da Universidade Brigham Young (BYU) Julianne Holt-Lunstad estudou a relação das conexões sociais com as taxas de mortalidade e descobriu que a falta de conexões sociais era equivalente a fumar 15 cigarros por dia.[4] Da mesma forma, o professor de medicina da Universidade da Califórnia (UCLA) Steven Cole descobriu que o sistema imunológico de indivíduos socialmente isolados era menos robusto e menos capaz de combater patógenos de forma eficaz.

A raiva costuma ser outro exemplo do nosso espírito de grupo. Os humanos se irritam com "aproveitadores", aqueles que violam o código do mutualismo e buscam colher os benefícios da associação a grupos sem fazer sua parte para contribuir. Por exemplo, muitas culturas são mais tolerantes em relação ao roubo (ou não o consideram um problema) do que em relação àqueles que se beneficiam de algo sem contribuir. A censura desse tipo de comportamento é quase universal, afirma Von Hippel. Quando percebemos que o mutualismo está falhando, nossos instintos dizem que o grupo pode se desintegrar. Essa é uma das maiores ameaças que podemos imaginar.

Nos sentimos muito mais seguros quando recebemos sinais constantes de reciprocidade e pertencimento e (talvez o que é mais interessante) quando os enviamos. A generosidade, especialmente a generosidade dentro de grupos unidos, também existe em todas as culturas do mundo. Quase sempre é acompanhada por sentimentos de satisfação e felicidade. Ficamos felizes e nos sentimos seguros quando reconfirmamos nossa própria conexão com o grupo. Após algumas milhares de gerações, o bem-estar psicológico e emocional gerado com esses comportamentos se tornou profundamente enraizado.

Pequenos momentos e gestos de pertencimento

O pertencimento é uma das emoções humanas mais poderosas, e Daniel Coyle discute seu papel na formação moderna de grupos em seu livro *The culture code: the secrets of highly successful groups*. O pertencimento, ele observa, geralmente é construído por meio de pequenos momentos e gestos aparentemente insignificantes. Na verdade, ele é *em grande parte* construído dessa forma. A coesão e a confiança ocorrem quando os membros do grupo enviam e recebem pequenos e frequentes sinais de pertencimento. O acúmulo desses sinais provavelmente é mais influente do que grandes declarações de união ou gestos dramáticos. "Nosso cérebro social se ilumina quando recebemos sinais constantes e quase invisíveis: estamos perto, estamos seguros, compartilhamos um futuro", escreve Coyle. No entanto, isso não basta por si só. Pertencer é "uma chama que precisa sempre ser alimentada por sinais de conexão".

Uma colega deu um exemplo simples disso quando visitamos sua escola dias após a revogação da ordem de uso de máscara na região. "Estou tentando me concentrar no contato visual e no sorriso", ela disse, "[...] que *nos* concentremos em reconstruir esse hábito como uma equipe, para que as crianças vejam alguém sorrindo para elas enquanto caminham pelos corredores e saibam: este é o meu lugar".[5]

Sorrir e fazer contato visual são dois dos sinais de pertencimento mais importantes. Eles também são indicativos da natureza do pertencimento de forma mais ampla. Tendem a ser sutis e até mesmo fugazes por natureza e, por isso, facilmente ignorados. Agradecer e ter ações de civilidade, como segurar a porta para alguém, deixar outra pessoa passar primeiro, apertar as mãos, são outros exemplos. Segurar a porta e deixar alguém entrar primeiro têm pouco ou nenhum benefício prático. Como a maioria dos atos de cortesia, é realmente um sinal: "Estou cuidando de você". Isso reafirma a conexão e afeta mais do que apenas a pessoa a quem você demonstra cortesia. Coyle observa que, em um estudo,[6] "[...] um pequeno agradecimento fez com que as pessoas se comportassem de forma muito mais generosa com desconhecidos. Isso ocorre porque o agradecimento não é só uma expressão de gratidão, mas também um sinal crucial de pertencimento, que gera uma sensação contagiante de segurança, conexão e motivação".

Quando respondemos a um sinal de pertencimento não apenas sinalizando de volta para a pessoa que o enviou, mas mandando sinais para outras pessoas, temos um exemplo do que o cientista político Robert Keohane chama de "reciprocidade difusa". A "reciprocidade específica" é a ideia de que, se eu ajudar você, você me ajudará em um grau parecido. Muitas vezes, é o primeiro passo no intercâmbio comercial ou político, mas tende a gerar apenas níveis limitados de confiança e conexão. A reciprocidade difusa (ou generalizada), no entanto, é a ideia de que, se eu ajudar você, alguém do grupo provavelmente me ajudará em algum momento futuro. "A reciprocidade difusa se refere a situações em que a equivalência não é tão estritamente definida, e os parceiros nas trocas podem ser vistos como um grupo", explica Keohane.[7] Normas são importantes. Ao participar ou iniciar uma reciprocidade difusa, eu me esforço para mostrar que não estou contabilizando pontos e não exijo o mesmo valor em cada situação. Estou tentando mostrar que acredito que fazemos parte de um grupo, que o que vai volta.

É por isso que, em muitas culturas e ambientes, nada é mais insultante do que insistir em pagar pelo que foi dado gratuitamente. É responder a uma oferta de boas-vindas ou ajuda (reciprocidade difusa) com um sinal de reciprocidade específica. Isso sugere uma "transação", em vez de uma "conexão", e rebaixa o gesto da outra pessoa.

Talvez o mais interessante sobre os sinais de gratidão e pertencimento, entretanto, é que o verdadeiro beneficiário é quem os envia. Ficamos felizes em ser generosos e acolhedores, em parte porque sentimos que somos bons membros da comunidade e, talvez, como resultado, membros mais confiáveis. Como observou o filósofo francês La Rochefoucauld: "Ficamos mais satisfeitos em ver aqueles a quem conferimos benefícios do que aqueles de quem os recebemos". Resumindo sua pesquisa, Von Hippel escreve: "Alcançamos a satisfação com a vida quando estamos inseridos em uma comunidade e apoiamos os membros que estão precisando de ajuda". Perceba a centralidade da reciprocidade: contribuir para o grupo e receber algo dele têm os mesmos benefícios psicológicos.

A gratidão também é uma das emoções humanas mais poderosas. Como explica Shawn Achor em seu livro *O jeito Harvard de ser feliz*, expressar gratidão regularmente tem o efeito de chamar sua atenção (ou de seus alunos) para as causas fundamentais. Fazer isso de forma regular resulta em uma "imagem residual cognitiva": é mais provável que você veja o que procura. Se quer descobrir coisas pelas quais tem gratidão e compartilhar exemplos dessas coisas, comece a procurá-las examinando o mundo em busca do que apreciar. Assim, você perceberá muitas delas.

O psicólogo Martin Seligman pediu aos participantes de um estudo que escrevessem três coisas que os faziam gratos todos os dias. Como resultado, a chance de eles sofrerem com depressão e solidão diminuiu um, três e seis meses depois. "Quanto melhor eles ficavam em examinar o mundo em busca de coisas boas para escrever, mais coisas boas viam, sem nem mesmo tentar, para onde quer que olhassem", observa Achor sobre o estudo. O mundo se tornou um lugar melhor para eles, um lugar que os valoriza e abraça, porque criaram o hábito de notar os sinais que ele estava enviando. "Poucas coisas na vida são tão essenciais para o nosso bem-estar [quanto a gratidão]", afirma Achor. "As pessoas que costumam ser gratas são mais enérgicas, emocionalmente inteligentes, indulgentes e têm menos propensão a se sentirem deprimidas, ansiosas ou solitárias."

O fato de que o que procuramos altera profundamente nosso senso de mundo é apenas um dos motivos por que os olhos são, talvez, a ferramenta mais importante para estabelecer o pertencimento. Até mesmo sua estrutura fisiológica mostra o quão fundamentais eles são. Os humanos são os únicos primatas com esclera, a parte branca dos olhos que circunda nossas pupilas. Isso ocorre, segundo Von Hippel, porque anunciar nosso olhar permite cooperação e coordenação e comunica nosso *status* dentro do grupo. Tudo isso é muito mais importante para um humano do que para um primata que não depende tanto da cooperação e do mutualismo para sobreviver (assim como todos os outros primatas, mesmo aqueles que vivem em grupos). "Se estou competindo com outras pessoas do meu grupo, não quero que elas saibam o que estou pensando, o que significa que não quero que elas saibam para onde estou olhando", observa Von Hippel. "Se eu estiver procurando um parceiro/uma parceira em potencial ou um fruto saboroso, manterei isso em segredo para que os outros não cheguem primeiro. Mas se eu estiver cooperando com outros membros do meu grupo, quero que eles saibam para onde estou direcionando minha atenção. Se uma presa aparecer, e eu a avistar primeiro, quero que outras pessoas também a notem, pois assim podemos trabalhar em conjunto para capturá-la."

Observamos que os humanos também competem *dentro* de seus grupos, e o olhar atento, anunciado a outras pessoas pelo branco de nossos olhos, também comunica a importância e o *status* dentro do grupo. Qualquer pessoa que já tenha lançado ou recebido um olhar sedutor ou tenha participado do desafio de olhar fixamente pode atestar isso. "Nossas escleras nos permitem monitorar os olhares de outras pessoas com considerável precisão", explica Bill Bryson em *Corpo: um guia para usuários*. "Você só precisa mover levemente os olhos para fazer seu amigo olhar para alguém na mesa ao lado, num restaurante." De forma mais potente, os olhares entre os membros do grupo indicam se somos respeitados e estamos seguros, se estamos sendo marginalizados ou desprezados, se há ressentimentos. "O contato visual afirmativo é um dos sinais mais profundos de pertencimento que um ser humano pode enviar. A falta dele pode sugerir que nossa inclusão está em risco."[8]

Qual é o valor das informações transmitidas por nossos olhares? "Varredura genética" é o nome de uma mudança física que confere um benefício muito vantajoso aos receptores: com o tempo, apenas as pessoas que sofrem a mudança acabam prevalecendo. Ter esclera branca – em outras palavras, ser capaz de se comunicar mais com um olhar – é um exemplo disso. Não há nenhum grupo humano em qualquer canto do planeta em que os benefícios de informações visuais aprimoradas não foram decisivos para a evolução.

Considere, à luz disso, esta imagem, retirada do vídeo de uma das aulas de Denarius quando ele era professor de matemática (*Denarius Frazier: Soluções*), retratada também no livro *Aula nota 10 3.0*.

A estudante Vanessa acaba de explicar com convicção a solução para um problema de matemática, mas, de repente, no meio de sua fala, percebe que a explicação está errada. Ela confundiu recíproco com inverso. Está falando com confiança na frente de 25 ou 30 colegas de turma, aconselhando-os a conferir as anotações e, de repente, com todos os olhares voltados para ela, percebe que está completamente errada. Ela pausa e olha para suas anotações. "Hum, eu quero mudar minha resposta", ela diz brincando, sem nenhum traço de constrangimento.

Ela ri. Seus colegas riem. Aliás, o riso também comunica pertencimento (ou exclusão) e, aqui, claramente significa: "Estamos com você". O momento é bonito, iluminado pelo calor do pertencimento. Os estudantes se sentem seguros e apoiados na companhia um do outro. O nível de confiança é alto.

Agora, observe as garotas na primeira fila. Seus olhares afirmativos, voltados para Vanessa de forma encorajadora, comunicam apoio, segurança e pertencimento. Na verdade, é difícil colocar em palavras o que seus olhares comunicam. São um pouco diferentes entre si, mas são tão importantes para moldar o momento quanto o caráter e a personalidade de Vanessa. Eles promovem e protegem um espaço em que a coragem, o humor e a humildade podem surgir.

Os sinais opostos também são potentes e provavelmente ocorrem com mais frequência nas salas de aula. A falta de contato visual (ou o tipo errado de olhar) é um sinal de que algo está estranho, mesmo que lhe digam que você faz parte do grupo, que você pertence a ele. Quando algo parece errado nas informações que recebemos pelo olhar dos nossos colegas, ficamos constrangidos e ansiosos.

Imagine que está jantando com alguns colegas, todos sentados ao redor de uma mesa. Você fala algo, e alguém revira os olhos. É um péssimo sinal. Ou você fala algo, e ninguém olha para a sua direção. Você se pergunta: o que eu disse foi estranho? Indelicado? Sem noção? Não foi tão engraçado? Sem um olhar de confirmação, ficamos nervosos. Mesmo que não estejamos falando, se notamos um revirar de olhos ambíguo, podemos ficar ansiosos. Será que foi para mim? Fiz algo que demonstra aos outros que não pertenço a esse grupo?

Imagine outra situação: você se atrasou, e todos já estão na mesa. Ao se aproximar, ninguém olha para você. Sua mente, então, começa a trabalhar ansiosamente pensando no que isso pode significar. Seus colegas talvez estejam simplesmente distraídos mexendo no celular. Mas, não importa o motivo do comportamento, seu subconsciente envia um sinal preocupante de não pertencimento.

Em muitas salas de aula, é comum que os alunos falem e os colegas não mostrem se estão interessados ou prestando atenção. Normalmente ninguém demonstra apoio quando os colegas estão com alguma dificuldade. Os alunos buscam uma conexão, mas não encontram. Especialmente os mais solitários e desconectados olham para a turma e veem apenas expressões desinteressadas ou vazias. Esse é o ambiente não verbal em que pedimos aos jovens que persigam seus sonhos. Imagine Vanessa em uma sala cheia de olhares desviados e desinteressados. Se ela for inteligente – e se for como a maioria dos jovens –, vai pensar que era melhor não ter levantado a mão.

Estado de fluxo e seu papel no pertencimento

Vale a pena observar outra coisa que Vanessa pode estar sentindo quando lê sinais de pertencimento e apoio e, portanto, decide adotar um comportamento de aprendizagem produtivo e positivo. Uma sensação de eficiência e produtividade permeia a sala. Vanessa não se sente apenas parte de um grupo; ela se sente parte de um grupo que está avançando e realizando coisas, que, através de uma lente evolutiva, é provável que sobreviva e prospere. O sentimento de pertencimento por fazer parte de um grupo é mais forte ainda quando combinado com sentimentos de progresso dinâmico e contínuo. O "estado de fluxo" psicológico descreve o que acontece quando os humanos se envolvem em uma tarefa com foco e engajamento ininterruptos por um período prolongado. Perder a noção do tempo ao fazer uma tarefa é um dos estados mentais mais prazerosos e gratificantes que podemos experimentar.

A caça é um exemplo clássico de tarefa que induziu um estado de fluxo para nossos ancestrais. Muitos cientistas acreditam que os primeiros humanos eram caçadores persistentes. Um grupo trabalhava em conjunto para perseguir uma criatura, provavelmente uma mais rápida, em distâncias curtas. Na primeira vez, a presa podia fugir, mas os caçadores a rastreavam, encontravam e perseguiam de novo. Imagine um antílope. Às vezes, os caçadores perseguiam e encontravam o antílope enquanto ele descansava após a fuga inicial. Isso exigia trabalho em equipe, persistência e foco absoluto – permanecer extremamente atento às pistas mais sutis sobre a localização do antílope, por exemplo – por horas e horas, até que finalmente a presa morresse de exaustão ou desistisse e se deixasse capturar. Quem conseguia se envolver e se concentrar por longos períodos em uma tarefa como essa tinha uma grande vantagem seletiva sobre aqueles que não conseguiam. Então, talvez nossa preferência pelo estado de fluxo tenha começado lá. De qualquer forma, os grupos em que alcançamos o fluxo são os mais produtivos e, muitas vezes, são neles que nos sentimos mais pertencentes. Em última análise, somos mais felizes quando pertencemos a grupos produtivos e eficientes.

Isso se reflete na definição de "felicidade" de Seligman, um termo que muitas pessoas definem como um sinônimo próximo de "prazer". É verdade que a felicidade geralmente inclui prazer, argumenta Seligman, mas ela também consiste igualmente em engajamento – ficar absorvido em uma tarefa, vivendo quase inteiramente no momento presente – e significado – fazer parte de algo importante e valioso, algo que, muitas vezes, parece maior do que você mesmo.

Talvez por isso muitos estudantes afirmam que seu senso de identidade vem de atividades extracurriculares, como música, teatro e esportes, mais propensas a envolver um estado de engajamento dinâmico prolongado para os participantes. Por exemplo, é muito provável que uma aula de matemática esteja sujeita a constantes interrupções de baixo nível em muitas escolas, o que quebra o estado de fluxo do próximo movimento. O impulso e a sensação de engajamento total são difíceis ou impossíveis de sustentar em tais circunstâncias. Quando um jovem diz "sou músico" ou "sou jogador de futebol", mostra que essa atividade estabeleceu para ele um sentimento de pertencimento que moldou sua identidade. Talvez isso nos mostre algo: sim, devemos garantir que atividades intensivas de pertencimento estejam facilmente disponíveis fora da sala de aula para jovens de interesses variados. E, sim, devemos garantir que essas atividades tenham um bom planejamento e sejam bem conduzidas, para potencializar o pertencimento e a conexão. Mas também devemos reconhecer que o que os jovens gostam nessas atividades pode acontecer também nas salas de aula. Se pudermos proporcionar aos alunos o envolvimento e a imersão que eles sentem em atividades como teatro ou futebol, eles terão o mesmo senso de identidade em relação à história ou à ciência.

Nossa jornada para entender mais profundamente as raízes da motivação humana nos levou a uma ampla exploração, e agora é hora de resumir a discussão que construímos. Os seres humanos são sociais e orientados para o grupo (muito mais do que achamos), e o sentimento de fazer parte de grupos com propósitos influencia nosso bem-estar. Se quisermos que os jovens prosperem, sintam-se realizados e mantenham uma boa saúde psicológica, as atividades na escola, incluindo a atividade principal de ensino na sala de aula, devem fazer com que os alunos se sintam pertencentes, sobretudo a grupos com propósito, significado e responsabilidade mútuos.

Muitas coisas que geram sentimentos de conexão e pertencimento acontecem em pequenos momentos de interação que costumam passar despercebidos. Como a responsabilidade mútua e o comprometimento estão no cerne da formação de grupo, o que você dá é tão importante quanto o que recebe. Propor-se a apoiar outras pessoas do grupo, demonstrando disposição para auxiliar nos objetivos compartilhados, mesmo (e especialmente) quando isso envolve pequenos sacrifícios pelo bem maior, é tão importante quanto o que recebemos dos outros. Neste momento, em que os alunos estão mais isolados e afastados dos grupos, é fundamental projetar escolas visando a maximizar essas características de interação diária.[9]

Podemos acabar exagerando nessa estratégia? Sim, claro. É preciso ter um equilíbrio. O pertencimento só funciona se cada estudante se sentir valorizado e reconhecido como indivíduo, em vez de apenas mais um membro da turma. No entanto, como somos a sociedade mais individualista da história, grande parte de nós está consciente do nosso desejo por liberdade e autonomia individuais. "A libertação dos laços comunitários ossificados é um tema frequente e honrado em nossa cultura", escreve Robert Putnam em seu livro *Jogando boliche sozinho*. "Nossos mitos nacionais, muitas vezes, exageram o papel dos heróis individuais e subestimam a importância do esforço coletivo." Temos muito menos predisposição para reconhecer a necessidade de mais conexão em grupo, mais reciprocidade e mais espírito de grupo. Para ter sucesso (principalmente neste momento em particular), as escolas terão que aproveitar o poder do grupo.

ARGUMENTO DOIS: AS ESCOLAS E A EPIDEMIA DOS *SMARTPHONES*

Na introdução, apresentamos dados sobre o quão devastadores os *smartphones* podem ser para a conexão, a felicidade e o bem-estar dos estudantes (e provavelmente dos adultos). Aqui, vamos reexaminar esses fenômenos à luz do que agora sabemos sobre o pertencimento humano, para entender melhor o que acontece quando os estudantes prestam cada vez mais atenção aos seus celulares do que às pessoas ao seu redor.

Uma geração conectada e isolada

É de extrema importância que os responsáveis pelos locais onde os jovens se reúnem e interagem compreendam que a popularização dos *smartphones* alterou radicalmente o tecido social da vida dos jovens, mesmo quando eles não estão usando os dispositivos ativamente.

Conforme mencionamos na introdução, o uso crônico de celulares mudou os padrões de interações sociais em todo lugar. Um estudante relatou à psicóloga Jean Twenge: "Já vi meus amigos com a família, e eles não conversam uns com os outros. Apenas falam 'aham' e ficam no celular". Momentos de interação informal, que antes serviam para estabelecer conexões e comunicação entre jovens e seus pais, sua família e seus amigos – como jantares em família, andar de carro para aprender a dirigir ou simplesmente passar um tempo juntos depois da aula – agora costumam ter pouco contato visual e poucos sinais de pertencimento. A interação envolve deslizar o dedo e rolar a tela. A mensagem é clara: é isso que as pessoas fazem em companhia umas das outras. "São as atividades que não envolvem telas que ajudam os adolescentes a se sentirem menos sozinhos", afirma Twenge, mas tais interações e o antídoto que elas proporcionam estão se deteriorando. Você pode estar na mesma sala que seus amigos, mas eles estão olhando para o celular e apenas parcialmente presentes, rindo de algo que apareceu na tela (talvez até mesmo sobre você!).

Até mesmo nos momentos constrangedores em que somos novos em um grupo – quando chegamos, paramos por um momento e analisamos o ambiente, até que alguém perceba e diga "oi" (talvez com um mínimo contato visual) – essa dinâmica mudou. Agora, olhamos em volta, mas os olhos de todos estão abaixados. Então, pegamos o celular também. Em vez de se conectarem, as pessoas permanecem distantes.

Isso também afeta a vida e a cultura das instituições. "Às vezes, chego na escola animado para ver todo mundo, mas, quando chego no corredor, meus amigos estão todos no celular", contou um adolescente. "Durante todo o caminho até a escola, eu queria muito ver meus amigos. Mas aí eu penso: por que estou aqui mesmo? As aulas poderiam ser remotas, já que eles não querem conversar." A frase *eles não querem conversar* é provavelmente uma descrição do sentimento que as pessoas têm quando não recebem o reconhecimento, o contato visual e a confirmação que os humanos esperam (e esperam mesmo!) uns dos outros. Nós não dizemos que não queremos conversar, mas sinalizamos. Entrar numa sala e não receber uma resposta clara é desconcertante e gera ansiedade em qualquer um, estando consciente disso ou não. Porém, para os adolescentes, que são especialmente sensíveis ao seu lugar no mundo, é ainda mais angustiante.

"Muitas vezes, chego cedo para uma aula e encontro uma sala com mais de 30 estudantes sentados em completo silêncio, imersos em seus *smartphones*, com medo de falar e ser ouvidos por seus colegas", disse um estudante universitário a Twenge. Esse isolamento social, mesmo entre colegas, é comum em escolas de ensino fundamental e médio que permitem o uso de celular durante o horário escolar.

Como combater a epidemia dos *smartphones*

Estabelecer limites para o tempo de uso do celular é importante, mas também é importante considerar o que os jovens fazem quando estão longe do celular, se essas atividades são benéficas para o bem-estar deles. Fazer com que tenham experiências envolventes e que promovam a conexão durante o tempo em que estão longe do celular também é fundamental para reconectá-los.

O gráfico a seguir mostra os dados de Twenge sobre como o envolvimento em certas atividades tem uma forte correlação negativa com as crescentes taxas de infelicidade entre alunos do 8º ano.

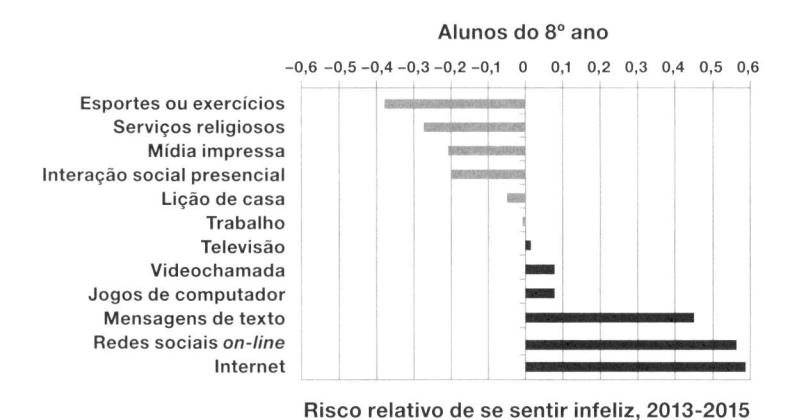

Alunos do 8º ano

Atividade	Risco relativo
Esportes ou exercícios	−0,4
Serviços religiosos	−0,3
Mídia impressa	−0,2
Interação social presencial	−0,2
Lição de casa	0
Trabalho	0
Televisão	0
Videochamada	0,1
Jogos de computador	0,1
Mensagens de texto	0,4
Redes sociais *on-line*	0,5
Internet	0,6

Risco relativo de se sentir infeliz, 2013-2015

As duas atividades que Twenge encontrou com correlação negativa mais forte com a infelicidade (a participação em esportes e a participação em serviços religiosos) têm várias coisas em comum: envolvem interação engajada com outros participantes e propósito compartilhado, além de exigirem cooperação e interação. Passar 90 minutos jogando vôlei significa 90 minutos prestando atenção em sinais faciais e sinais interpessoais sutis, reaprendendo a gramática fundamental da interação humana. Isso significa 90 minutos de cooperação e coordenação de grupo em busca de uma meta. Além disso, são 90 minutos em que não se usa o celular. Essas interações, sugere a pesquisa de Twenge, poderiam servir como "antídotos", na medida em que parecem neutralizar algumas das consequências adversas do uso das mídias sociais.

A distinção entre "celulares desligados" e "celulares desligados e um ambiente com benefícios psicológicos" é importante. As escolas, juntamente com os pais e outras organizações voltadas para jovens, devem considerar três tipos de ações para lidar com a epidemia de *smartphones* e mídias sociais: restrição, antídoto e intervenção.

Restrição: é irreal pensar que voltaremos a um tempo anterior aos *smartphones*. É ainda mais irreal pensar que as escolas podem mudar as práticas sociais gerais de forma significativa.[10] Esse não é o nosso trabalho. Nossa missão é criar ambientes nas instituições que garantam a aprendizagem e o bem-estar dos alunos. As telas prejudicam a atenção, a aprendizagem, a comunidade e a saúde mental. Garantir que os alunos passem um longo período realmente longe das telas – não apenas sem usá-las, mas também sem a presença delas – é necessário para reconstruir a atenção, otimizar a aprendizagem e maximizar o bem-estar social, sobretudo após uma crise que deixou os alunos drasticamente atrasados na escola e desconectados socialmente.

Não é uma tarefa fácil. Um de nós tem um filho que está no ensino médio e estuda em uma escola que estabeleceu a regra de "não usar celular durante a aula", com grande alarde. Uma parte dos professores cumpriu as regras com diligência e sucesso. Alguns não tinham vontade ou habilidade para lidar com os estudantes que confrontaram a nova regra. Outros docentes optaram por ignorar a regra ou zombar dela. As salas de aula que aderiram à política logo se tornaram exceções e, em duas semanas, ficou claro que a iniciativa seria rapidamente esquecida (além disso, vale a pena refletir sobre o que esse insucesso em cumprir uma regra estabelecida comunica aos pais e alunos sobre a eficácia da instituição em uma era de crescente ceticismo).

Claro, algumas escolas conseguem implementar restrições com sucesso. No Capítulo 2, vamos discutir em detalhes como fazer isso, mas destacamos aqui a importância de conseguir a aceitação dos funcionários e dos pais como primeiro passo.

Acreditamos que, com diligência e foco, as escolas podem ser ambientes em que os alunos se conectam e aprendem sem distrações: cara a cara e com lápis sobre papel – "conteúdo rico, tecnologia básica", gostamos de dizer. É importante ressaltar que as escolas são uma das últimas instituições que ainda podem implementar de forma razoável os tipos de efeitos moderadores no uso universal dos celulares. Possivelmente, somos o último reduto.

Antídoto: além de restringir o acesso aos *smartphones*, as escolas podem incentivar atividades de antídoto. Na verdade, o melhor antídoto pode ser uma sala de aula bem administrada, com uma aula forte e uma dinâmica que envolva a todos, em que os alunos sintam um forte senso de pertencimento, porque estão constantemente recebendo sinais de seus colegas de que sua presença e seus esforços são valorizados. As escolas podem acrescentar a isso uma série de atividades para envolver os alunos fora da sala de aula. Essas atividades, como participação em clubes, esportes e eventos, devem ser bem administradas e cuidadosamente planejadas, assim como as da sala de aula. Não basta oferecer uma equipe de artes marciais ou um clube de ciências se ninguém participar, ou se as pessoas aparecerem, mas metade delas estiver no celular, replicando a solidão que os estudantes sentem na sala de aula.

Ironicamente, às vezes, é melhor oferecer poucas opções. Uma ideia comum nas escolas é a de que poder escolher motiva os alunos, de que, se permitirmos que escolham as atividades, os livros e o conteúdo, eles gostarão mais. Porém, na verdade, o que motiva muito mais as pessoas é a percepção das normas sociais. Fazemos o que fazemos em parte porque queremos nos conectar e nos engajar em esforços compartilhados com as pessoas ao nosso redor. Às vezes, a escolha pode motivar, mas a conexão motiva muito mais. Um clube de debate criado às pressas, com participação esporádica, administrado por um membro da equipe indiferente, e onde alguns alunos entram e começam a mexer no celular – ou ficam observando seus colegas deslizarem o dedo no celular – não gera muito valor. É parecido com o que acontece na sala de aula quando permitimos que os alunos escolham um livro para ler. O resultado pode ser cada um lendo seu livro num canto da sala, sem a oportunidade de discuti-lo nem de se beneficiar da conexão emocional que a experiência compartilhada de ler uma história juntos proporciona. É muito melhor ler um livro em conjunto, talvez até em voz alta, e ouvir os outros rirem e se surpreenderem à medida que a história se desenrola. É muito melhor fazer com que os alunos passem seus dias escolares em ambientes construtivos e projetados de forma consciente, em que a cultura é vibrante e solidária. Na dúvida, é melhor fazer menos coisas, mas com conexões mais fortes e de melhor qualidade.

Intervenção: os jovens de hoje vivem uma versão mais lenta da adolescência do que os jovens há uma ou duas décadas. Um aluno do primeiro ano do ensino médio, em 2017 teve, de certa forma, as experiências de vida de um aluno do 8º ano de décadas atrás. Mesmo antes da pandemia, esses jovens tinham menos chances de manter o emprego e fazer a carteira de motorista. Normalmente, passavam menos tempo interagindo com novas pessoas nas milhares de interações inesperadas que fortalecem o domínio dos sinais sociais. A pandemia os afastou ainda mais dessa gama de experiências.

Uma parada para tomar sorvete na saída da igreja, da mesquita ou do templo – coisa que não pôde acontecer com a maior parte dos jovens durante o confinamento – ensina os rituais e padrões da vida cívica e comunitária, como as normas para cumprimentar as pessoas e socializar com elas. O jeito de cumprimentar o padre é parecido com o jeito de cumprimentar o atendente da sorveteria, mas há algumas diferenças. Essas experiências nos ensinam a agir em um mundo complexo.

Os jovens que retornaram às escolas foram isolados das doses normais de tais interações, não apenas por causa dos dois anos de pandemia, mas possivelmente em razão das novas normas tecnológicas. Tais normas os fazem olhar para o celular e passar pelo padre sem fazer contato visual, ou ignorar o atendente da sorveteria porque estão usando fones de ouvido – e provavelmente nem sequer consideram se é estranho não tirar os fones de ouvido ao falar com alguém. Quando essas atividades voltaram para os jovens após um longo hiato, elas foram distorcidas por máscaras e distanciamento social. Como você aprende a ler expressões faciais se não consegue ver rostos, ou a cumprimentar alguém quando não pode abraçar ou apertar as mãos?

Alguns estudantes vão preencher as lacunas deixadas por essa experiência reduzida se apresentarmos mais oportunidades para se conectarem durante o dia, por meio dos antídotos discutidos antes. Porém, em alguns casos (para alguns estudantes e talvez para algumas das normas que queremos estabelecer), a mera oportunidade não será suficiente. Temos que estar preparados para ensinar normas e expectativas sociais de forma deliberada.

De muitas maneiras, as melhores escolas que conhecemos já fizeram isso. Elas já estavam cientes de que somente as salas de aula mais positivas e produtivas podem incentivar e promover o tipo de cultura intelectual de que os estudantes precisam se a excelência for realmente uma meta. Elas estão acostumadas a definir e ensinar normas sociais.

Esse trabalho assume duas formas principais. Primeiro, as escolas podem estabelecer e incutir amplas normas sociais contínuas fora da sala de aula, talvez até de modo inesperado. Doug trabalha com um clube de futebol que é um modelo interessante. O clube é a categoria de base de uma equipe profissional. Os atletas (de 12 a 18 anos) jogam em um nível de elite e treinam diariamente. Cada um deles cresceu como o melhor jogador de sua cidade ou bairro. Alguns se tornarão profissionais, mas a maioria não. Possivelmente, eles continuarão jogando na faculdade e depois seguirão outro rumo na vida. Eles não veem isso claramente neste momento, porque são jovens e estão em busca de seus sonhos. Mas essa ideia também pode levar a mentalidades contraproducentes. No mundo dos adolescentes, eles são indivíduos de alto *status*. Seria fácil que desenvolvessem uma arrogância em excesso. Os organizadores passaram um tempo refletindo sobre essa questão. Eles (e os pais dos atletas) queriam desenvolver pessoas humildes e de bom caráter. Queriam que eles se orgulhassem e se sentissem pertencentes ao clube, mas também mantivessem os pés no chão.

Assim, sempre que uma pessoa aparece no *campus* do clube, *cada atleta*, tenha ele 12 ou 18 anos, a cumprimenta com um aperto de mão, um soquinho ou um contato visual. A maioria se apresenta e dá as boas-vindas. É ótimo para o visitante, porque ele se sente importante, mas é ainda melhor para o próprio atleta, que aprende a tratar todos como importantes e iguais e dar o primeiro passo para se conectar com outras pessoas, além de adquirir as habilidades de ser confiante e acolhedor.

Não há razão para que as escolas não pensem em rotinas ou rituais semelhantes. Na verdade, no Capítulo 5, mostraremos um vídeo de funcionários, alunos e pais se cumprimentando na chegada à North Star Academy Downtown Middle School, em Newark, Nova Jersey. É um costume que estabelece pertencimento, desenvolve habilidades sociais e define normas culturais.

A segunda forma de intervenção que as escolas talvez precisem planejar é específica para jovens que têm dificuldade com pistas sociais, que são um pouco menos atentos sobre como engajar com colegas, fazer amigos ou falar de forma apropriada nos vários momentos da vida escolar. A escola é um ambiente difícil para esse tipo de jovem, e é seguro dizer que haverá mais deles após a pandemia e menos ambientes sociais onde poderão aprender a ler as pistas e os sinais.

Em uma escola que conhecemos, um dos diretores de estudantes* costuma convidar os estudantes para um almoço no estilo "em família". Para a sobremesa, há um pacote de bolachas e uma cesta com saleiro e pimenteiro, além de alguns molhos picantes. Almoçar com o diretor de estudantes é muito especial para alunos do ensino fundamental II (mais ou menos como ir para a primeira classe do avião). No almoço, também há conversas mais maduras sobre escola, família, música ou o que está acontecendo no mundo. Alguns alunos estão lá por um motivo específico: precisam de prática. Depois, eles recebem um *feedback*. "Fazer perguntas para as pessoas é uma ótima forma de se conectar. Tente perguntar a elas que tipo de música gostam, em vez de apenas dizer o que *você* curte." Esse é um pequeno, mas incrível exemplo do que chamamos de intervenção: um esforço deliberado da escola para desenvolver habilidades sociais e compreensão em um pequeno grupo de alunos que necessita de ajuda extra.

Durante as reuniões com seus alunos para avaliar a experiência escolar do ano, Denarius ficou impressionado com o valor que eles dão às

---

*N. de T. O diretor de estudantes é o responsável por acompanhar os alunos nos âmbitos administrativo, comportamental e acadêmico. Coordena atividades escolares, aplica medidas disciplinares quando necessário e trabalha junto a outros departamentos para garantir o bom funcionamento de todos os programas estudantis.

reuniões gerais, momentos em que toda a escola se reúne para trocar informações, desenvolver a cultura escolar e se inspirar. É um momento em que Denarius ensina e reforça as normas de uma cultura positiva dentro da escola. É o ensino de normas sociais para toda a escola. Os alunos, descobriu-se, gostariam de ter mais reuniões gerais. Eles valorizam aquele momento mais do que Denarius imaginava. Gostam de ver colegas de diferentes anos escolares nos encontros. Gostam de estar em grandes grupos. Às vezes, reviram os olhos para algumas coisas que os adultos dizem ou ensinam, como cumprimentar as pessoas com contato visual, mostrar gratidão e usar o uniforme escolar conforme as regras, mas ouvem mesmo assim e acabam gostando disso. Reconhecem as coisas que Denarius e sua equipe ensinam e entendem que elas podem ser importantes neste momento ou mais tarde, lá ou em outro lugar. Querem estar preparados para todos os lugares que a vida pode levá-los. E cada um deles é capaz de decidir o que fazer com esse conhecimento quando sai da escola.

Para alguns leitores, os comportamentos que a escola ensina podem parecer "paternalistas". Socializar estudantes fazendo com que cumprimentem os outros de forma específica é culturalmente invasivo? Isso passa por cima da própria cultura dos estudantes? Achamos que não, principalmente porque eles são inteligentes. Aprender as normas das escolas que frequentam gera benefícios, especialmente quando elas ajudam os alunos a se conectarem e aprenderem, já que eles continuam capazes de decidir quando e se desejam adotar ou adaptar essas normas fora da escola. Eles conseguem decidir por conta própria até que ponto querem seguir as normas. Eles sempre terão as habilidades. É quase certo que haverá momentos em que ficarão felizes em tê-las à disposição e poderão usá-las (ou não) como quiserem. Em algumas escolas, os meninos precisam usar gravata, e muitos deles tiram a gravata logo que passam o portão para ir embora. Alguns não chegam nem perto de uma gravata fora da escola. Outros descobriram que, às vezes, é legal parecer um pouco mais elegante, querem saber como amarrar a gravata ou combiná-la com outras peças de roupa. Todos compreendem que ela é parte do uniforme escolar, mas têm liberdade para adaptar essa tradição ao seu próprio estilo.

Em nossa experiência, os estudantes geralmente entendem e valorizam as expectativas elevadas das organizações das quais fazem parte. Eles gostam de ser desafiados a alcançar altos padrões quando percebem que esses padrões existem porque acreditamos no potencial deles. Mesmo os alunos que parecem não gostar no momento geralmente acabam entendendo o valor dessas expectativas mais tarde. Todos gostam de contar a história do treinador ou professor que os ajudou a alcançar seu potencial máximo. Geralmente exageram o quão desafiador foi (quantas corridas de velocidade tiveram que fazer, por exemplo). Mas contam a história com orgulho, porque ela representa um momento da vida em que alguém achou que valia a pena investir neles.

Os estudantes não se importam em seguir altos padrões quando entendem que eles existem por respeito à sua capacidade e ao seu potencial (e quando eles são mantidos de forma consistente). Isso é especialmente relevante numa discussão sobre tecnologia. No início, os alunos ficarão satisfeitos com a restrição de celulares na escola? Claro que não. Vão argumentar contra a regra? Reclamar? Com certeza! Podem criar um abaixo-assinado? Claro. E, se o fizerem, melhor ainda!

Eles são jovens. Eles, de fato, não sabem tudo sobre o mundo aos 16 anos. Entre outras coisas, ainda não sabem como será a escola sem o uso de celulares ou qual será o benefício dessa medida para a sua aprendizagem. Portanto, devemos esperar alguma resistência e ficar felizes se os estudantes organizarem um abaixo-assinado ou um protesto. Isso significa que eles se importam e defendem aquilo em que acreditam. Isso é bom, mesmo que pensemos que eles estão errados.

Se houver um abaixo-assinado em resposta à proibição dos celulares, faremos uma reunião com os estudantes e diremos: "Contem para a gente todas as suas preocupações em relação à restrição dos celulares". Tentaremos fazer perguntas para saber mais e mostrar que levamos a sério a perspectiva dos alunos: "Então está preocupado porque sua mãe não vai conseguir falar com você durante o dia?". Apresentaremos a eles alguns dados (talvez alguns dados deste livro!) para que reflitam. Procuraremos pelo menos um pequeno compromisso ou ajuste que possa ser feito em resposta à questão. Talvez até daremos a eles a possibilidade de ter mais ou menos flexibilidade conforme o cumprimento das regras básicas. "Certo", podemos dizer: "Entendemos o que vocês estão falando. Vamos pensar num lugar onde possam dar uma olhada no celular duas vezes por dia. Mas saibam que os estudantes que estiverem com o celular fora do horário permitido correm o risco de perder esse privilégio".

No entanto, no final, apesar dos argumentos apaixonados de jovens engajados, achamos que você deve decidir com base no interesse do grupo a longo prazo. E essa resposta é clara. Não é o que a maioria dos estudantes vai querer ouvir no início. O trabalho de administrar escolas não é fazer o que é popular, mas o que é certo. Depois disso, o trabalho é agir e garantir que os alunos sintam uma diferença positiva. "A aceitação", lembra nosso colega Paul Bambrick, "é um resultado, e não um pré-requisito". Se a cultura fizer com que os alunos se sintam completos, apoiados e importantes, eles vão adotá-la. Não há razão para pensar que eles saberiam desses benefícios de antemão. Se nos dedicarmos a tornar a escola e a cultura escolar excelentes, os alunos acreditarão nela.

Fazer isso exige foco, acompanhamento e adesão de todos os membros da equipe, e isso nem sempre é fácil de conseguir. Para qualquer escola, o acompanhamento operacional – a capacidade de garantir que as normas e decisões sejam implementadas com exatidão em toda a organização – é o principal fator de eficácia. O desafio de realizar coisas importantes de forma confiável é especialmente significativo nesse momento. Uma grande razão para isso é que a confiança nas instituições nunca foi tão baixa. No exato momento em que mais precisamos delas, como público, estamos mais céticos do que nunca.

ARGUMENTO TRÊS: AS ESCOLAS DEVEM RECONSTRUIR A CONFIANÇA NA VIABILIDADE E CONFIABILIDADE DAS INSTITUIÇÕES

Isso nos leva ao terceiro argumento deste capítulo: precisamos estar preparados para trabalhar e reavivar a confiança em nossas instituições, fazendo da escola um modelo de como as instituições podem ser responsivas, atenciosas e eficazes e respeitar o tempo e o valor dos alunos, mesmo quando eles não podem ter tudo o que querem. Isso é importante porque, como apontou o escritor educacional Robert Pondiscio, a escola geralmente é a primeira interação contínua de um jovem com a ideia de instituições. É onde ele desenvolve (ou deixa de desenvolver) a crença de que o que construímos quando trabalhamos juntos é valioso e benéfico, de que trabalhar juntos para criar coisas é o que fazemos na vida. Quando você não confia nas instituições ou acredita que elas não atendem bem às pessoas, é difícil se beneficiar do que oferecem. Como se isso não fosse suficiente, precisamos reavivar não apenas a confiança dos estudantes em nossas instituições, mas também a dos pais e, às vezes, dos professores.

Um passo fundamental no caminho a seguir é revelado pelo Edelman Trust Barometer, uma tradicional pesquisa internacional sobre confiança nas instituições realizada anualmente. Ao descrever dados sobre a oscilação da confiança em instituições em países ao redor do mundo, principalmente as quedas, como observamos na introdução, os autores observam que "na maioria das vezes, a confiança em uma instituição aumenta em virtude da qualidade da informação". Ao compartilhar boas informações, as pessoas entendem por que você faz o que faz. Até mesmo compartilhar informações completas é um ato de confiança que demonstra abertura e transparência.

Muitas pesquisas corroboram uma ideia similar: a transparência pode ajudar as pessoas a determinarem o quão justa uma instituição é, e isso é muito importante para a avaliação e o nível de confiança da instituição em questão. Além disso, quando as pessoas percebem que uma instituição é justa na forma como toma decisões, é mais provável que aceitem essas decisões, mesmo que não concordem.

A justiça pode ser dividida em dois tipos: justiça do resultado e justiça do processo. A do resultado se refere à crença das pessoas de que uma decisão é correta e justa com base nos seus méritos. A do processo se refere à crença das pessoas de que os tomadores de decisão fizeram suas escolhas de forma aberta, justa e honesta. Temos uma série de exemplos na democracia. A grande maioria de nós entende e aceita as decisões, mesmo quando não concorda com elas, porque acredita que o processo é justo. Por isso, pessoas que aspiram ocupar cargos públicos com integridade geralmente respondem a uma derrota afirmando o processo: "É a voz do povo". A longo prazo, o processo é maior do que qualquer decisão isolada.

De fato, pesquisas sugerem que as pessoas valorizam a justiça do processo tanto quanto, se não mais, do que a justiça do resultado. Além disso, explica David Chan, professor de psicologia da Singapore Management University, "a justiça do processo é um indicador mais forte do que a justiça do resultado na avaliação das pessoas [...] sobre seus líderes".

Em outras palavras, se as escolas quiserem pedir a um grupo diverso de famílias céticas, com opiniões variadas, para apoiar políticas que potencializem o progresso escolar e o bem-estar dos estudantes, elas devem focar na justiça do processo, pois é improvável que todos concordem sobre os resultados. Se as pessoas discordam, mas acham que você tomou a decisão de forma justa, você estará numa situação melhor do que estaria se todas concordassem, mas não tivessem certeza se entendem e confiam na sua maneira de chegar a uma decisão.

Chan sugere alguns princípios fundamentais da justiça do processo. O primeiro é o que chama de "exatidão". Tomamos as decisões com base em dados e informações legítimos? As partes interessadas estão cientes disso? Podemos dizer que as pesquisas são baseadas em fatos ou em pesquisas. Se você quer propor restrições ao uso de celulares na escola, precisa mostrar não apenas os motivos dessa ação, mas também as pesquisas que a corroboram, para que pais, alunos e professores saibam que tomou uma decisão baseada em mais do que apenas sua própria opinião.

Outro princípio da justiça do processo é a consistência. As pessoas querem saber que as regras e políticas são "aplicadas de forma consistente entre pessoas e em situações semelhantes". A "voz" também é fundamental. O processo de tomada de decisão deve oferecer às pessoas a oportunidade de falar e influenciar o resultado, diz Chan, mas ter a oportunidade de influenciar o resultado não significa que você o determina. Significa que tem a chance de ser ouvido de forma sincera e franca antes que a decisão seja tomada.

Por fim, Chan observa que "é mais provável que os procedimentos sejam considerados justos se forem congruentes com os valores e refletirem as preocupações das pessoas envolvidas". É claro que é difícil prever os valores que as pessoas trazem para uma organização como a escola, mas você pode definir valores específicos que acredita que sua escola representa e usá-los como referência. Sempre é possível retornar ao propósito: *é isso que estamos tentando fazer. É por isso que estamos fazendo. É isso que valorizamos como comunidade.*

Na introdução, mencionamos uma reunião que Denarius fez com os estudantes. Ele ouviu com atenção e mostrou que estava tomando decisões com base em dados e pensando no bem-estar dos alunos a longo prazo. Nesse processo, ele disse "não" aos estudantes, embora tenha reforçado uma regra benéfica para eles. Então, talvez "dizer não" não seja a expressão certa. Muitos alunos concordaram com sua decisão. Outros entenderam a decisão, mesmo que não fossem a favor dela. Mas todos eles se sentiram importantes, valorizados e ouvidos. Ficaram mais conectados e se sentiram mais pertencentes ao processo de discordar do diretor. Isso, para nós, é sinal de uma escola bem administrada.

Confira a seguir a fórmula que desenvolvemos, depois de observar muitas escolas, para reconstruir a confiança.

1. **Desenvolva muito bem a principal missão da educação.** Um aspecto fundamental para desenvolver confiança é ser eficaz na principal missão da educação. As pessoas sentem confiança em organizações bem administradas, capazes de realizar tarefas complexas e coordenadas. Porém, não escolha entre ter uma escola boa e uma escola com cultura responsiva. Uma escola que faz com que os alunos se sintam pertencentes, mas não os prepara para realizar seus sonhos, não atende aos padrões. Por outro lado, tenha em mente que a excelência escolar é necessária, mas por si só não é suficiente para atingir os objetivos educacionais.

2. **Ajude as pessoas a construir um forte senso de propósito.** Como esperamos ter deixado claro, temos uma tendência a formar grupos. Nós conseguimos criar um vilarejo: um grupo de pessoas conectadas por um lugar, que compartilham uma visão clara do futuro e um propósito em comum. Ainda que algo seja simples, não significa que seja fácil de alcançar. Um objetivo simples pode exigir muito trabalho num mundo complexo.

    Para nós, o propósito deve começar com a busca compartilhada pelo conhecimento do aluno, mas o caráter *compartilhado* é facilmente esquecido. Uma boa escola ou sala de aula é, antes de tudo, uma cultura que valoriza o aprendizado. O segundo elemento do propósito compartilhado é o bem-estar do estudante. As escolas que promovem uma cultura positiva, otimista, grata e altruísta são ambientes psicologicamente saudáveis, e a busca por virtudes (que discutiremos no Capítulo 4, mas que significa fazer o que é certo para nós, fazendo o que é certo para as pessoas ao nosso redor) talvez seja a melhor maneira de fazer isso. Como afirma Angela Duckworth, fundadora do Character Lab, virtudes são "[...] todas as formas de pensar, sentir e agir que costumamos fazer e que são benéficas para nós e para os outros".

Uma escola não precisa de muito mais do que isso. Conseguir coisas simples e importantes em um mundo complexo e desafiador não é uma tarefa fácil, e adicionar mais metas pode gerar tanto distrações quanto benefícios. Fazer com que todos se concentrem em uma ou duas coisas importantes é muito difícil.

Um passo importante no desenvolvimento de um senso de propósito compartilhado e forte é compartilhar o vocabulário. A linguagem, argumenta W. H. Auden, é a mãe, e não a criada do pensamento. Ter palavras para as coisas faz com que elas existam. A escola deve estabelecer um vocabulário compartilhado para o que deseja incutir e o propósito que busca. Isso torna as coisas legíveis para estudantes e pais. Em última análise, entender e sentir conexão a um propósito não apenas torna as pessoas mais felizes, mas também faz com que elas se sintam mais conectadas e confiantes (falaremos mais sobre isso no Capítulo 4).

3. **Foque no processo**. No mundo em que vivemos, às vezes é difícil imaginar uma decisão com a qual todos numa comunidade concordariam. No capítulo final, examinaremos o que isso pode significar para a ideia de escolher uma escola. Até lá, temos que recorrer ao processo. As pessoas precisam sentir que o processo de tomada de decisão se baseia em propósitos e dados, é transparente e leva em consideração suas ideias e opiniões.

SURGE UM VILAREJO

Terminamos com uma observação final sobre nosso passado evolutivo. Antes de sermos totalmente humanos, é provável que apenas existíamos em grupos familiares pequenos e pouco conectados, possivelmente muito parecidos com os grupos familiares de outros primatas atuais. À medida que conseguimos nos coordenar, nos tornamos cada vez mais sociais, com confiança mútua e provavelmente em grupos maiores. Quanto maior o grau de cooperação e mutualismo, maiores as chances de sobrevivência. À medida que a cooperação conferia grandes vantagens aos grupos que a alcançavam, nós nos esforçamos e evoluímos para nos tornarmos o que os biólogos chamam de "eussocial", um estado raro de elevada mutualidade, em que os membros de uma espécie estão dispostos a se sacrificar pelo bem do grupo, a ajudar a criar os filhotes uns dos outros e a cuidar dos idosos. Existem outras espécies eussociais, como as abelhas, que são o exemplo clássico de abnegação e coordenação. Já os mamíferos eussociais são raríssimos. Basicamente, somos nós e o rato-toupeira-pelado. E nós somos o único primata eussocial.

Ao longo de centenas de milhares de anos, formamos algo mais interconectado do que meros grupos. Podemos chamar de sociedades: grupos móveis e, muitas vezes, fluidos de caçadores-coletores. Você podia se juntar a outros bandos por uma temporada e, quando a presa mudava de lugar, você também mudava, dividindo-se em subgrupos e se separando até o próximo ano. Mas esses grupos tinham uma complexidade e uma mutualidade mais distintas do que era comum em outros primatas.

"Para formar grupos, buscamos o conforto e o orgulho da comunhão familiar e defendemos o grupo com entusiasmo contra os rivais. Isso está entre os princípios universais da natureza humana e, portanto, da cultura", explica o biólogo Edward O. Wilson. "Precisamos ter uma tribo. Nesse mundo caótico, fazer parte de um grupo proporciona à pessoa um nome além do seu próprio e o que ele significa na sociedade." Nossa identidade é moldada tanto ou mais pelo grupo ao qual pertencemos do que por nós mesmos.

A agricultura mudou esse cenário. O resultado do trabalho árduo das pessoas passou a permanecer no mesmo lugar, no mesmo campo, todas as noites, e as chances de roubo eram grandes.[11] A obrigação mútua e a reciprocidade eram ainda mais necessárias para a sobrevivência, mas a flexibilidade e a liberdade de escolher a qual grupo pertencer diminuíram. Não podíamos mais migrar ou entrar e sair de um grupo com o qual não concordássemos. Tivemos que formar comunidades mais estáveis: os vilarejos.

Essa mudança transformou o legado do mutualismo e da comunidade em um modelo mais fixo. Você podia não gostar de todos no seu vilarejo, mas precisava de todos e podia contar com eles, assim como eles precisavam e podiam contar com você. Talvez não simpatizasse com seu vizinho, mas o ajudaria se o perigo se aproximasse. Foi isso que criou o espírito do vilarejo em você e lhe deu a sua identidade. O vilarejo foi a ponte entre nosso passado biológico e o mundo moderno.

O vilarejo parece ser uma metáfora apropriada para a escola. Não podemos ir e vir como bem entendemos.[12] Nem sempre concordamos.

Mas estamos unidos e devemos estar dispostos a aceitar os termos de um contrato social que nos faz depender uns dos outros para o mutualismo e a reciprocidade. Se os dissidentes saem com raiva quando a maioria toma uma decisão, todos perdem.

Esse contrato social inicial – ficar e proteger o que é nosso; trabalhar juntos se houver uma crise; estabelecer regras para tornar o local habitável – acabou se tornando a base da sociedade e de todas as instituições. Em um vilarejo próspero, os jovens aceitam as exigências e aproveitam os benefícios do esforço compartilhado. Percebem que os esforços são mínimos quando comparados às imensas vantagens. Talvez eles percebam que as exigências não são um fardo, mas sim uma ferramenta que viabiliza a união para potencializar os benefícios individuais e coletivos.

No fim, um vilarejo é fundado no mutualismo e, especificamente, como Robert Putnam define no livro *Jogando boliche sozinho*, na reciprocidade generalizada (termo de Putnam para a ideia de reciprocidade difusa de Keohabe). Às vezes, "[...] a reciprocidade é específica: farei tal coisa por você se você fizer tal coisa por mim", escreve Putnam. "Ainda mais valiosa, no entanto, é uma norma de reciprocidade generalizada. Farei algo por você sem esperar nada específico em troca, na expectativa de que alguém faça algo por mim no futuro." A reciprocidade generalizada, com atos de generosidade, abnegação e altruísmo, é a principal mensagem do pertencimento. Ela fortalece o grupo e reforça a todas as pessoas do vilarejo que elas pertencem e fazem parte de algo digno. Em muitos aspectos, o valor que cada comunidade proporciona na vida dos seus moradores está relacionado ao sucesso que ela tem em promover a reciprocidade generalizada.

NOTAS

1. O fato de a morte por apedrejamento estar descrita na Bíblia – e ser ainda praticada por algumas culturas do mundo – reflete seu significado. A escolha do método de matar não é simbólica. Provavelmente era o método padrão, mesmo que agora mal o reconheçamos.
2. Citado em: COYLE, D. The culture code: the secrets of highly successful groups. New York: Bantam, 2018.

3. Os biólogos evolucionistas se referem a isso como seleção multinível: competimos como um grupo ao mesmo tempo que competimos dentro do grupo. *A conquista social da terra*, de Edward O. Wilson, é uma leitura excelente sobre esse tópico.
4. HOLT-LUNSTAD, J.; SMITH, T. B.; LAYTON, J. B. Social relationships and mortality risk: a meta-analytic review. PLOS Medicine, v. 7, n. 7, p. e1000316, 2010.
5. Phiana Wilcox, na Escola Primária KIPP Tech Valley, em 11 de março de 2022.
6. GRANT, A.; GINO, F. A little thanks goes a long way: explaining why gratitude expressions motivate prosocial behavior. Journal of Personality and Social Psychology, v. 98, n. 6, p. 946-955, 2010.
7. KEOHANE, R. O. Reciprocity in International Relations. International Organization, v. 40, n. 1, p. 1-27, 1986.
8. Os humanos também competem dentro de grupos, especialmente em termos de seleção sexual.
9. Nesse momento, também há uma queda na aprendizagem dos alunos. Por isso, devemos priorizar o bem-estar deles para que trabalhem em sinergia com o progresso escolar, em vez de contra ele.
10. Muitas vezes, educadores bem-intencionados dizem que as escolas deveriam instruir os alunos a tomar as melhores decisões sobre as mídias sociais. Isso é um equívoco. Pedir às crianças que "sejam inteligentes" e decidam sobre o uso do que, para todos os efeitos, é um vício fará alguma diferença? Realmente achamos que temos qualificação para isso? Não somos conselheiros nem psicólogos sociais; somos professores. Talvez pudéssemos ajudar se nos dedicássemos ao assunto, mas as escolas têm uma função específica na sociedade. Nosso papel não é lidar com todos os males sociais, mas ensinar aos alunos conhecimentos escolares.
11. Curiosamente, as sociedades de caçadores-coletores costumam relutar com a ideia de propriedade. Você pode guardar uma carcaça recém-morta ou levá-la com você. O incentivo é compartilhá-la – compartilhar tudo. Não há nenhum benefício em mantê-la para si.
12. No último capítulo deste livro, discutiremos como é importante dar mais opções de escolha aos alunos na escola.

2

UMA GRANDE DESCONEXÃO

Doug fez o ensino médio na década de 1980. Ele é o membro "sênior" da equipe, como o chamamos estrategicamente, e tem histórias para contar de uma época diferente. Vou contar uma que deixou os próprios filhos dele de queixo caído:

Ele e os colegas podiam fumar na escola.

Na verdade, fumar era mais do que permitido. Era quase incentivado. Havia uma área com cinzeiros para estudantes fumantes. O fumódromo ficava sinalizado nos mapas da escola.

No fim das contas, fumar era legal, e um argumento comum era que a escola não tinha o papel de restringir isso. As pessoas diziam que os adolescentes fumariam de qualquer maneira. Por que não oferecer um lugar para fumar e, assim, evitar tocos de cigarro espalhados por todo o *campus*? Por que não disponibilizar uma área adequada e evitar que se atrasassem para as aulas?

Parece loucura hoje, mas na época a diretoria argumentou que os estudantes do ensino médio eram adultos e estavam adentrando um mundo em que, sabia-se, as pessoas fumam. Eles teriam que aprender a fazer escolhas sobre fumar. O objetivo da diretoria era educar os alunos a pensar por si mesmos.

No entanto, na prática, acabaram não ensinando muita coisa. Havia cartazes sobre fazer escolhas inteligentes e um vídeo de advertência que aparecia ocasionalmente, mas nós sabemos o nível de eficácia dessas estratégias. Além disso, se os professores deveriam "alertar os alunos sobre o ato de fumar", decididamente não sabiam como fazer isso. Às vezes, algum professor lembrava a eles que não deveriam fumar, mas o papel dos docentes na escola era ensinar matemática, história, artes. Muitos professores também eram fumantes, e alguns ainda davam cigarro aos alunos quando pediam. Do ponto de vista dos estudantes, era como se alcançassem um *status*. Gostavam de ser "tratados como adultos".

No geral, a ideia era: não devemos ser muito rigorosos com as restrições. O espaço para fumantes refletiu a aceitação e o respeito da escola pela autonomia dos jovens.

Pelo menos foi assim que eles explicaram. Talvez não quisessem estabelecer regras sobre fumar simplesmente porque não queriam se dar ao trabalho de desagradar os alunos. Pode ser emocionalmente cansativo convencer os adolescentes a fazer algo que não querem. Talvez também não tenham pensado que uma regra pode ser benéfica, *mesmo que algumas pessoas não a respeitem*.

Todo mundo sabia a verdade sobre o cigarro. Os dados sobre os malefícios a longo prazo para a saúde estavam facilmente disponíveis – há anos. O resultado foi que muito mais pessoas se tornaram fumantes. Nem é preciso dizer que pagaram um preço muito alto por essa decisão.

Claro, a decisão foi delas. Possivelmente, é o que diriam. Mas parece estranho, olhando para trás, que a escola tenha *facilitado tanto* o acesso a um produto comprovadamente prejudicial, *projetado para viciar jovens*. E os jovens de 16 e 17 anos a quem estavam chamando de "adultos" não eram adultos, obviamente. Eram adolescentes. O córtex pré-frontal deles ainda levaria cerca de 10 anos para se desenvolver por completo (quando chegassem aos 25 anos). Isso os deixou suscetíveis à dependência, pois, naquele momento de suas vidas, eram mais influenciados por seus colegas e tinham mais chances de tomar decisões ignorando seu perigo e suas consequências a longo prazo.[1]

Claro, os adolescentes queriam ser vistos como adultos. Argumentou-se isso com afinco, em especial quando se tratava de outras liberdades, como ficar fora de casa até tarde, mas os educadores deveriam ter sido capazes de ver a diferença. É muito chocante que eles tenham concordado com isso.

Como você deve ter percebido, essa história também serve para chamar a atenção sobre o uso do celular e das mídias sociais hoje, especificamente para a tolerância que temos com algo tão nocivo e viciante para os jovens. Além disso, esperamos mostrar que os argumentos para as escolas não restringirem o celular são parecidos com os argumentos de antigamente sobre não proibir o cigarro. Os educadores dizem que as escolas não devem restringir os celulares porque impediria os jovens de aprender a gerenciar seu tempo de uso, ou porque as regras não funcionariam, ou porque não estaríamos tratando os adolescentes como adultos.

Infelizmente, assim como havia com o cigarro na época de Doug, existem dados contundentes sobre o perigo do produto e a vulnerabilidade específica dos adolescentes a ele.

Claro, a analogia com o tabagismo é falha. As pessoas interagem com o celular e as mídias sociais de forma diferente de como interagem com o cigarro. O celular é mais prejudicial em alguns aspectos e menos em outros. Por exemplo, os *smartphones* têm efeitos perturbadores mais diretos para os processos cognitivos de aprendizagem e são muito mais onipresentes: quase todo mundo tem um celular e, ao contrário do cigarro, se o celular for deixado a próprio critério dos alunos, eles vão usá-lo na sala de aula – como, de fato, usam. Uma pesquisa recente no Reino Unido feita pelo Teacher Tapp, um aplicativo de pesquisa diária para professores, projetado para avaliar a experiência e as opiniões da área com mais precisão, perguntou aos docentes se, no dia anterior, pelo menos um aluno havia usado o celular durante a aula sem permissão. Dos quase 4,5 mil entrevistados, um terço disse que sim. Alguns professores relataram que isso acontecia várias vezes todos os dias.

Por outro lado, o celular também tem benefícios claros. Queremos reconhecer a importância do aparelho sem falar o óbvio em relação à capacidade de oferecer acesso à informação e facilitar a comunicação de centenas de maneiras. E vale a pena dizer que, embora hesitemos em usar a palavra "benefícios" neste caso, também existiam muitas razões que levavam as pessoas a fumar. A principal delas, provavelmente, é relevante para o tema deste livro: o sentimento de pertencimento e amizade de estar em pé na frente da escola, vestindo sua jaqueta *jeans* e compartilhando um cigarro com alguém numa manhã fria. Você era parte da comunidade e faria certos sacrifícios para pertencer a ela.

Afirmando o óbvio: celular não é cigarro. As soluções apropriadas devem considerar as diferenças, mas também devem levar em consideração o fato de que, em nossas escolas, toleramos um produto altamente destrutivo projetado especificamente para viciar os jovens e distraí-los do aprendizado.

Devemos restringir o celular, então? Sim, embora a idade dos estudantes também precise ser considerada na extensão da restrição. Sem dúvida alguma, a proibição deveria ser total nas escolas primárias. As escolas com turmas de ensino fundamental II talvez devessem proibi-los "durante todo o horário de aula": os alunos seriam proibidos de usar o celular desde o momento em que tocasse o sinal inicial até o fim da aula, mas teriam permissão antes e depois da aula caso quisessem, por exemplo, avisar aos pais onde encontrá-los. No ensino médio, uma série de soluções plausíveis são possíveis, todas elas mais restritivas do que a maioria das escolas adota atualmente. Nossa recomendação é uma regra aplicada de forma rigorosa: o celular deve permanecer desligado na mochila ou na bolsa (não no bolso) durante o dia. Pode haver uma área específica onde os alunos podem *brevemente*, em certos horários, falar com os pais, por exemplo. Em todos os outros espaços da escola, porém, o uso do celular deveria ser proibido. Uma postura um pouco mais engajada seria: não devemos ver os celulares durante o dia e assumimos que os estudantes enviarão mensagens a seus pais, conforme necessário, antes e depois do horário de aula (podemos permitir que eles enviem mensagens da secretaria da escola em caso de emergência). Adoraríamos ver isso, mas reconhecemos que os desafios podem ser grandes para algumas escolas. De qualquer forma, permitir o uso do celular (e dizer que estamos tratando os jovens como adultos quando, na verdade, estamos deixando-os se viciarem) não é uma política viável numa instituição comprometida com a aprendizagem e a construção do bem-estar.

Mais uma vez, percebemos que restringir algo que os adolescentes não querem que seja restrito é uma tarefa difícil. Muitos jovens não vão gostar no início, embora argumentemos que, a longo prazo, provavelmente vão ver os benefícios. Alguns pais e professores vão recuar. E mesmo quando a norma estiver definida, ainda assim alguns professores permitirão que os alunos quebrem as regras, para aumentar sua popularidade (talvez como os professores que davam cigarros aos alunos na época de Doug).

Não será fácil. Mas nossos alunos exigem escolas que os reconectem aos seus colegas, que cuidem da sua saúde mental e encontrem uma solução para as lacunas históricas da pandemia. As escolas que esperam vencer tantos desafios ao mesmo tempo devem aceitar a necessidade de restringir os *smartphones*.

VANTAGENS E DESVANTAGENS

Vamos interromper um pouco nosso discurso entusiasmado. Embora grande parte deste capítulo aborde *como* e *por que* assumir uma posição firme e restritiva em relação aos *smartphones*, também buscamos apresentar um argumento equilibrado e imparcial sobre o papel da tecnologia de forma mais ampla. A equação mudou desde a pandemia. Houve mudanças que podem ser críticas para ajudar as escolas a ter sucesso nos imensos desafios que enfrentamos. Aqui, novamente, seguimos a orientação de Jean Twenge. Ela monitora os padrões de comportamento social entre os jovens há anos, usando instrumentos de pesquisa detalhados, e conhece algumas tendências. Twenge diz haver uma onda de depressão e ansiedade resultante da epidemia dos *smartphones* e ressalta que devemos nos atentar para a complexidade dos problemas. Sua pesquisa descreve os resultados positivos e negativos da adoção universal do celular, como o maior isolamento dos jovens e alguns benefícios desse isolamento. Houve uma redução considerável de gestações na adolescência e mortes de adolescentes em acidentes de carro, por exemplo. "Temos a tendência de achar que as coisas são ou totalmente boas ou totalmente ruins, mas em relação a mudanças culturais, o melhor é observar as zonas de indefinição, os prós e os contras."

Por isso, pretendemos apresentar um argumento o mais equilibrado possível, que inclua as áreas de indefinição, os prós e os contras. O aumento da familiaridade e a adoção mais ampla de novas ferramentas tecnológicas durante a pandemia beneficiaram as escolas. Além disso, os *smartphones* e as mídias sociais não vão desaparecer. Dizer que devemos voltar ao passado é fantasioso. No mundo real, a questão é: como potencializar o que há de bom na tecnologia que permeia nossas vidas, mitigando as desvantagens e minimizando as perdas?

É uma tendência social complexa, que atravessa toda a sociedade. São necessárias outras soluções além de apenas restrições. Por isso, além de alegar que as escolas devem ter a vontade e a determinação de proteger o bem-estar dos jovens, restringindo o uso de celulares, começaremos analisando como a tecnologia pode ajudar a enfrentar os desafios e construir o senso de comunidade e conexão.

O EFEITO DE REDE E O ZOOM

O termo "efeito de rede" descreve como o valor e a utilidade de uma tecnologia aumentam de maneira exponencial quando ela se torna amplamente utilizada. Se poucas pessoas usam um recurso, ele talvez não seja muito útil, mas, se todos o usarem, pode fazer toda a diferença. Na década de 1990, um grupo pequeno e peculiar de pessoas usava máquinas de fax. Então, de repente, elas saíram das sombras e tornaram-se universais. Eram comuns em todas as empresas e indispensáveis até em casa. A funcionalidade do fax foi incorporada em máquinas copiadoras e em *notebooks*. Quanto mais as pessoas o usavam, mais valioso ele se tornava (em pouco tempo). De repente, era preciso ter um fax para se comunicar – um estudo de caso em efeitos de rede.

Um ponto positivo da pandemia foi o efeito de rede de várias aplicações tecnológicas, especialmente a videoconferência. Antes de 2020, poucas pessoas sabiam como participar de uma, mas, em algumas semanas, muita gente aprendeu. Rapidamente, o Zoom passou de desconhecido a universal. Hoje, já esperamos que as pessoas saibam usar o Zoom, e essa é uma mudança muito significativa.

Para ser claro (e sem desrespeitar o Zoom, o Microsoft Teams ou o Google Meet, que foram dádivas durante a pandemia), espero que não precisemos mais usar essas ferramentas pela impossibilidade de dar aula pessoalmente. No entanto, elas são muito eficazes para facilitar o acesso a reuniões. Também facilitam o envolvimento dos pais com a escola e a conexão dos alunos com os professores e os recursos fora da sala de aula, além de minimizarem o impacto de faltar às aulas.

As reuniões de pais são muito importantes para uma educação eficaz, tanto as reuniões em grupo quanto as conversas individuais com um dos pais ou um grupo de pais. Promover os encontros "cara a cara" facilita o compartilhamento de informações e ajuda a ter apoio e receber *feedback*.

Podemos comunicar nossa cultura e nossos valores e, tão importante quanto, investir no processo. *É assim que as coisas vão funcionar. É por isso que fazemos o que fazemos.* Essas discussões são muito melhores no Zoom do que em um boletim informativo, ou como complemento a um boletim informativo. Por exemplo, nelas, podemos pedir *feedback*, de forma intencional ou não. Isso é especialmente importante neste momento em que a confiança na escola está baixa.

No capítulo anterior, falamos sobre a justiça do processo ser tão importante quanto a justiça do resultado. Precisamos projetar culturas com intenção e criar regras (regras potencialmente desafiadoras, como as que restringem o uso do celular durante o horário escolar) exatamente no momento em que a confiança institucional está no seu nível mais baixo. Usar o Zoom (e gravar as reuniões para aqueles que não podem participar) torna muito mais fácil alcançar a justiça do processo. Um processo que explique às pessoas os motivos de certas ações e que faz com que elas se sintam ouvidas, compreendidas e respeitadas, mesmo quando discordam, é fundamental para construir e garantir a confiança e a credibilidade. Reduzir o custo de realizar reuniões para abordar essas questões é de grande benefício para líderes escolares e famílias.

Um dos maiores desafios para se reunir pessoalmente com pais e educadores é encontrar um dia e um horário bons para todos. Muitas escolas estão descobrindo que, com a mudança para as reuniões *on-line* durante a pandemia, parece uma boa ideia manter muitos desses encontros no formato virtual. Em primeiro lugar, a presença é geralmente maior, pois o custo da transação é menor (não é preciso se deslocar até a escola). Se você observar o local de onde as pessoas se conectam para uma reunião típica na escola de Denarius, verá que elas estão em casa com os filhos pequenos (o que seria complicado caso a reunião fosse presencial, pois precisariam que alguém ficasse cuidando das crianças) e, às vezes, estão no ambiente de trabalho. Os pais podem estar no Uber ou caminhando de volta para casa após sair do metrô. Esses são casos em que, de outra forma, a maioria dos pais não conseguiria comparecer. Isso não significa que não deva haver reuniões de pais na escola. Uma de nossas regras práticas é que uma reunião remota é tão valiosa quanto uma reunião presencial no prédio da escola. Portanto, um pouco das duas formas é o ideal. Se tivéssemos que escolher, preferiríamos ter todos esses pais conosco nos momentos mais agitados de suas vidas do que não os ter.

Pelo Zoom, também podemos gravar e compartilhar a reunião para aquelas pessoas que não conseguem participar, o que é importante principalmente no início do ano, quando estabelecemos as normas. Os professores ou líderes escolares podem apresentar exatamente o plano que desejam, e se alguém não comparecer, todo o processo ainda estará disponível. Você pode apresentar, por exemplo, o motivo das tarefas de casa e as razões para restringir o uso do celular, ou o que acontecerá se o aluno quebrar essa regra. Isso pode ser feito de forma muito mais rica, com gráficos e discussão, além de usar sua própria voz. "Assim, podemos compartilhar nossa visão, as normas e expectativas, além de avaliar a contribuição e o *feedback*", contou um líder escolar. "É a nossa primeira oportunidade de construir confiança e assegurar aos pais e familiares que nosso programa escolar é, ao mesmo tempo, rigoroso e empolgante, enquanto também explicamos o que é necessário para cumprir essa promessa." Você pode escrever sobre isso, mas ouvir diretamente da escola é e sempre será diferente.

ACESSO PARA OS PAIS

Os pais precisaram "[...] lidar com suas próprias emoções e desafios durante a pandemia", observou Jody Jones, diretora sênior da escola e diretora sênior de apoio escolar da Uncommon Schools. Muitas vezes, eles vão dizer: "Não posso participar da reunião agora. Preciso resolver isso ou aquilo. Essa questão sempre foi um desafio, mas é ainda maior agora, com tantas responsabilidades nas mãos deles". Quando conseguimos simplificar as reuniões para os pais, temos uma chance muito maior de obter uma resposta positiva. Com um *software* de conferência como o Zoom, é possível fazer reuniões individuais com os pais, e isso não é pouca coisa.

Geralmente, o custo de transação de uma reunião ou conferência presencial é alto para os pais. Deslocar-se até a escola e providenciar alguém para cuidar das crianças ou para ficar em seu lugar no trabalho pode custar duas ou três horas do seu tempo, sem mencionar a perda de rendimento por faltar ao trabalho. Se a escola tem a possibilidade de apresentar a esses pais ocupados o trabalho dos filhos por meio de uma tela em 30 minutos, o encontro com eles pode ser mais fácil e mais frequente, em horários mais convenientes tanto para os pais quanto para os professores ou administradores, que também podem participar das reuniões mesmo estando em outro lugar. Isso gera boa vontade e garante que as ações sejam alinhadas e compreendidas. Não precisamos esperar até que uma situação se torne insustentável para convocar uma reunião. Podemos oferecer aos pais uma videochamada de 15 minutos para que conheçam a unidade que será estudada e gravar o encontro para assistir a qualquer momento. Tudo isso torna mais fácil divulgar informações e criar transparência – metas organizacionais extremamente importantes.

Com Lagra Newman, diretora de enorme sucesso da Purpose Prep, em Nashville, aprendemos que as escolas podem compartilhar informações e enfatizar a transparência de outra forma. Durante a pandemia, Newman decidiu oferecer aos pais um passeio virtual no Facebook Live pela escola durante o dia. Ela, e depois outros funcionários, pegaram um celular e saíram andando pela escola, visitando as salas de aula. A mensagem era: *queremos que saibam o que fazemos aqui. Isso é importante, e vamos fazer esse esforço para facilitar a vida de vocês*. Que dádiva para os pais poderem ver o que os filhos estavam fazendo, como era a dinâmica dos professores durante o dia, sem precisar sair do trabalho para ir até a escola. O custo de transação da transparência (e, portanto, de receber apoio e compreensão) foi drasticamente reduzido. É possível ver um dos passeios no Facebook Live de Newman, no vídeo *Lagra Newman: Facebook Live*.

O contexto que os pais recebem pelo passeio de Newman é tão valioso para a própria escola quanto é para os pais. Enquanto Newman passa de sala em sala, é difícil não perceber, por exemplo, como são alegres, ordenadas e produtivas as aulas da Purpose Prep, além de consistentes. De repente, um pai ou uma mãe vê e sente por que a escola faz o que faz e quais são os resultados. Os pais acabam tendo uma noção clara da cultura e dos métodos. Imagine que você é um pai ou uma mãe, e a escola chama você para conversar sobre sua filha, dizendo que ela está falando muito alto durante a aula. Depois disso, você tem mais contexto do que sua própria experiência escolar lhe proporcionou. Talvez fosse normal que os alunos falassem alto no seu tempo. Agora, você sabe que falar alto o tempo inteiro pode ser um problema e o quão incomum isso é. Também pode ver que a escola é bem administrada, que os benefícios que ela proporciona em seu contrato social com os pais valem a pena.

Compartilhar informações como essa faz com que os pais se sintam acolhidos e importantes: aumenta a confiança na instituição. Ajuda os pais a entenderem e se alinharem com a visão e as prioridades da escola.

Ver, se não é acreditar, ao menos é entender. Repare, por exemplo, na quantidade de respostas em coro dos alunos na primeira aula, o nível de atenção e o número de contatos visuais entre os alunos, além da alegria, da energia e da aprendizagem. É possível perceber e sentir o entusiasmo. Os pais que se sentem incomodados ao verem seus filhos sendo chamados à atenção para escutar quem está falando, por exemplo, costumam entender melhor que a escuta cria conexão e comunidade, pois veem e sentem essa cultura no ambiente escolar.

Isso é muito importante porque, como nos disse um líder escolar, após a pandemia, a maioria dos pais nunca mais colocou os pés na escola. Eles não compreendem o seu funcionamento. Isso significa que, nas reuniões, os pais têm muito menos contexto sobre como as coisas funcionam e o que é habitual. Quando os pais estão familiarizados com a escola, começamos a conversa com 10 passos à frente.

Confira a seguir outros aspectos fundamentais do vídeo.

1. É ao vivo! Observe que ele não foi gravado previamente. Como mencionamos, esse tipo de filmagem transmite autenticidade e transparência, além de dar um toque pessoal. No início, Newman cumprimenta os pais individualmente pelo nome conforme ela os vê entrando na *live*, consolidando um senso de conexão com eles também. As pessoas se sentem valorizadas quando são vistas. Se tivesse sido gravado previamente, esse tipo de evento ainda funcionaria, mas não de forma tão eficaz em relação à conexão.

2. Os pais podem ver a sala de aula dos seus filhos, mas também muitas outras salas. Mais uma vez, isso demonstra como a abordagem da escola é consistente: existe um modelo. Newman até explica durante o vídeo por que é importante que os alunos estejam aprendendo a mesma coisa em todas as salas de aula do 2º ano. Assim, os pais conseguem ver com mais clareza por que existem as normas e as diretrizes escolares. Além disso, conseguem ver como serão os anos seguintes. Esses pais de estudantes do 2º ano, por exemplo, já sabem como serão o terceiro e o quarto anos. Veem a linha condutora de todas as etapas futuras para as quais os alunos estão se preparando agora. A escola desafia os alunos a fazerem coisas difíceis, como escrever mais e ler

textos complexos, e a lógica se torna mais clara quando os pais conseguem ver de forma concreta o que o futuro reserva.

3. É uma prova da existência da cultura. Vários dos coautores do vídeo usaram as visitas dos pais às salas de aula como ferramenta para ajudar um aluno que estava com problemas de comportamento. *Entre e vamos ver a aula do seu filho juntos durante 30 minutos.* Quando os pais observam a aula, eles veem as normas e seus filhos inseridos nesse contexto. Em alguns casos, com os pais presentes na sala, o aluno continua demonstrando o problema. Com os pais e líderes escolares observando, podemos coletar dados, compartilhar observações e discutir os próximos passos. Às vezes, no entanto, ele se comporta perfeitamente quando os pais estão presentes, e isso demonstra que ele é capaz de atender às expectativas da escola se quiser. *Saber que o aluno consegue se comportar de tal maneira* é um importante entendimento, porque muitos pais conhecem apenas seus próprios filhos. É claro que, por vezes, os pais se perguntam se os filhos conseguirão atender às expectativas da escola. Ver eles e outras crianças fazendo o que se espera confirma essa capacidade. Confirma também que a consistência, o apoio e a crença de que conseguirão são peças importantes do quebra-cabeça.

Uma das melhores partes do vídeo é que praticamente todos os alunos leem e agem de acordo com as normas da escola. Se um aluno está perturbando a aula, Newman conversa com os pais para que entendam claramente que essa atitude não é normal.

No fim, esse vídeo foi o ponto de partida. As sessões do Facebook Live tiveram tanto sucesso que Newman e seus colegas continuam com o projeto *mesmo depois da liberação de acesso às instalações da escola.* Elas facilitam o contato entre eles. Os pais que assistiam às *lives* sentiam uma conexão mais clara com a equipe da escola. Cada conversa subsequente foi com alguém que conheciam um pouco melhor e que conhecia a escola um pouco mais. A conexão com os pais é importante, e acolhê-los na escola, mesmo que virtualmente, é uma ótima maneira de construir confiança e credibilidade.

Uma observação: ao fazer um vídeo como esse, a escola também presta suas contas. A ideia só funciona se a cultura for realmente forte e positiva, e os alunos a seguirem. Os pais ficariam incomodados em ver seus filhos em uma escola onde as salas de aula não fossem organizadas. Comprometer-se com mais transparência também ajuda a escola a garantir que pode cumprir suas promessas.

ACESSO PARA OS ESTUDANTES

Os avanços na tecnologia durante a pandemia também facilitam o acesso dos alunos a recursos fora do horário de aula. Se os professores oferecem atendimento *on-line* à tarde, geralmente é mais fácil que os alunos participem. As sessões de estudo antes de uma prova são uma forma útil de usar as reuniões do Zoom para complementar, em vez de substituir, os ensinamentos da sala de aula. Reduzir os custos de transação – facilitando o acesso a tais atividades – aumenta as chances de alguns alunos participarem dessas atividades.

Os professores também podem compartilhar materiais de aprendizagem assíncronos para ajudar os alunos a melhorar nos estudos, recuperar o atraso em casos de dificuldades ou não ficar para trás quando perdem aula. Um efeito de rede semelhante ao experimentado pelo Zoom foi o do Quizlet, do Kahoot* e de outras funções de *quiz*** conhecidas da maioria dos estudantes, tornando a prática de recuperação uma ferramenta de aprendizagem crítica muito mais flexível. Isso é benéfico tanto do ponto de vista acadêmico quanto para o bem-estar dos estudantes. Um aluno que se sente atrasado e com poucas chances de recuperar o conteúdo provavelmente se desconectará rapidamente da comunidade da sala de aula. Há muito menos oportunidade de participar de forma significativa e estabelecer conexões com os colegas. Depois de passar um tempo suficiente tentando lidar com o isolamento, é provável que o aluno procure aliados para rejeitar as normas da turma e da comunidade.

As ausências também ficaram mais frequentes e mais longas pós-pandemia, e retornar às aulas após um tempo fora pode fazer com que o estudante se sinta desorientado. Faltar uma semana de aula pode deixar os alunos tão atrasados que terão dificuldade para acompanhar os conteúdos. Mas a tecnologia pode ajudar. "Antes da covid-19, se um aluno

---

*N. de R.T. Tecnologias digitais com foco educacional. São ferramentas de aprendizagem baseadas em jogos e desafios.
**N. de R.T. Forma diferenciada de avaliação com base em perguntas de múltipla escola.

faltasse, era preciso esperar até que ele voltasse à escola, para os professores descobrirem quais conteúdos esse aluno perdeu e ajudá-lo a recuperar", observou Jody Jones. "Mas agora, quando um aluno falta à aula, é muito mais fácil postar a tarefa, por exemplo, no Google Classroom, para que saiba o que a turma está estudando." Muitas vezes, ela contou, eles voltam para a escola com os conteúdos já recuperados e se envolvem de forma positiva com as lições muito mais rápido.

Durante a pandemia, os administradores da Park East High School, em Nova York, projetaram o cronograma acadêmico com grandes blocos de tempo assíncronos para lidar com o cansaço do Zoom. Isso fez com que a professora de matemática, Lauren Brady, pensasse em como poderia usar o tempo em que não estava na sala de aula para ajudar seus alunos. Ela começou a editar os vídeos de suas aulas em versões condensadas que os alunos poderiam acompanhar.

A pandemia acabou, mas ela continua produzindo esse material. Ela grava suas aulas em vídeos de 10 a 12 minutos usando o Screencastify. É como os melhores momentos de um grande jogo. Em seguida, envia-os para o Edpuzzle, onde insere uma variedade de perguntas. É uma ferramenta de revisão de alta qualidade para que os alunos ausentes não fiquem para trás. Os alunos que estão tendo dificuldades também os usam para revisar e acompanhar os conteúdos. Brady permite que os alunos refaçam qualquer prova de álgebra ou estatística, desde que revisem certo número de aulas em vídeo.

Brady descobriu que o processo era mais valioso do que esperava. Ela explica que, "Às vezes, as lições reduzidas são melhores", por dois motivos. Suas lições em vídeo incluem algumas perguntas de múltipla escolha do tipo "resolva o problema", mas também perguntas de resposta aberta, como "Qual é sua hipótese?" ou "Qual você acha que é a provável correlação e por quê?". Em uma atividade comum, mesmo que o aluno resolva todos os problemas, talvez não responda a todas as perguntas abertas. Talvez ele levante a mão para responder uma vez. Talvez pense vagamente sobre algumas das perguntas. Na versão reduzida, o vídeo pausa quando a professora chega às perguntas. Nesse formato, "todos os alunos respondem a todas as perguntas", conta ela. "Isso é uma grande vantagem" (ela recomenda cerca de uma pergunta por minuto de vídeo).

Brady também percebe que pode economizar muito tempo nas aulas, tempo que gasta repetindo uma ideia ou conversando com os alunos sobre temas não ligados à aula. Revisar por meio da visão dos alunos ajuda a pensar melhor sobre como ela ensina presencialmente.

Os vídeos de revisão são complemento de uma atividade, mas não a substituem. Eles funcionam porque potencializam o relacionamento atual de Brady com seus alunos e porque estão perfeitamente alinhados com os testes e as atividades que ela passa. Os vídeos se baseiam e ampliam o que a professora faz em sala de aula, mas não serviriam como substituição. São, porém, uma ótima maneira de diminuir as perdas da falta às aulas para os alunos. E, embora sejam demorados para produzir, eles são atemporais. "Levo bastante tempo para produzi-los, mas eles vão servir para a maioria das atividades que ensinarei no próximo ano." No futuro, os alunos não vão perder muita coisa quando faltarem às aulas. Ela observa que seria fácil se unir a outros professores que ensinam o mesmo assunto e reduzir a carga de trabalho, alternando quem produzirá os vídeos.

Melhores suportes acadêmicos por meio de tecnologias síncronas e assíncronas podem fazer com que os alunos se sintam mais conectados quando estão fora da escola. Além disso, a tecnologia pode ajudar com outro tema deste livro: a importância de fazer os alunos se sentirem vistos. Eric Diamon, superintendente assistente de escolas do ensino fundamental II na Uncommon Schools, em Newark e Nova York, observou que, no retorno pós-pandemia, era ainda mais importante encontrar "oportunidades para ver os alunos e comemorar com eles". Postar e celebrar o trabalho deles por meio da tecnologia pode expandir o alcance e, assim, os benefícios culturais e emocionais da construção de uma cultura positiva. Em vez de apenas colocar o trabalho de 10 alunos excepcionais em uma parede para fazê-los sentir que seus esforços são importantes, o trabalho pode ser postado *on-line*, onde centenas poderão vê-lo. As famílias podem compartilhá-lo com parentes em outras cidades. Usar um pouco de tecnologia para mostrar o trabalho dos alunos pode "[...] permitir uma construção de relacionamento realmente poderosa para os estudantes. Eles vão saber que os professores reconhecem seus esforços", observou Diamon.

COMO GERENCIAR AS DESVANTAGENS

Como vimos, a tecnologia (e o uso das plataformas pelas famílias) pode ajudar de várias maneiras as escolas a cumprirem sua missão. No entanto, é preciso reconhecer a faca de dois gumes nesse cenário. Por isso, voltamos ao tema das restrições, aprofundando-nos agora nos detalhes do como e do porquê.

Salvo por alguma razão convincente (e rara!), os celulares não devem estar presentes durante a aula. Quanto à restrição dos celulares para além disso, há mais perguntas do que respostas. Embora possa parecer que a solução mais simples seja dizer "Usar celular na sala de aula é proibido, mas você pode usá-lo fora do horário de aula", a realidade pode ser menos simples. Ainda há um imenso benefício para os alunos em não usar o celular fora da sala de aula, quando as interações sociais podem ser potencializadas. Também é importante estar ciente de que, se os alunos puderem usar o telefone entre as aulas, eles provavelmente ficarão pensando sobre o que postaram e compartilharam (ou o que alguém postou sobre eles). A pesquisa do Teacher Tapp, por exemplo, descobriu que, em escolas em que os alunos podiam usar o celular em alguns momentos, a chance de usarem na sala de aula era maior do que em escolas em que as restrições eram mais abrangentes.

Mas a questão é mais ampla ainda. Quando os jovens estão perto do seu celular, quando outras pessoas estão usando o celular próximo a eles, quando os aparelhos estão visíveis e, portanto, capturam parte de sua atenção, o comportamento deles é influenciado.

Em outras palavras, os momentos em que os alunos podem acessar seu celular na escola devem ser mais exceção do que regra. Quanto mais universal for a expectativa de celulares desligados na escola, mais consistente e clara ela será, assim como será mais fácil construir o hábito. Isso significa construir um hábito de interações mais conectadas e sociais e pensamento mais focado e atento. Se as regras forem inconsistentes, mudando dependendo do local da escola ou do professor, haverá sempre uma batalha. As expectativas vão se deteriorar para o denominador comum mais baixo, porque uma decisão de impor restrições parecerá pessoal. É improvável que as restrições viáveis aconteçam nessas condições. Construir um sistema flexível, em que os professores precisam pedir ou anunciar a restrição do celular ("Hoje a aula será sem celular", ou "Sei que às vezes vocês podem usar o celular, mas hoje vou pedir que os mantenham desligados"), pode criar ressentimento entre as pessoas que costumam seguir a regra, além de desperdiçar os primeiros 10 minutos de aula enquanto os alunos reclamam, argumentam e demoram para guardar os telefones. É claro que provavelmente os alunos não vão gostar. Diante do estresse de uma situação assim, e considerando que talvez tenha só mais meia hora de aula restante, a maioria dos professores vai desistir de pedir para os alunos não usarem o celular.

É muito melhor simplesmente estabelecer uma norma consistente em toda a escola: "Nunca usamos o celular durante as aulas" ou "Nunca usamos o celular durante o dia escolar". Sim, os alunos podem reclamar no início, mas isso vai ocorrer apenas uma vez. As pessoas se acostumam, e depois você terá um ano inteiro de ensino de alta qualidade que fortalece a comunidade.

Notemos que restrição é diferente de limitação. Uma limitação pode ser como "Você só pode usar o telefone das seguintes maneiras ou sob as seguintes circunstâncias". Já a restrição seria: "Durante os seguintes horários, o seu celular precisa estar guardado e desligado".[2] Podemos nos perguntar qual deve ser a extensão das restrições. Devemos permitir o acesso aos celulares em horários específicos fora da sala de aula durante o dia? A resposta depende, pelo menos em parte, da idade dos seus alunos. Para os anos iniciais do ensino fundamental, a proibição total é uma escolha óbvia. A regra deve ser: "Os telefones precisam permanecer guardados durante todo o dia escolar" e ponto final. Tendemos a pensar que isso se aplica também aos anos finais do fundamental. Tudo bem deixar os alunos usarem o celular para falar com os pais sobre eventuais atividades depois da aula ou para avisar como voltarão para casa (durante 10 minutos definidos ao final do almoço ou ao final do dia). Apenas lembre-se de que um pequeno período muitas vezes se torna extenso: 10 minutos viram 20 minutos. Um aluno diz que não conseguiu ligar para os pais durante os 10 minutos e pergunta se pode fazer agora. Outro diz que é uma emergência. Rapidamente, a expectativa se torna inconsistente. Parece que mais flexibilidade tornará as coisas mais fáceis, mas, na verdade, é o oposto. Uma linha clara e definida é, muitas vezes, a melhor escolha.

O ensino médio é, de longe, o caso mais complicado e desafiador. São muitos quase-adultos que esperam e merecem alguma autonomia, mas são os que têm mais chance de desenvolver dependência forte e usar as plataformas de mídia social que podem causar ansiedade aos seus colegas. Portanto, certa flexibilidade, muitas vezes, é justificada para os alunos do ensino médio, mas dar a eles a "liberdade" de limitar a qualidade da educação que eles e outros recebem, contribuindo para um clima que prejudica a comunidade e a conexão, não é uma escolha viável.

Vivendo o desafio da restrição dos celulares

Pedimos a Denarius, que atualmente é diretor de uma escola de ensino médio, para refletir sobre as realidades e os desafios de estabelecer e aplicar restrições em relação ao uso de celulares com jovens adultos. Apresentamos aqui suas ideias.

No momento, os celulares (e todos os dispositivos tecnológicos, como relógios inteligentes e fones de ouvido) não podem ser usados durante o dia escolar. Se isso acontece, eles são confiscados até o fim do dia. Durante a chegada, um funcionário da escola pede para ver se o telefone dos alunos está desligado e guardado na mochila. No entanto, a implementação tem sido instável. Às vezes, o funcionário designado para ficar na entrada não verifica se os aparelhos estão desligados. Às vezes, os alunos ligam seus telefones novamente no corredor enquanto sobem as escadas. Precisamos ser mais rigorosos. Os adultos são obrigados a confiscar os celulares se os virem. A maioria deles é muito boa nisso, pois, em alguma medida, acham que todos os outros adultos também estão fazendo isso. A equipe deve manter a confiança entre si para dar continuidade, se não, simplesmente a restrição não funcionará.

Mesmo assim, acredito que muitos alunos mantêm seus celulares durante o dia e os usam quando não estamos vendo. Quando isso acontece, estão nos dizendo que, em certa medida, aceitam os prós e contras do risco. E talvez isso seja racional. Se forem pegos, a consequência é que não terão o telefone pelo resto do dia e que poderão pegá-lo na saída, mas, como não deveriam estar usando os aparelhos mesmo assim, a desvantagem não é muito grande. Provavelmente, discutirei isso com eles para que, se as consequências aumentarem, eles entendam o motivo. De qualquer modo, conversamos com frequência sobre as decisões que tomo em relação à tecnologia, seja em grupos que convoco de forma deliberada para ouvir as opiniões dos alunos, seja em conversas individuais. Para manter uma política que exige que eles mudem tanto o comportamento e façam o que não querem, é fundamental manter uma comunicação constante. Devemos ouvir mais os jovens quando não concordamos com eles.

Ao refletir sobre o ano, percebi que confisquei vários telefones sem muita resistência dos estudantes. Não levo a situação para o lado pessoal e não fico bravo. Eles conhecem a regra, sabem que me importo com eles e conhecem as consequências. Se você for consistente, eles vão entender.

Quando perguntei aos alunos o que deveríamos fazer em relação aos celulares, o diálogo me levou a crer que eles, na verdade, concordam com alguma forma de restrição, desde que tenham um tempo para verificar seus telefones uma ou duas vezes durante o dia. É como se a disposição deles em cumprir a política fosse fortalecida pelo fato de reconhecermos a realidade deles: eles estão profundamente ancorados e talvez até dependentes da tecnologia e dos telefones; a vida parece inimaginável sem celular, embora muitas pessoas tenham vivido experiências totalmente opostas. Então, levamos essa ideia em consideração ao planejar o próximo ano. Eles querem ser compreendidos e saber que estamos considerando seus pensamentos e suas perspectivas em nossas decisões. Se o objetivo é que as crianças e os adolescentes não usem o celular e, em vez disso, façam conexões significativas com as pessoas em nossa comunidade, devemos enfrentar o desafio com alguma graça – isto é, permitir o uso do telefone durante o dia em horários restritos. Uma restrição parcial, se preferir. Porém, se a norma não for cumprida, os prós e contras dessa atitude entram em ação. Se dissermos aos alunos que eles podem usar o celular durante o almoço e o período de estudo, e eles ainda assim quebrarem a regra, talvez seja justo chamarmos os pais. Vou guardar essa ideia para a próxima conversa com alunos, os professores e os funcionários. Qualquer que seja a norma, todas as partes interessadas vão ter a oportunidade de compartilhar suas opiniões, e nós ouviremos. Então, vamos tomar uma decisão e esperamos que dê certo.

Faremos uma pausa aqui para observar que as regras que limitam o acesso a celulares na escola geralmente são simples, mas a implementação delas não. O cumprimento dessas normas é desafiador por pelo menos três motivos.

Em primeiro lugar, há um incentivo significativo para alguns funcionários não aplicarem as regras fingindo que não estão vendo. O professor pode ceder à tentação de ser bem-visto pelos alunos (e acreditamos que esse tipo de estima é passageiro), pode evitar conflitos ou pode não acreditar na norma e preferir subvertê-la. Seja qual for o motivo, é certo que *alguém* não concordará e, portanto, a norma testará a cultura da organização. De forma ideal, as regras devem ser discutidas aberta e honestamente, mas, quando uma decisão é tomada, todos a apoiam. O quanto os professores a colocam em prática é, em grande parte, um teste do seu processo. Os funcionários devem sentir que foram ouvidos e respeitados, que contribuíram para o desenvolvimento da norma, mesmo que não seja o que eles escolheriam. As tarefas mais difíceis (como dizer para os alunos guardarem o celular e confiscar o aparelho quando forem pegos usando-o) são aquelas com mais chance de revelar as rachaduras na saúde organizacional. A liderança da escola deve estar preparada para a dissidência.

Em segundo lugar, os estudantes são psicologicamente dependentes do celular e não vão querer se desfazer deles, mesmo que saibam que deveriam. Um professor com quem conversamos disse que, numa pesquisa, a maioria dos estudantes concordou que os celulares eram prejudiciais aos propósitos da educação. Eles concordaram que seria melhor não os usar durante o dia. Porém resistiram à norma, porque queriam usar seus telefones. As pessoas psicologicamente dependentes não mudam seu comportamento simplesmente porque sabem que seria bom para elas. E talvez não sejam meras pessoas sob o domínio da dependência psicológica ou dos maus hábitos. Como disse David Hume, "A razão é escrava das paixões". É uma característica humana usar a lógica para justificar algo em vez de decidir o que desejamos, e isso é especialmente comum para os adolescentes.[3] Ironicamente, uma vez que as restrições foram implementadas, muitos descobriram que estavam mais felizes. Como em tantos casos, os jovens precisam de adultos para ajudá-los a fazer uma mudança e, no final, acabam entendendo e gostando.

A terceira razão para ser difícil aplicar as restrições é uma consequência prática da segunda. As crianças e os adolescentes são inteligentes e, quando motivados, podem ser astutos. Isso torna a aplicação difícil, principalmente porque costumam ser mais habilidosos em tecnologia do que os adultos. Uma maneira comum de restringir o acesso é pedir que entreguem seus telefones em algum lugar de manhã ou antes da aula. Vários colegas que usaram essa abordagem nos alertaram que os alunos levavam outro aparelho e mantinham o verdadeiro, ou diziam que deixaram o celular em casa e não tinham nada para entregar. Eles têm muita motivação para ficar com o celular. Alguns terão orgulho em provar que qualquer sistema de limitação, especialmente aquele imposto pela escola, pode ser contornado. Isso é normal e natural. Alguns dos coautores deste livro admitem ter tido grande prazer em provar que "algo" poderia ser feito, quase não importando o que fosse, contanto que esse "algo" fosse uma regra na escola. Apesar de termos tido sucesso algumas vezes, não temos dúvida de que gostaríamos que muitas das regras que quebramos no passado fossem parecidas com as que tentamos implementar hoje – normas que visem ao bem-estar dos jovens com quem nos importamos.

Recolher os celulares levanta várias questões logísticas desafiadoras. Onde eles serão guardados? Como você identifica cada telefone e seu proprietário? O que você fará quando uma pessoa disser que o celular dela desapareceu? Então, embora acreditemos que seja possível recolher os telefones, e embora as escolas tenham que garantir um acompanhamento confiável e consistente de todo o pessoal, geralmente é melhor usar o tempo e a energia fazendo-se cumprir a norma: "se um funcionário vir um celular, este será confiscado". Mas, mesmo que a escola tenha que garantir uma diligência significativa no monitoramento, não é necessário encontrar todos os celulares (observação: não conte isso aos adolescentes). Falamos isso porque um dos professores pode argumentar: "Nunca pegaremos todos os alunos que trapaceiam. Não adianta ter regras". Como Denarius observou na seção "Vivendo o desafio da restrição dos celulares", ele está ciente dos momentos que os alunos costumam trapacear e a maneira que o fazem. Está atento a isso, mas de forma equilibrada. Sabe que é a cultura geral que importa. Se, entre 50 alunos, um se esgueira para checar o celular sozinho numa cabine do banheiro, sua vitória secreta é sinal de uma cultura escolar que faz o trabalho necessário, que tornou os espaços da sala de aula seguros para concentração e bem-estar. A exceção ocasional, sobretudo quando os alunos se esforçam muito para não serem descobertos, confirma a regra. Significa que, em grande medida, o sistema está funcionando. O que você precisa observar são grupos de alunos que *não* tentam esconder o uso dos celulares. Deixe-os usar as cabines do banheiro.

SIM, É VIÁVEL

Apesar das dificuldades, milhares de escolas no Reino Unido, na França, na Austrália e até algumas nos Estados Unidos têm conseguido restringir com sucesso e satisfação o uso de celulares. Um dos autores deste livro postou recentemente sobre o assunto no Twitter (sim, estamos cientes da ironia de usar as redes sociais para isso), e as respostas foram instrutivas e muito interessantes (com algumas observações).

1. Na nossa escola, guardamos os celulares em bolsas[4] Yondr, que são ótimas. Os alunos conseguem abri-las e, às vezes, não travam a bolsa, mas, em geral, isso transformou a escola. Eles passam o tempo livre conversando com amigos e coisas do tipo.

2. Na última escola em que trabalhei, os alunos colocavam seus celulares numa bandeja no momento da chamada e recolhiam no fim do dia.

3. Não permitimos celulares na nossa escola. Os alunos guardam o aparelho na mochila ou no bolso do casaco, mas longe da nossa vista. Se os virmos, são confiscados, e o aluno recebe uma sanção.

4. Nossos alunos nos entregam o celular, e o guardamos num cofre na sala de aula. Não consigo expressar o impacto positivo que isso tem para o ambiente de aprendizado e para as interações sociais dos estudantes.

5. O celular não é proibido, mas os alunos não podem tirá-lo do bolso enquanto estão na escola. Como acontece com qualquer coisa, a consistência de todos os funcionários na aplicação da norma resultou em uma ótima cultura, e os alunos realmente respeitam.

Essas postagens refletem alguns dos temas-chave que tentamos enfatizar: que a consistência é fundamental; que a mudança na cultura geralmente é rápida e impressionante; que o fato de você nunca alcançar a conformidade perfeita não é uma justificativa para não empregar restrições. Elas também demonstram as opções básicas de normas de restrição: os alunos guardam o celular num local específico da escola; entregam ao professor de cada aula; podem ficar com o telefone, mas a norma "se virmos o aparelho, ele será confiscado" é aplicada.

6. Temos a regra de não usar o celular na escola. Os estudantes mais velhos do ensino médio têm uma área designada no terraço onde podem usar o telefone. Os estudantes do ensino fundamental II devem mantê-los desligados e guardados. Na primeira vez que o aparelho é visto, pedimos educadamente que o aluno o guarde. Na próxima vez ou se for o mesmo estudante, pedimos que os pais confisquem o aparelho.

7. Neste ano, nossa escola tem uma norma, que é rigorosamente aplicada, e é incrível o quanto as conversas e o contato visual durante o intervalo, o almoço e os momentos entre uma aula e outra são bons. Depois da aula, os estudantes vão direto pegar seus celulares (como uma droga), mas, durante todo o dia, eles têm um descanso das telas. Os pais adoram.

8. Sem celulares na minha escola. Temos uma norma de que, caso alguém seja pego usando o aparelho, ele será confiscado. Nas raras vezes em que vemos um celular, os alunos entregam o aparelho, e os pais precisam buscá-lo no final do dia. Funciona muito bem para nós.

9. A peça-chave tem sido a equipe da escola, que confisca os celulares sempre que os avistam. É fundamental que todos os envolvidos apliquem a norma de forma consistente. Não dá para ser "o professor legal".

10. Todos os celulares devem estar dentro das mochilas o tempo todo. Se eu vejo um telefone, eu o pego, levo para a administração e escrevo uma advertência. As consequências mudam com base no número de advertências. Na primeira vez, há um aviso, e o aparelho é entregue na administração antes da aula.

11. Os telefones são proibidos e devem permanecer desligados durante o dia. Se virmos um telefone, a detenção é de 45 minutos. Clareza, consistência e comunicação são essenciais!

12. [A equipe da escola] coleta os celulares dos alunos no início do dia e os devolve antes de saírem da escola. Ficam confiscados por duas semanas se não forem entregues. O sistema funciona muito bem e raramente precisamos confiscar um aparelho.

Esses comentários demonstram os detalhes de várias abordagens no cumprimento das regras. Em alguns casos, o celular é confiscado se estiver fora do lugar apropriado. Não há outra "consequência" para o aluno além de o aparelho ser devolvido mais tarde (às vezes, bem mais tarde) ou apenas aos pais. Esse último movimento pode ser muito eficaz, mas, como discutiremos em breve, é mais útil quando os pais conhecem e se envolvem com a norma. Em outros casos, há uma sanção, como uma detenção, por exemplo – às vezes, na primeira vez, outras vezes, após várias infrações. Os comentários 6 e 11 mostram outro detalhe fundamental: não se trata apenas de tirar os celulares; eles devem estar *desligados* e longe dos alunos. Caso contrário, é fácil demais pegá-los ou escondê-los em um piscar de olhos. O comentário 6 dá algumas ideias para uma política diferenciada. Alunos mais velhos têm um lugar designado e circunscrito onde podem usar seus celulares. Também gostamos da ideia de pedir educadamente que o estudante guarde o aparelho. O comentário 7 é um bom exemplo de como os pais, de fato, apoiam a mudança quando sabem dos motivos para a implementação da norma. O comentário 8 revela um processo claramente pensado para apoiar a norma. Ouvimos muito a ideia do comentário 12 de que, quando há clareza e consistência, os alunos se adaptam rapidamente, e as consequências negativas são raras.

13. Permitimos o uso de telefones fora da sala de aula, mas não dentro, o que reduz a possibilidade de criar um clima de desconfiança desde o início.
14. Há anos temos a política de "nenhum celular à vista", e tem funcionado muito bem. Depois de implementada, quase nunca vemos um celular. Informamos aos alunos claramente os motivos, estabelecemos que todos são responsáveis e criamos um processo em vigor para confiscar e aumentar as consequências se a situação se repetir.
15. É uma norma em todas as escolas públicas de Victoria, na Austrália. Do começo ao fim do dia, nada de celulares. Muitos estudantes disseram que ficaram aliviados quando a regra entrou em vigor.

16. A escola do meu filho não está para brincadeira. Os celulares ficam guardados nos armários. Se você for pego com um, o aparelho é confiscado, e você recebe uma detenção. Descomplicado, claro e eficaz.

17. Nas turmas de fundamental II da escola do meu filho, não são permitidos telefones. Você tem que entregá-los pela manhã e só pode pegá-los de volta no final do dia. Todos obedecem.

18. A escola onde eu trabalhava proibiu o uso de telefones nas suas dependências e ponto final. Os pais e alunos precisavam assinar um documento no início do ano, concordando que o celular seria confiscado, e os pais teriam que ir à escola para pegá-lo de volta. Foi muito eficaz.

Algumas ideias presentes nesses comentários são a importância da clareza e da consistência na aplicação da regra, que leva os alunos a se adaptarem rapidamente, e os benefícios do envolvimento e da comunicação com os pais, já que a chance de as pessoas apoiarem uma iniciativa é maior se elas entendem o motivo. Isso também se aplica aos estudantes e provavelmente aos professores. A chance de eles apoiarem a iniciativa também é maior se entenderem a ciência por trás dela. O comentário 13 é outro exemplo de um lugar específico, mas claramente circunscrito, onde os alunos podem checar seus celulares. O comentário 15, da Austrália, mostra que essas medidas podem ser implementadas em larga escala. Se governos de outros países podem fazê-lo,[5] os nossos também podem, e nossas escolas e nossos distritos também.

19. Na nossa escola, não é permitido usar celular na sala de aula. As chaves para o sucesso são muito trabalho prévio, como: fazer pesquisas com pais, alunos e funcionários e compartilhar os resultados; divulgar gradualmente as informações sobre os impactos do uso do celular, de acordo com a neurociência, em contraposição a uma norma clara; e implementar a regra de forma consistente, com a ajuda da liderança. Curiosamente, os alunos deixaram muito claro na pesquisa que achavam que o uso do celular em sala de aula afetava seu aprendizado, mas também disseram que não queriam abrir mão de usá-lo.

20. Fazemos isso com sucesso. Simplesmente entendemos desta forma: os sinais vermelhos são restrições que permitem o funcionamento do

sistema; não são uma punição. A restrição dos celulares é a mesma coisa.

21. Sim, funciona na escola do meu filho. Eu preferiria sinceramente comprar um novo celular para ele (em algum momento) do que tentar pegá-lo de volta na secretaria.
22. Nosso governo (Austrália) determinou que os celulares permaneçam desligados e longe dos estudantes o dia inteiro. É tão bom andar pelo pátio e ver os alunos realmente interagindo novamente e sem distrações durante as aulas.
23. A diferença é incrível, e todos parecem mais felizes quando os celulares estão longe.

Gostamos do comentário 19, porque enfatiza a necessidade não apenas de informar os pais sobre a norma, mas também de informá-los de forma mais ampla, embasando a aplicação com dados científicos e justificativa. Observe que até mesmo os alunos estavam envolvidos na discussão, começando com pesquisas. Como vimos, quando as pessoas sentem que a *justiça do processo* está em vigor (quando são ouvidas e suas opiniões são valorizadas), a percepção da *justiça do resultado* muda, elas se sentem mais confortáveis em apoiar decisões com as quais não concordam e entendem que há sacrifícios necessários para resultados positivos mais amplos. É bom que os alunos entendam as justificativas da restrição tanto quanto os pais, mesmo que discordem dela, e ambos tendem a apoiar a iniciativa se compreendem a lógica da decisão. O comentário 20 mostra uma escola que passou tempo pensando cuidadosamente sobre a comunicação e a estrutura da norma. O comentário 21 é de um pai ou uma mãe que se incomodou por ter que pegar o celular na escola, mas apoia a regra. A maioria dos pais provavelmente apoiará uma norma de restrição dos celulares – muitos de nós somos pais e podemos confirmar que, em casa, é difícil gerenciar a influência negativa e difusa das mídias sociais. Muitas vezes, os pais ficam felizes em ter a escola como uma aliada. Alguns podem ficar insatisfeitos com a norma e ligar irritados para a escola. Mas muitos deles vão gostar da decisão. Você não vai ficar sabendo que eles concordam, mas saiba que, sim, muitos vão gostar.

Como algumas respostas foram mais complexas, vamos terminar com elas.

24. Um dos efeitos colaterais de ter um porta-celular (quando os alunos pegam o celular na saída) é que a maioria sai da sala checando o telefone para ver tudo o que perderam durante a aula.
25. Eu invejo quem não precisou ficar "enxugando gelo" com uma turma de crianças tentando passar o máximo de tempo possível nas redes sociais, trocando mensagens ou acessando *sites* de vídeo, às vezes, pedindo para usar a calculadora do celular como desculpa e, às vezes, sem desculpa nenhuma.
26. Alguns alunos se recusam a guardar o celular. Sabem que não podemos pegar o aparelho deles e simplesmente se recusam a obedecer. Infelizmente, não há consequências para esse comportamento, então alguns professores desistem de fazer cumprir a regra de manter os celulares guardados durante o dia.

O comentário 24 mostra que a natureza da restrição pode resultar em resultados perversos. Assim que recebem seus celulares de volta, algumas crianças têm mais chance de voltar a imergir nas telas. Esse talvez seja mais um argumento para criarmos restrições amplas. É muito possível que os alunos que checam seus celulares antes mesmo de sair da escola estejam, na verdade, pensando nas mídias sociais durante grande parte da aula. A pesquisa mostra que a perspectiva de ter os dispositivos de volta é uma fonte de distração como um celular próximo aos alunos, mesmo que esteja desligado ou com a tela virada para baixo. A norma ideal reduziria o número de transações (ou seja, momentos de coletas e devoluções durante o dia). Cada uma dessas transações requer esforço e acompanhamento e apresenta oportunidades para a falta de comprometimento. Os comentários 25 e 26 são de professores em escolas onde a aplicação da norma não é consistente e, portanto, é mais difícil. Esses comentários nos alertam para o quanto pode ser trabalhoso uma política inconsistente ou inexistente. E também para o quanto isso pode ser frustrante.

SABER (O *PORQUÊ*) É PODER

Como discutimos antes, começar com *o porquê* – justificar a norma às pessoas que vão implementá-la e segui-la – é fundamental para o sucesso de qualquer norma complexa ou controversa, especialmente uma que será tão visível e desafiadora, como a restrição dos celulares. O ideal é que o *porquê* seja baseado em pesquisas e dados, para que os professores, pais e alunos entendam sua fundamentação lógica e vejam claramente que seu propósito é cuidar dos interesses dos alunos. Quando as pessoas confiam no processo, elas são mais flexíveis em relação aos resultados com os quais podem não concordar inicialmente. Usar o tempo para apresentar um caso completo e transparente no início economiza muito mais tempo e esforço no longo prazo.

Na seção a seguir, apresentamos um modelo com base em três motivos principais. Esperamos que seja útil na construção do seu caso. Alguns pontos já foram mencionados na introdução. Fizemos isso para que você não precise voltar no texto, para que encontre as informações relevantes em um só lugar e, talvez, até compartilhe esses argumentos diretamente com alunos, pais e/ou professores.

O *porquê*, parte 1: o problema da atenção

Os celulares precisam ser restringidos nas escolas primeiramente porque quebram a atenção. Eles tornam mais difícil focar completamente em qualquer tarefa e sustentar esse foco. Isso não é pouca coisa. A atenção é fundamental para cada uma das tarefas de aprendizado, e a qualidade da atenção dos alunos molda o resultado de um esforço de aprendizado. Ler um livro desafiador, concluir uma tarefa prática no laboratório, resolver um problema matemático complexo, escrever um artigo: essas coisas requerem concentração e foco contínuos por um período significativo. Quanto mais rigorosa é a tarefa, mais ela requer proficiência no que os especialistas chamam de "atenção seletiva", ou "direcionada". Para aprender, e aprender bem, você deve ser capaz de manter a autodisciplina sobre seu foco de atenção.

"A atenção direcionada é a habilidade de manter a atenção e inibir as distrações, além de mudar o foco de atenção adequadamente", disse Michael Manos, diretor clínico do Centro de Atenção e Aprendizado na Cleveland Clinic ao *Wall Street Journal*. O problema com os celulares, sobretudo aqueles com mídias sociais, é que os jovens mudam de tarefa em segundos, tornando-se cada vez mais acostumados a estados de meia-atenção, esperando cada vez mais um novo estímulo num fluxo interminável. Quando uma frase ou ideia requer uma análise lenta e focada, suas mentes já estão olhando ao redor em busca de algo novo e mais divertido.

"Se o cérebro das crianças se acostumar a mudanças constantes, será difícil se adaptar a atividades não digitais que não mudam tão rapidamente", continuou Manos. Os educadores devem lembrar que a leitura é a primeira atividade em *que as coisas não mudam rapidamente*. E, embora todos nós corramos esse risco (e reconheçamos algumas dessas mudanças em nós mesmos), os jovens são especialmente suscetíveis. O córtex pré-frontal deles não está totalmente desenvolvido até os 25 ou 26 anos.[6] Essa é a região do cérebro que exerce o "controle descendente" por meio de "respostas por sinais descendentes"[7] – isto é, controle de impulsos e autodisciplina –, envolvendo qualquer decisão consciente sobre o foco da nossa atenção. O pensamento e a aprendizagem são, em muitos casos, uma batalha entre as tentações do ambiente e os esforços do córtex pré-frontal para que permaneçamos concentrados.

As empresas de tecnologia são o que a escritora educacional Daisy Christodoulou chama de "comerciantes de atenção". O objetivo delas é "capturar atenção e revendê-la para obter lucro". As redes sociais e quase tudo que você faz em seu navegador são negócios, grandes negócios. O modelo comercial envolve colocar você em um estado de má concentração e impulsividade por grande parte do seu dia, para que seja um consumidor influenciável. Para fazer isso, eles devem subverter a capacidade do córtex pré-frontal e desviar sua atenção para qualquer outra coisa. Eles só têm sucesso se puderem "tornar o uso de um *site* ou aplicativo um hábito frequente e automático" para milhões de pessoas, escreve Christodoulou, "[...] e mineram as percepções da psicologia comportamental para [...] tornar o produto [e os estados de atenção, para saltarmos a ele no menor sinal de pensamento] um hábito". Por serem gratuitos, é fácil ignorar o fato de que o objetivo é ganhar dinheiro com seu comportamento. Existe um ditado conhecido no setor de tecnologia que expressa essa ideia: "Se você não está pagando pelo produto, você é o produto". Atrair uma forma de atenção manipulável das pessoas é conhecido no setor como "ganhar olhos", o que expressa de forma muito assustadora a ideia de que a parte do corpo fundamental na orientação da atenção pode funcionar separada da parte do corpo que a controla. Manipular a atenção para vender é o objetivo das mídias sociais, mas é claro que vender não é a única consequência, nem a pior.

Sempre que os jovens estão em uma tela, eles estão em um ambiente que os acostuma a estados de baixa atenção e mudança constante de tarefas. Essa é uma situação que se aplica mesmo se eles não estiverem ativamente usando as redes sociais, embora, claro, a maioria dos jovens tentará, no mínimo, controlar o impulso de checar as redes sociais assim que ligarem seus celulares, *mesmo que essa não tenha sido a ideia inicial.*

Como observado na introdução, em 2017, antes do surgimento da mais nova geração de produtos altamente disruptivos, como o TikTok, um estudo descobriu que os universitários (com cérebros mais maduros do que os alunos dos ensinos fundamental e médio e, portanto, com um controle de impulsos mais forte) "mudavam para uma nova tarefa, em média, a cada 19 segundos quando estavam *on-line*".

E, é claro, o cérebro se reprograma constantemente com base em como funciona. Essa ideia é conhecida como neuroplasticidade.* Quanto mais tempo os jovens passam alternando entre tarefas e buscando informações novas, mais difícil se torna para eles desenvolver ou manter a capacidade de períodos prolongados de concentração intensa. Nosso cérebro está constantemente se reprogramando para responder a como o usamos. Se enviamos ao cérebro o sinal de que precisamos dele em tarefas que envolvem, especialmente, um *frenesi* de distração e meia-atenção, ele se adapta para esperar por isso e para ser responsivo a esses estados. Depois de um tempo, o risco é que os celulares se tornem parte de nós. Um cérebro habituado a estados constantes de meia-atenção e impulsividade se reprograma para se tornar mais propenso a esses estados. Sem mitigação, nossos celulares (e certamente as mídias sociais e os aplicativos de jogos) socializam-nos para fragmentar nossa própria atenção. Esse efeito é maior quando estamos próximos aos dispositivos, mas acontece mesmo quando não estão em nossas mãos.

---

*N. de R.T. É a capacidade do sistema nervoso central de fazer e desfazer as conexões nervosas como consequência das interações permanentes com o ambiente externo e interno do organismo; ou seja, é a habilidade do cérebro de se adaptar às mudanças que ocorrem ao longo do tempo.[8]

"Se você quer que as crianças prestem atenção, elas precisam praticar isso", disse John Hutton, pediatra e diretor do Literacy Discovery Center, do Hospital Infantil de Cincinnati, e o primeiro passo é impor uma pausa nos dispositivos que a destroem. Uma instituição com o propósito de aprendizado não pode ignorar um intruso que compromete ativamente sua atividade principal.

O *porquê*, parte 2: máquina de ansiedade

Os celulares equipados com redes sociais são viciantes, principalmente desde o advento do botão "Curtir", em 2009. Receber curtidas provoca um pequeno pico de dopamina, um neurotransmissor que nos faz sentir um pouco de euforia. Essa resposta bioquímica à afirmação certamente está ligada à importância evolutiva da formação de grupos. Procurar aprovação do grupo é muito importante e fica a cargo das partes do cérebro responsáveis pela tomada de decisão. Somos programados para recompensar quimicamente a aprovação e a conexão social, o que garante que certamente atenderemos a esse chamado.

O celular potencializa isso. Os botões de "Curtir" entregam o que é chamado de "recompensa variável intermitente". O pico de dopamina é imprevisível. Você não sabe se vai senti-lo. A pesquisa mostrou que a incerteza "nos faz verificar e checar mais frequentemente o celular do que quando estamos em busca de uma recompensa definida", afirma Christodoulou. Receber curtidas e outras formas de aprovação eletrônica se torna uma obsessão, porque está conectado ao "[...] medidor interno que nos diz, a cada momento, como estamos nos saindo aos olhos dos outros", explica Jonathan Haidt.[9] Você pode se avaliar pelos olhos dos outros (ou pelo menos acreditar nessa ilusão) e receber atualizações constantes. Se há algo que esperamos que você tenha aprendido com este livro é que devemos levar a frase "aos olhos dos outros" a sério. A combinação de reafirmação imprevisível e um dispositivo que avalia a nossa popularidade e o nosso grau de inclusão (para que os outros vejam) é uma máquina de dependência.

Novamente, o custo disso é evidenciado pela pesquisa de Twenge. "Os adolescentes que passam de seis a nove horas por semana em redes sociais ainda têm 47% mais probabilidade de se sentirem infelizes do que aqueles que usam as redes sociais com menos frequência", ela escreve.

"Quanto mais tempo os adolescentes passam olhando para as telas, maior é a chance de relatarem sintomas de depressão. Os alunos do 8º ano que usam muito as redes sociais aumentam seu risco de depressão em 27%." Além disso, "A solidão na adolescência ficou relativamente estável entre 2000 e 2012, com menos de 18% relatando altos níveis de solidão", escreveram ela e Haidt. Mas, nos seis anos após 2012, quando os celulares se universalizaram, e as redes sociais começaram a incluir aprovações e botões de curtida, as taxas aumentaram enormemente. "Em 36 dos 37 países avaliados, a solidão nas escolas aumentou desde 2012", relatam. "Os números quase dobraram na Europa, na América Latina e nos países de língua inglesa." Mas grande parte desses dados era de anos anteriores à pandemia.

Um relatório do Centro de Controle e Prevenção de Doenças (CDC), publicado no final de março e baseado em pesquisas com 7,7 mil adolescentes em 2021, acendeu o sinal de alerta com ainda mais clareza. Esse relatório chamou a atenção para a "crise acelerada de saúde mental" entre adolescentes, com 44% dizendo que se sentem "tristes ou sem esperança constantemente". Até 2009, esse número era de 26% e, até mesmo em 2019, foi muito menor (37%). Cerca de 20% dos adolescentes disseram que haviam pensado em cometer suicídio. Esse número também representava um aumento dramático, mas escondia uma disparidade de gênero. As redes sociais são uma máquina de ansiedade e isolamento, *especialmente para meninas*. "Os meninos tendem a intimidar os outros fisicamente", escreve Twenge, "[...] enquanto as meninas são mais predispostas a fazerem isso minando o *status* social ou os relacionamentos da desavença. As redes sociais dão às meninas dos ensinos fundamental II e médio uma plataforma para praticar o estilo de agressão que elas preferem, ostracizando e excluindo outras meninas o tempo todo". De qualquer forma, entre as horas que um adolescente costuma passar *on-line* todos os dias, os meninos talvez passem proporcionalmente mais tempo jogando, enquanto as meninas passam proporcionalmente mais tempo envolvidas em mídias sociais, o que pode ser mais um motivo para a disparidade. Independentemente disso, as taxas de ansiedade e depressão geralmente são quase duas vezes mais altas em meninas do que em meninos.

Vale ressaltar que boa parte da engenharia feita por empresas de tecnologia é especificamente projetada para reduzir a influência de outras conexões sociais, sobretudo da família. As publicações que desaparecem assim que são lidas tornam as interações nas redes sociais dos adolescentes invisíveis para os adultos e à prova de pais, principalmente os *posts* tóxicos e agressivos. Os pais nunca os veem, então um adulto solidário tem muito menos chance de saber ou ser capaz de ajudar a processar a dor e a ansiedade. Uma característica padrão do *design* de redes sociais é o anonimato. Não ser responsável pelo que se diz traz à tona o pior do comportamento humano.

Ouvimos alguns educadores argumentando que "os adolescentes são responsáveis por aprender a gerenciar o uso do celular" ou, algo ainda mais improvável, "as escolas devem ensinar os jovens a gerenciar o uso de tecnologia". Isso é evidentemente irrealista. As escolas não são projetadas para lidar com a dependência psicológica. Seria arrogante pensar que a maioria dos professores vai dominar (além de todas as suas responsabilidades), de uma hora para outra, a arte de combater a criação de engenheiros de tecnologia que viciou uma geração. Os professores não vão conseguir isso por meio de algumas atividades sucintas, feitas no tempo que sobra entre as matérias que estão ensinando, como se estivessem ensinando as crianças a usar um micro-ondas. Mudar o comportamento de pessoas psicologicamente dependentes do celular é difícil, exaustivo e demanda tempo. Alguns professores *podem* ser capazes de fazê-lo com um treinamento de qualidade e um currículo bom, se fosse a única coisa que eles se propusessem a fazer. Mas não é. É irreal propor que uma epidemia que dobrou as taxas de problemas de saúde mental e mudou todos os aspectos da interação social entre milhões de pessoas vai simplesmente desaparecer com professores ficando em frente à sala dizendo: "Gente, usem o celular sempre com bom senso". Restringir os celulares é uma estratégia muito melhor.

Em um editorial de 2021, Twenge e Haidt afirmaram essencialmente a mesma coisa: que as escolas *devem* restringir os celulares se se preocupam com o bem-estar dos jovens.

O *porquê*, parte 3: um único celular afeta a todos

Os celulares afetam o comportamento mesmo que as pessoas não estejam usando-os. "Os *smartphones* e as redes sociais não afetam apenas os indivíduos", apontam Twenge e Haidt. "Eles afetam grupos. O *smartphone* reconfigurou a interação humana em todo o planeta. À medida que se tornou comum, ele transformou as relações entre pares, as relações familiares e o cotidiano de todas as pessoas, mesmo aquelas que não têm celular ou uma conta no Instagram. É mais difícil iniciar uma conversa casual num café ou após a aula quando todos estão olhando para seus celulares. É mais difícil ter uma conversa profunda quando todos são interrompidos aleatoriamente por 'notificações' que vibram e emitem sons." Eles citam a psicóloga Sherry Turkle, que observa que agora estamos "sempre em outro lugar".

"Sempre em outro lugar" é o que ouvimos ecoar nas palavras de um estudante universitário que recentemente falou sobre sua vida no *campus*. "Muitas vezes, chego cedo a uma palestra e vejo uma sala com mais de 30 estudantes sentados juntos em completo silêncio, absortos em seus *smartphones*, com medo de conversar com os colegas. Isso leva a um isolamento ainda maior e um enfraquecimento da autoidentidade e da confiança, algo que conheço por experiência própria."

Mas as ações de um usuário de celular num ambiente de grupo moldam os pensamentos e a experiência dos não usuários de outras maneiras, como distraindo-os. Pesquisas sugerem que, só de ter um celular por perto, o usuário e as outras pessoas ficam pensando no que pode estar acontecendo no mundo virtual. A maioria dos comportamentos psicologicamente viciantes funciona dessa forma. E isso, claro, tem impacto. É muito provável que também esteja associado à ansiedade, como grande parte da interação nas redes sociais. O que as outras pessoas na sala estão digitando? A pessoa do outro lado da sala, concentrada no celular enquanto um aluno fala, pode estar zombando dele, dos seus comentários ou da sua aparência, e ele está ciente disso.

O comportamento dos usuários de celulares em sociedade molda as normas sociais mais amplas de cada ambiente em que entram. "Mesmo quando veem seus amigos", Twenge escreve, os *smartphones* permitem e encorajam a "evitar certas interações sociais". A chance de lançar um olhar acolhedor para cumprimentar um amigo é menor, assim como de ouvir e rir de um comentário engraçado. Olhando para suas telas em lugares públicos, esses lugares se tornam menos conectados e mais isolados. Não há nada que isole mais do que se sentir sozinho e ignorado em uma multidão. "Na escola, as pessoas estão mais quietas", disse um aluno do ensino médio a Twenge no livro *iGen*. "Todos estão em seus dispositivos tecnológicos, ignorando os outros... parece que não querem falar comigo porque estão no celular." E, claro, a resposta natural é também pegar o celular e parecer estar fazendo alguma coisa.

As atividades interativas em grupo que criam comunidade e conexão são um antídoto para o mundo das redes sociais, e o aumento do uso de celulares diminuiu a participação em quase todas as outras atividades. Agora, os adolescentes têm menos chances do que anos atrás de conseguir um emprego após sair da escola, por exemplo. Além disso, a probabilidade de se envolverem em atividades extracurriculares, como um grupo de teatro ou uma banda, é menor. A não participação influencia os colegas quase tanto quanto os indivíduos que, imersos em uma vida *on-line*, não escolhem mais, por exemplo, participar da peça escolar. A demanda molda a oferta. Quando menos pessoas participam da vida comunitária, menos maneiras existem de participar de atividades em grupo. Há menos peças escolares, menos grupos de ciências, menos grupos de debate. Falamos por experiência própria. Um de nós tem uma filha que adora os encontros depois das aulas, como grupos de ciências e espanhol. Os grupos não só oferecem conexão social, mas também criam um ambiente para despertar a curiosidade em relação a essa conexão. Ao longo do último ano escolar, no entanto, cerca de metade desses grupos simplesmente deixaram de funcionar em razão da diminuição de participação. Quando apenas três ou quatro crianças aparecem em um encontro, não é muito divertido. Você não pode fazer muito, e não há realmente um grupo do qual você se sinta parte. Depois disso, é apenas uma questão de tempo antes que apenas um ou dois apareçam. Nesse momento, logo antes de encerrar as atividades, o último ato muitas vezes é reforçar a solidão e o isolamento daqueles poucos estudantes restantes que estão lá procurando conexão e pertencimento, mas sem encontrar.

COMO CRIAR O ANTÍDOTO

Mais do que simplesmente oferecer uma pausa das telas e das mídias sociais, as escolas podem fornecer um antídoto para as desvantagens do mundo *on-line*. Quando Sam Eaton e seus colegas da Cardiff High School, em Cardiff, no País de Gales, receberam os alunos de volta após a pandemia, as regras da escola incluíam restrições aos celulares. Mas a escola não apenas estabeleceu o que alunos *não podiam* fazer; ela facilitou a participação dos alunos em atividades positivas e agradáveis, que reconstruíam as conexões sociais e o relacionamento com os colegas. A equipe da escola criou uma variedade de ambientes onde os alunos podiam interagir durante o intervalo, como mesas e cadeiras com cartas e jogos de tabuleiro, mesas de pingue-pongue e espaços para outros jogos ao ar livre. A escola proporcionou aos alunos algo socialmente positivo para se envolverem.

As interações informais frequentes durante os jogos são uma ótima maneira de reconstruir habilidades sociais e reavivar o sentimento de conexão. Jogar cartas requer contato visual e leitura de expressões faciais. Sussurram-se comentários engraçados e decepções momentâneas por perder uma rodada. Há muitas oportunidades de baixo risco para obter *feedback* sobre algo que você disse, se foi adequado ao momento, se foi engraçado ou se fez você parecer um mau perdedor. Isso reconstrói as habilidades interativas, que diminuem quando o celular domina a vida dos jovens. Essas habilidades ajudam a construir relacionamentos positivos. Além disso, proporcionam uma sensação mais forte de conexão do que apenas estar no telefone.

A imagem de alunos jogando xadrez no pátio da Cardiff High School é um bom exemplo. Pequenas mesas foram montadas para jogadores sérios e, para quem quer algo um pouco mais descontraído, há um tabuleiro de xadrez gigante.

O conjunto gigante de Jenga, na foto a seguir, facilita interações curtas e descontraídas com um grupo de colegas mais espontâneo.

Além disso, há mesas de pingue-pongue e baralhos de cartas, como visto nas fotos a seguir.

Os alunos têm várias maneiras informais, mas construtivas, de se conectar e interagir. Há sinais pequenos e constantes de acolhimento e pertencimento por meio de contato visual, expressão facial e linguagem corporal. Eles olham em volta e veem essas coisas e a conexão resultante em todos os lugares, de diversas formas. Isso mostra a eles como a interação humana funciona, e é fácil se sentir parte do grupo, porque há algo para todos.

As refeições no estilo almoço de família são outro exemplo. Elas foram um verdadeiro salva-vidas desde a pandemia, como nos conta Jen Brimming, da Marine Academy, em Plymouth, na Inglaterra. São crianças e um ou dois adultos em volta de uma pequena mesa para conversar e socializar de forma descontraída. A conversa não é formal nem focada em algum tema específico. O adulto não lidera a discussão sobre eventos atuais. A convivência é levemente estruturada, com contato visual e conversas em grupo por um período prolongado. As pessoas têm um lugar a que pertencer. Algumas escolas servem refeições no estilo almoço de família ou incluem responsabilidades familiares. Quando um de nós almoçou na Michaela School, em Londres, alguns alunos trouxeram uma bandeja com comidas, e outros compraram uma jarra de suco ou limparam a mesa depois. Outras escolas permitem que os alunos escolham sua própria refeição, mas oferecem lugares acolhedores e calorosos que favorecem o tipo de interação olho no olho, ajudando todos os alunos a se sentirem conectados. Todos têm alguém com quem conversar.

É possível ver isso nas imagens que Jen nos enviou.

Observe o contato visual, a interação em grupo, até mesmo o ritmo lento implícito numa conversa dessas, que envolve um adulto.

As escolas de Sam e Jen fizeram pequenas adaptações de atividades familiares para criar o que consideramos antídotos, atividades durante o horário escolar que facilitam interações positivas e combatem o isolamento. Isso nos lembra dos dados da pesquisa de Jean Twenge que compartilhamos no Capítulo 1, mostrando que certas atividades têm uma correlação negativa com ansiedade, solidão e depressão. Um exemplo é praticar um esporte em que os jovens se engajam num esforço compartilhado com propósito, cooperação, contato visual e momento de tomar a palavra, sem mencionar a forma de lidar com decepções e sucessos. Atividades como essa fazem mais do que apenas interromper o tempo de tela; ele é substituído por algo ativamente curativo.

O dia escolar está cheio de momentos que podem ser otimizados, não só o intervalo ou o almoço, como nas escolas de Sam e Jen, mas também a chegada, a saída, o intervalo entre as aulas ou a reunião matinal. Nossa ressalva seria que a qualidade tem um efeito maior do que a quantidade. É melhor ter uma ou duas interações realmente significativas por dia do que várias que não se concretizam totalmente e apenas constroem uma cultura de forma incompleta. As atividades malconduzidas mostram aos alunos que as instituições são frágeis e incapazes de conectar as pessoas, assim como uma aula malconduzida, com baixas expectativas de ensino, sugere a eles que seu tempo não tem valor.

Claro, as escolas podem oferecer mais tempo de antídoto por meio de atividades extracurriculares mais numerosas ou melhores, como clubes dinâmicos, equipes e grupos de interesse bem administrados.

No Capítulo 5, descreveremos mais extensivamente como Charlie Friedman, diretor executivo da Nashville Classical Charter School, em Nashville, nos Estados Unidos, e um grupo de professores reformularam as atividades extracurriculares após o retorno da pandemia. Um dos principais pontos foi focar na construção da plateia. "Realmente nos concentramos em dar aos alunos a chance de performar", observou, mas as apresentações parecem mais significativas se um número maior de pessoas comparece. Sim, você quer que seus pais estejam lá, mas também quer que os colegas estejam. Quer ver alguns amigos e talvez o pessoal da escola, para os conhecer melhor. "Pensamos muito sobre como incentivar e encorajar as pessoas a assistir às apresentações e aos jogos", disse Friedman. Claro, nem todas as crianças puderam participar, mas o mais interessante foi que, ao construir a experiência de plateia, não apenas o ato de performar ficou mais divertido, mas também assistir aos eventos se tornou mais legal e significativo. Das arquibancadas, você se sente pertencente quando se envolve e se conecta com o que está acontecendo no palco. Cantar e celebrar juntos pode ser tão significativo quanto se apresentar juntos.

Dito isso, é importante oferecer também atividades extracurriculares em que a participação não exija um talento específico. Muitas das atividades extracurriculares mais comuns, como esportes e música, sugerem um compromisso ao longo da vida. Nós, como atletas e músicos, amamos essas atividades e as endossamos totalmente. O lado negativo é que, se você tem 15 anos e está procurando algo significativo para sua vida, mas nunca jogou futebol nem cantou, essas atividades estão fora de alcance para você. Por isso, atividades em grupos ou clubes baseadas no interesse são igualmente importantes e fazem você se sentir pertencente.

Elisha Roberts nos contou que a oratória e os debates foram adições críticas na Strive Prep, em Denver. Qualquer pessoa pode participar, só precisa ter vontade. Essas atividades proporcionam todos os benefícios que esperamos numa interação social, como contato visual, trabalho em equipe e vez de tomar a palavra. Mas Roberts também descreveu uma das pequenas rotinas que os facilitadores usavam para criar senso de comunidade. "Você conta quantos alunos há na turma. Começa contando em completo silêncio e então uma pessoa tem que dizer 'um', e você precisa ouvir e sentir quem vai dizer 'dois', 'três' e assim por diante. É muito bom ver alunos do 6º ao 9º ano em sintonia, tentando chegar a 25, e dizendo 'Ah, não conseguimos em 30 segundos'. Há uma conexão divertida e simples, mas poderosa em termos de conexão socioemocional." Isso mostra que pequenos momentos podem ser construídos em qualquer lugar, que, na verdade, a escola pode reunir uma lista de jogos colaborativos simples (de até dois minutos) para os professores jogarem com os alunos em momentos de pausa, antes da aula, no almoço, no corredor ou como recompensa por uma boa discussão em sala de aula.

A pesquisa do CDC comprovou isso. Os adolescentes que disseram sentir-se conectados às pessoas na escola tinham "muito menos chance de relatar problemas de saúde mental do que aqueles que não se sentiam". Não precisamos encontrar um melhor amigo para todos; só precisamos fazê-los se sentirem vistos, cuidados, relevantes, totalmente presentes na vida da instituição e na percepção dos seus colegas. Uma escola bem administrada "pode ser um fator de proteção" na vida dos estudantes, disse Kathleen Ethier, chefe do departamento de saúde escolar e de adolescentes do CDC, ao *Washington Post*.

Observamos especialmente a expressão "bem administrada". Ninguém se sente conectado e pertencente em um lugar mal administrado, que desperdiça seu tempo e não consegue realizar suas obrigações ou que não pode fazer com que as pessoas se comportem positivamente. As mesas de xadrez e pingue-pongue na Cardiff High School só são úteis se os alunos respeitarem e protegerem os equipamentos e se a escola for capaz de fornecer constantemente bolas de pingue-pongue não estragadas e tabuleiros completos. A organização é surpreendentemente importante para o sentimento de pertencimento. Uma instituição que realiza suas atividades principais bem e de forma confiável também afeta o sentimento de pertencimento dos alunos, sobretudo o trabalho diário da escola, como oferecer aulas bem ministradas, produtivas e significativas para eles.

"Acho que as pessoas querem fazer parte de algo", disse David Adams, CEO da rede de 23 escolas distritais Urban Assembly, na cidade de Nova York. "Existe essa ideia de que os adolescentes não querem pertencer a nada. Ainda assim, eles saem para a comunidade [...] e são incorporados por grupos antissociais. Tudo bem acolhê-los e dizer 'Você faz parte do nosso grupo', mas precisamos entender que há um contrato associado a isso. As pessoas querem fazer parte de algo, e podemos ajudá-las se cumprirmos nossa parte do contrato."

Muitos alunos são ignorados pelas escolas. Isso sempre aconteceu, mas é ainda mais desafiador agora, pois os jovens vivem com um dispositivo inteligente no bolso que os seduz constantemente com a promessa de encontrar um lugar para eles no mundo. Esse dispositivo pode oferecer um milhão de "interações" atrativas, não importa onde estejam.

Considere como isso reprogramou dois pequenos aspectos da vida dos jovens em comparação com uma geração atrás.

Um deles é a diminuição da espera e, consequentemente, da divagação. Pense em quanto tempo você passava esperando quando era jovem, esperando o ônibus ou os pais no colégio, esperando na fila da farmácia ou do supermercado. Em todas essas situações, havia aquela sensação de "nada para fazer", exceto observar as pessoas ao redor e o tráfego passando, divagar pelos milhares de nadas em sua cabeça (alguns que poderiam se tornar boas ideias e crenças depois). Os jovens de hoje nunca experimentam isso. De modo geral, há menos tempo de espera atualmente (você espera em uma fila virtual), mas se tiverem que esperar, só deslizam os dedos na tela do celular em vez de divagar. Não há tempo livre para divagações.

Outra diferença é o fim de um dos momentos mais ansiogênicos da geração anterior: comer sozinho no refeitório da escola ou num restaurante. Os filmes dos anos 1960, 1980 e até dos anos 2000 estão repletos de cenas em que o protagonista fica em pé com sua bandeja na entrada no refeitório e… bem, não precisávamos de mais do que isso para saber do que se tratava. Agora, os jovens simplesmente pegam seu celular e se envolvem em outro mundo. Eles comem sozinhos o tempo todo.

A acessibilidade conveniente de uma forma simples de conexão reescreveu as equações da interação social de maneiras complexas (nem sempre boas, nem sempre ruins). Não podemos competir com os celulares em relação à conveniência – na velocidade e na variedade das interações. Almoçar sem companhia e ficar no Instagram é menos doloroso do que comer sem companhia e não ter nada para fazer além de olhar ao redor e mastigar, então é claro que os jovens (e adultos!) escolhem as redes sociais.

Mas, em comparação a almoçar com amigos, com sorrisos, risadas e rituais familiares, essa sensação é quase inexistente.

Competimos com os dispositivos para conquistar os jovens, para que decidam se pertencem ao mesmo lugar que nós, pelo menos em parte. Como instituições (as instituições mais importantes da sociedade, em nossa opinião), só podemos esperar competir com base na qualidade – em interações enriquecedoras que priorizam a humanidade e a camaradagem e fazem dessas as características dos lugares onde aprendemos. Há cada vez menos locais para almoçar e dar boas risadas com amigos. Essa pode ser a chance de nos aproximarmos e conquistar os alunos para a escola (e, implicitamente, para a comunidade e para o esforço compartilhado).

Afinal, há uma razão para a tecnologia ter mostrado, durante a pandemia, que não se compara à sala de aula (apesar de alguns palestrantes do TED Talks anunciarem a chegada de um futuro perfeito de aprendizagem sem atrito, liderada pelo aluno, no seu próprio ritmo). Há um motivo para a tecnologia não ser páreo mesmo para a versão falha que oferecemos à maioria dos jovens em termos de ensino e para ter gerado grandes perdas de aprendizagem. É importante estar na sala com outras pessoas, interpretar a linguagem corporal dos outros enquanto apresentam ou ouvem, sentir a sala quando uma ideia surge. A sala de aula ainda é o lugar onde isso acontece, em razão do poder do indivíduo conectado ao grupo e de todos os sinais que isso cria. Se incorporarmos conexão suficiente de contato humano durante o dia (abordaremos esse assunto nos próximos capítulos), vamos descobrir que até mesmo os alunos inicialmente contrários a abrir mão do celular ficarão felizes por tê-lo feito.

NOTAS

1. Hoje, em alguns locais, os jovens não podem alugar um carro antes dos 25 anos, pois as companhias de seguros entendem que eles são menos aptos a considerarem as implicações de longo prazo de suas decisões.

2. Caso queira, é possível adicionar uma *cláusula de exceção*, de modo que, em situações incomuns, os professores possam desativar a configuração padrão. Por exemplo, o uso de telefones é restrito, a menos que o professor tenha feito (ou solicitado) uma exceção especial; mas, sinceramente, não recomendamos isso.

3. Para uma excelente discussão sobre a pesquisa por trás do raciocínio *ex post facto* – tomar uma decisão instintiva e depois usar o cérebro racional para justificá-la –, ver: HAIDT, J. *A mente moralista:* por que pessoas boas são segregadas por política e religião. Rio de Janeiro: Alta Books, 2020.
4. Yondr é uma das várias empresas que fabricam bolsas de segurança para celulares, para que possam ser recolhidos antes da aula.
5. Os celulares também foram proibidos nas escolas da França.
6. O desenvolvimento e a maturação do córtex pré-frontal ocorrem principalmente durante a adolescência e são plenamente concluídos aos 25 anos. O desenvolvimento do córtex pré-frontal é muito importante para o desempenho comportamental complexo, porque essa região do cérebro ajuda a realizar funções executivas do cérebro. (ARAIN, M. *et al.* Maturation of the adolescent brain. *Neuropsychiatric Disease and Treatment*, v. 9, p. 449-461, 2013).
7. ROSSI, A. F. *et al.* The prefrontal cortex and the executive control of attention. *Experimental brain research*, v. 192, n. 3, p. 489-497, 2009.
8. COSENZA, R.; GUERRA, L. *Neurociência e educação: como o cérebro aprende*. Porto Alegre: Artmed, 2011.
9. Haidt aqui cita o psicólogo social Mark Leary.

3

COMO RECONECTAR A SALA DE AULA

UM ENSINO QUE AMPLIFICA OS SINAIS DE PERTENCIMENTO

Quero mudar minha resposta.

Esta imagem, que apresenta o momento de uma discussão entre estudantes na sala de aula de Denarius Frazier (descrita no Capítulo 1 e apresentada no vídeo *Denarius Frazier: Soluções*), mostra como a turma pode incentivar os alunos a enviar sinais de pertencimento, além do poder que esses sinais, aparentemente pequenos, têm de moldar a cultura da turma de forma significativa. Os sorrisos de apoio e os olhares afirmativos dos colegas de Vanessa são valiosos.

Em um momento, vamos nos aprofundar no vídeo dessa aula e de várias outras, desvendando em detalhes como as salas de aula podem ser organizadas para sinalizar conexão e pertencimento, como podem ser dinâmicas, envolventes e engajar os alunos, como podem fazer com que eles se sintam importantes, parte de algo maior. Mas, antes, queremos fazer uma pausa para tratar de uma questão importante.

Você verá conexão, comunidade, alegria e pertencimento em todas as salas de aula que mostrarmos. Esperamos que você as estude com todo o cuidado para desvendar a magia que os professores incorporaram à cultura escolar. Porém não deixe de observar que todas essas salas de aula também são exigentes em relação aos conteúdos escolares, rigorosas e ricas em conhecimento. Elas garantem a satisfação emocional e psicológica e, *ao mesmo tempo, promovem as maiores taxas de aprendizado e desempenho.*

São salas em que se prioriza o aprendizado (mais do que numa sala de aula comum, sem dúvida) e, ainda assim, os alunos sentem conexão e pertencimento por toda parte. Em muitos casos, esses sentimentos decorrem do próprio aprendizado. Para sermos claros: a pergunta que devemos fazer não é só *como conectar as salas de aula para que os alunos sintam pertencimento e conexão,* mas sim *como conectar as salas de aula para que os alunos sintam pertencimento e conexão e também aprendam da melhor forma possível.* Não pode ser uma escolha entre uma coisa e outra.

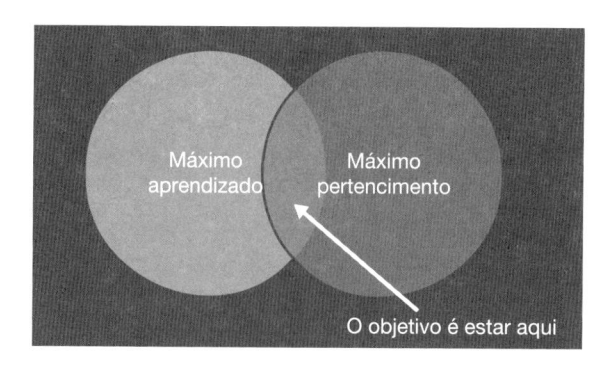

Felizmente, há mais sinergia do que conflito entre esses dois objetivos. Lembre-se de que a formulação da felicidade do psicólogo Martin Seligman inclui três caminhos: prazer, engajamento e significado. Quando esses três fatores se combinam, a sensação de bem-estar é mais forte. Dos três caminhos, é mais provável que as pessoas percebam a conexão entre prazer e felicidade, mas as chances de serem realmente felizes são maiores quando sentem que há engajamento e significado. Um estudo de 2009 realizado por Seligman e Stephen Schueller descobriu que, embora os três aspectos contribuam para a sensação geral de bem-estar de um indivíduo, a busca por engajamento e significado estava mais fortemente relacionada ao bem-estar do que a busca por prazer.[1] Quando nos deixamos levar por uma tarefa e sentimos que o objetivo é importante, nos sentimos felizes.

OS ALUNOS DE DENARIUS SÃO SUPERMOTIVADOS

É difícil assistir ao vídeo da aula de Denarius e não se impressionar com seus alunos. Cada vez que Denarius faz uma pergunta, eles se dedicam à tarefa de corpo e alma. "Estamos um pouco distantes", diz ele aos estudantes, pouco menos de 30 segundos após o início do vídeo. "*Virem e conversem*: por quê?"

No momento em que ele diz isso, a turma ganha vida. Todos começam a discutir o problema com um colega com entusiasmo, sem hesitar em nenhum momento. Uma resposta mais racional (pelo menos em muitas salas de aula) seria virar para o colega e primeiro ver o que ele está fazendo antes de expressar qualquer vontade (ou entusiasmo) de iniciar a discussão. Seus colegas querem mesmo falar sobre seno e cosseno? Você não teria tanta disposição se seu colega de turma revirasse os olhos ou zombasse da discussão. Se os alunos de Denarius estivessem fazendo isso, as coisas literalmente *soariam* diferentes. A resposta seria muito mais silenciosa: os sons das vozes seriam hesitantes no início e aumentariam muito lentamente, ou nem isso.

Mas não é o que acontece aqui. Os alunos parecem ter certeza de que seus colegas vão querer falar de matemática. Não há um segundo de dúvida ou hesitação. E, claro, depois de ver a resposta dos colegas à técnica *Virem e conversem*, eles ficarão ainda mais confiantes na próxima vez. Terão absorvido mais uma evidência de que o padrão na sala do Sr. Frazier é um engajamento escolar com muito entusiasmo.

Mais tarde, quando discutem o problema em grupo, os alunos falam uns *com* os outros, não *atropelando* os outros. Escutam com atenção. Desenvolvem suas ideias a partir das ideias dos colegas. A fala de cada um é importante, então *eles* se sentem importantes.

É um grupo de jovens impressionante. Na verdade, às vezes um colega assiste ao vídeo e diz algo como: "Se meus alunos fossem *assim*, eu também poderia fazer milagres", mas ver o vídeo dessa forma é confundir o resultado com a causa. Entendemos por que é possível cometer esse erro. Denarius parece fazer muito pouco, parece simplesmente dar um passo para atrás, fazer uma pergunta e sorrir na expectativa de que a sala se transforme em um espaço de intenso debate intelectual.

Mas é claro que, como qualquer pessoa que já tentou esse tipo de ação sabe, a realidade é muito mais complexa. Se você "fizesse o que ele faz", sem estabelecer as bases que ele construiu com todo o cuidado, você obteria um resultado muito diferente. Sim, acreditamos que quase qualquer grupo de estudantes se envolverá de forma positiva se o ambiente estiver adequado, mas é necessário um grande esforço de planejamento e construção para criar o ambiente de sala de aula ideal. A movimentação de Denarius no vídeo é cuidadosa e sutil, e as ações que não vemos no vídeo, porque ocorreram antes daquela aula, são duplamente importantes – e duplamente intencionais.

O que estamos vendo é o exercício de uma construção social positiva, o que quer dizer que Denarius pensou sobre a cultura que ele quer que sua turma expresse e como pode criá-la. Na verdade, o que pretendemos transmitir neste capítulo é que as salas de aula são, acima de tudo, culturas, e as interações entre os alunos, especialmente na sala de aula, devem ser planejadas com cuidado, para criar um senso de conexão, pertencimento e esforço escolar compartilhado.

Para dar um passo adiante, projetar salas de aula desse tipo é provavelmente a coisa mais importante que as escolas e os professores podem fazer para ajudar a atender às necessidades de conexão e comunidade dos alunos. Afinal, num dia escolar normal, os alunos passam quase todo o tempo nas salas de aula. A escola pode investir em programas socioemocionais e atividades extracurriculares (em capítulos posteriores, discutiremos como fazer isso, então saiba que somos a favor dessas iniciativas), mas, a menos que as salas de aula ganhem vida, como as de Denarius, a menos que os alunos se sintam importantes, satisfeitos, conectados e competentes, as outras peças vão ajudar apenas até certo ponto. A sala de aula continua sendo o ambiente mais importante de interação na escola. Não há como ter uma cultura escolar inclusiva, digna de cada aluno, sem incorporar uma cultura confiável e excelente na maioria das salas de aula.

Historicamente, em geral, os jovens estão atrasados nos estudos e isolados socialmente. Administrar escolas e salas de aula que criam oportunidades e promovem o bem-estar de forma suficiente para enfrentar essa crise dupla exige um nível de intencionalidade sobre a cultura que, esperamos mostrar, é evidente na sala de aula de Denarius. Suas aulas naturalmente vão ter uma atmosfera um pouco diferente e revelar uma cultura com ênfases e tons distintos. Mas, neste capítulo, argumentamos que ela deve ter o mesmo nível de intencionalidade. Gostamos da palavra "engenharia" para descrever o nível de planejamento necessário para criar o ambiente de aprendizado ideal. Cada sala de aula deve garantir que os alunos trabalhem arduamente em direção a metas importantes com foco e engajamento, sem interrupções, dentro de um grupo que mostra carinho e apoio, especialmente quando seus membros estão em meio a uma atividade escolar.

Achamos isso possível e mostraremos uma série de salas de aula para provar. Estudaremos por que elas são assim e nos concentraremos em algumas das coisas mais importantes do ponto de vista da conexão e do pertencimento na sala de aula de Denarius e em outras parecidas (nossa discussão se baseia em termos que os leitores do livro *Aula nota 10 3.0*, de Doug, já conhecem. Para aqueles que não estão familiarizados com eles, tentaremos explicá-los brevemente à medida que avançamos; mas, se este capítulo interessar a você, o livro de Doug é uma boa pedida).

"ESTALE OS DEDOS SE VOCÊ CONCORDA"

Vamos começar com um momento rápido e aparentemente irrelevante. Por volta de 1'15" do vídeo da aula de Denarius, uma estudante chamada Folusho (na última fileira, vestindo um moletom) responde à sua colega de turma Vanessa. "Aham", diz ela, "eu concordo com a Vanessa. Acho que o exemplo A é descobrir o recíproco, e o recíproco e o inverso não são a mesma coisa". Quando diz isso, algo que pode parecer estranho acontece. Três ou quatro colegas de turma começam a rir. Alguns segundos depois, é possível perceber Fagan, a garota no centro da tela, acenando com a cabeça enquanto estala os dedos. Ela olha em volta, tentando estabelecer contato visual com outros estudantes para encorajá-los a participar e estalar os dedos também.

Folusho (à esquerda) respondendo, e Fagan (à direita) estalando os dedos e acenando com a cabeça aos outros para incentivá-los a apoiar a colega.

O ato de estalar os dedos é um sistema de reforço positivo que Denarius estabeleceu. Os estudantes estalam os dedos para demonstrar apoio a um colega quando ele está falando. O "apoio" pode ter conotações variadas e sutis. Em um nível intelectual, pode expressar: "Eu concordo com você" ou "A minha resposta é igual a sua". Em um nível mais emocional, pode significar: "Eu entendo você, continue, está indo bem".

À primeira vista, talvez isso pareça um truque, mas não é.

Falar para um grupo de pessoas gera ansiedade, mas também é necessário para um aprendizado ideal. Quase todo mundo sente pelo menos uma leve tensão quando fala na frente de um grupo, ainda mais adolescentes, que são extremamente sensíveis ao *status* e à aceitação dos colegas. Para a grande maioria, quando começamos a falar, ouvimos uma voz baixinha que pergunta "O que estou falando é ridículo?", ou talvez, de forma não tão ansiosa, "o que eu estou dizendo faz sentido?". Sentir que os outros estão nos apoiando e dando aprovação pode ser um grande motivador para persistir na discussão e falar novamente em outra ocasião. Por outro lado, se ficarmos angustiados pelas dúvidas, com vergonha na frente dos colegas e acharmos que estamos indo mal, vamos querer falar menos.

Esse é um desafio constante nas salas de aula. Falar em público é fundamental para aprender sobre os assuntos e para construir culturas de confiança. Se eu nunca vir meus colegas falando sobre seno e cosseno, provavelmente vou pensar que esses assuntos também não são para mim. Se meus colegas estão sempre falando sobre seno e cosseno (ou colégio eleitoral, justaposição, resistência e provérbios), então vou saber que também posso falar sobre esses assuntos.

Portanto, é importante que, quando Folusho começar a falar, ela receba instantaneamente um *feedback* positivo sutil, mas consistente, dos seus colegas. Isso demonstra que *ela está indo muito bem*, mesmo durante a sua fala. Os colegas conseguem, de forma simples e *sem interrupções*, expressar apoio. É um pequeno sinal que reforça que são capazes e cria entre eles um senso de pertencimento significativo e real. Usar essa técnica para elogiar um comentário sobre a busca do inverso do seno significa que o grupo valoriza o conhecimento escolar.

É possível ouvir o estalar de dedos de apoio e afirmação ao longo do vídeo, quando Brittany dá sua opinião, por volta de 1'45'', e novamente uns dois minutos depois. Há o estalar de dedos de apoio para Vanessa quando ela muda sua resposta logo após 2'15''. Pode-se argumentar que esse sinal é tão significativo quanto os sorrisos e acenos de afirmação mencionados no Capítulo 1.

Observe também que Denarius solicita especificamente estalares de dedos em 2'30'': "Eu concordo que A é a resposta correta. Estalem os dedos se também concordam". Ele está reforçando o sinal, tornando-o um hábito para todos os alunos usarem e fazendo com que sintam que estão ajudando a descobrir a resposta correta. Sua aprovação (sim, todos concordamos, A é a reposta correta) afirma a coletividade do momento. Talvez a resposta não esteja totalmente correta até que todos tenham confirmado usando essa estratégia simples. Uma sala cheia de adolescentes é uma sala cheia de pessoas examinando ao redor para saber quais são as normas tácitas de pensamento e crença às quais devem aderir. Nesse cenário, cada um acaba de afirmar: *eu sei como encontrar o inverso do seno, me preocupo em encontrar o inverso do seno*.

Estale os dedos, por favor.

Há até um momento engraçado (nós achamos engraçado) por volta de 2'45", em que Omowunmi está falando, e um aluno na parte de trás estala os dedos "errado" (aos olhos de Fagan). Talvez o colega tenha estalado os dedos no momento errado. Talvez o estalo tenha sido muito alto. Fagan olha para trás como se quisesse dizer: "Ei, não é assim que fazemos".

Observação: temos certeza de que poderíamos fazer um filme sobre Fagan e seus incríveis esforços para criar conexões e estabelecer as normas nos bastidores desse vídeo. Como tantos jovens em sua sala de aula, é uma conectora, uma formadora de equipes, uma capitã. Ela e milhares de estudantes como ela estão empenhados na construção da cultura, se pudermos dar a eles uma cultura que valha a pena ser construída.

Na verdade, a reação de Fagan ao estalar "errado" de dedos (e o momento em que tenta encorajar os estalos para apoiar Folusho) mostra que ela reconhece que esse sistema é dela. Ela quer que seja feito da maneira certa. Denarius explicou e implementou cuidadosamente o sistema. Estabeleceu regras iniciais sobre como usá-lo (e como não o usar), mas agora já é uma propriedade compartilhada. Muitas vezes, os estudantes iniciam por vontade própria, sem a contribuição de Denarius. Valorizam como a técnica cria a dinâmica da sala de aula, a positividade, o apoio mútuo, a conexão. Isso permite que eles se envolvam ativamente quando outra pessoa está falando.

Sempre que os estudantes lembram uns aos outros das crenças, dos valores e dos princípios da sua comunidade ("Ei! Não é assim que fazemos"), é reforçado o compromisso da comunidade e do indivíduo com ela. Os estudantes assumem riscos intelectuais e persistem nas aulas de Denarius, em parte porque recebem esse pequeno sinal de afirmação de seus colegas. Eles se envolvem de forma mais plena como ouvintes, porque conseguem enviar sinais de apreço aos colegas e porque, ao elogiarem coisas que consideram inteligentes, eles as veem com mais frequência. Denarius deu aos estudantes uma maneira de formar uma equipe, de sinalizar pertencimento e apoio, e eles a abraçaram. Eles *gostam* de se sentir como uma equipe.

O estalar de dedos parece pouca coisa, mas não é.

Em muitos casos, a forma como a turma responde aos esforços de participação de Fagan é tão importante quanto, se não mais, a forma como o professor o faz. No livro *Motivated teaching*, Peps McCrea mostra que a percepção das normas sociais é o que mais influencia nossas ações e motivações. Acreditamos que, quanto mais velho o aluno, mais seu comportamento é influenciado pela percepção da norma do grupo. Os adolescentes fazem o que acham que os outros adolescentes fazem.

Além disso, observa McCrea, quanto mais sentimos que pertencemos a um grupo, mais investimos em seus objetivos e nos adequamos às suas normas. Os estudantes sinalizam (para outras pessoas) e reforçam (para si mesmos) que fazem parte do grupo quando, por exemplo, estalam os dedos com os colegas. Eles se sentem pertencentes à cultura.

Imagine: você está numa sala de aula, e seus colegas mostram que gostam de discutir trigonometria e reconhecem o valor do assunto. É uma norma, uma suposição, uma regra tácita dentro do grupo. Quanto mais você sente que faz parte desse grupo, quanto mais pequenas coisas você faz para expressar sua participação nele, mais seus colegas parecem se esforçar para sinalizar que você pertence a ele, mais você sente prazer, engajamento e significado. Tudo isso faz com que você internalize mais profundamente as normas do grupo, e, nesse caso, mais você se sente como uma pessoa que *gosta de discutir trigonometria e reconhece o valor do assunto*. Daniel Coyle observa que "Pertencer parece que acontece de dentro para fora, mas, na verdade, acontece de fora para dentro". Você sente que pertence a algo, porque age como se pertencesse. Os pequenos sinais são tão importantes quanto os grandes.

Denarius não diz nada durante a maioria dessas interações. Não vemos ele construindo o sistema, não vemos todos os momentos no início do ano em que ele explicou aos alunos quando estalar os dedos e como fazer isso da maneira certa (rapidamente, duas ou três vezes, etc.). Pode parecer que ele não está fazendo nada, mas não é nada disso.

Planejar os procedimentos em uma sala de aula, torná-los habituais, fazer com que os alunos tenham, quando possível, um sentimento de propriedade compartilhada, garantir que eles se envolvam e se sintam envolvidos nesse sistema estão entre as habilidades mais importantes de qualquer professor, mas, em especial, do professor que busca moldar a percepção dos seus alunos sobre a escola e a sua relação com ela. Estabelecer normas e promover a aceitação e o comprometimento dos estudantes é construir uma cultura. É isso que torna a aula de Denarius excepcional. Para deixar claro: não conseguiremos atender às necessidades de ensino e sociabilização dos jovens pós-pandemia, a menos que construamos ativamente culturas de aprendizagem ideais. Optamos por começar a estudar como isso funciona com uma norma aparentemente trivial, de enviar mensagens instantâneas entre colegas, para mostrar que mesmo um comportamento muito pequeno pode ter grande influência na realização desse objetivo.

CHAMAMOS DE "CONFETES"

Chamamos os sistemas de sala de aula que codificam imagens e outras formas de afirmação de "confetes". Oferecer confetes é oferecer reconhecimento, aprovação, gratidão ou elogio a outra pessoa. Há uma variedade de versões possíveis, além do estalar de dedos, que um professor pode usar para que os alunos expressem afirmações mútuas. Duas outras versões comuns são "enviar brilho" e "enviar magia". Quando os estudantes "enviam brilho", fazem um pequeno gesto com as mãos em que os dedos se movem como os raios de sol entrando em um cômodo e os direcionam para quem desejam apoiar.

Esta imagem mostra os alunos em um vídeo, que discutiremos em breve, "enviando brilho" a uma colega de turma enquanto ela responde a uma pergunta. "Enviar brilho" é semelhante a estalar os dedos, pois expressa valorização, mas alguns professores preferem "enviar brilho", porque é mais silencioso, e o nome explicita o propósito: um sinal que enviamos para apoiar alguém e ajudar a pessoa a ter sucesso.

Você não precisa escolher entre um e outro. "Enviar brilho" pode coexistir com estalar os dedos (a sala de aula da foto usa os dois sistemas). Porém é importante ter cuidado para não ter muitos confetes. É melhor ter um que funcione muito bem do que vários que não criam uma cultura perfeita. Preferimos o "estalar de dedos" para os alunos de séries mais avançadas. A característica percussiva dos estalos de dedos é afirmativa para quem fala (é possível ouvir e quase sentir, mesmo que não esteja olhando), e é gratificante enviar o sinal, então as pessoas preferem enviá-lo. Além disso, parece mais "adulto". Talvez você não acredite, mas, se começarmos a estalar os dedos em oficinas que fazemos com adultos, muitas vezes o ato se espalha pela sala, embora não peçamos que as pessoas usem esse tipo de confete. As pessoas simplesmente gostam da sensação.

Com qualquer sinal, os professores precisam ficar atentos à forma que os alunos o usam. Alguém sempre vai querer exagerar. Pode se tornar uma brincadeira, uma forma de interrupção sutil, se não for usado com discrição. Por isso, você precisa usar frases gentis de correção, como "pode parar agora" ou "adoro o estalar de dedos, mas ele precisa ser curto e silencioso. Não se preocupe: os colegas vão recebê-lo da mesma forma".

Com estudantes mais jovens, preferimos o "envio de brilho". É um nome alegre, e pedir por ele dá um tom otimista: "Mandem um pouco de brilho para David". Além disso, é mais provável que estalar os dedos dê errado com estudantes muito jovens, porque eles não têm tanta experiência social e não sabem intuitivamente quando faz sentido fazer isso. Portanto, "mandar brilho" para os pequenos e "estalar os dedos" para os maiores é uma boa regra, mas você vai ver todas as possibilidades nos vídeos. O ideal é que você imagine diferentes abordagens para definir e amplificar esses pequenos sinais, para que fiquem mais claros e evidentes.

No vídeo *Christine Torres: Confetes*, Christine está ensinando vocabulário, e a vemos "mandar brilho" em duas oportunidades. Primeiro, quando a aluna Etani está com dificuldades para responder a uma pergunta difícil, Christine pede à turma: "Mandem um pouco de brilho para Etani". Eles mandam com entusiasmo, e podemos perceber o apoio que Etani sente antes de responder à pergunta. Em um segundo exemplo da aula de Christine, há outra questão difícil, e a professora "envia brilho" para si mesma. Vários outros estudantes fazem o mesmo. Parece orgânica a forma que os alunos expressam seu apoio.

Sarah Wright também está ensinando vocabulário no vídeo *Sarah Wright: Confetes*, e os alunos estão empolgados com a chance de usar as palavras recém-aprendidas. Sarah chama Akeem, e vários estudantes (em especial, seu colega à direita) demonstram apoio à sua empolgação "enviando magia". É importante notar que, quase por hábito, Sarah faz, ela mesma, o gesto de "enviar magia" ao chamar Akeem.

No vídeo *Rousseau Mieze: Confetes*, Rousseau escolheu o trabalho escrito de dois alunos para compartilhar com a turma. De brincadeira, ele pede que a turma "estale os dedos" para honrar o esforço deles. O resultado é fascinante.

Finalmente, em *Erin Magliozzi: Confetes*, os alunos de Erin espontaneamente "mandam brilho" a Jas para apoiá-la em sua resposta. Depois que Jas acerta, eles "estalam os dedos" como aprovação. Aqui temos os dois sistemas funcionando. Ser Jas ou qualquer outro aluno em uma sala de aula como a de Erin é sentir-se apoiado, incentivado e conectado e ter sempre em mente que você pertence àquele lugar.

HÁBITOS DE ATENÇÃO: O PODER OCULTO DO RASTREAMENTO MÚTUO DOS ESTUDANTES

Quando discutimos a foto da aula de Denarius no Capítulo 1, enfatizamos o poder do que os colegas de Vanessa estavam fazendo enquanto ela reconhecia seu erro (olhar para ela, sorrir, enviar sinais não verbais de que aprovam sua atitude) e como eles demonstram aprovação quando ela mostra seu conhecimento escolar. Os sinais vêm por meio do contato visual, da expressão facial, da postura corporal e, como podemos ver, até mesmo de estalos de dedos. As ações dos colegas influenciam a disposição de Vanessa de assumir o risco intelectual (e social). Sua resposta ao erro é exemplar, madura e humilde; reflete uma jovem de caráter. Mas também reflete uma sala em que a segurança psicológica se combina com um sentimento palpável de que aprender é um esporte em equipe. A sala desperta o melhor de Vanessa. A resposta é dela, mas não somente dela.

Na verdade, o rastreamento ocular e os sinais não verbais de afirmação e inclusão estão presentes em todo o vídeo. Você pode ver isso acontecendo repetidas vezes. Lembre-se do momento que descrevemos antes, em que Folusho está falando.

Os colegas estão olhando para Folusho. Fagan, que está estalando os dedos e tentando incentivar outras pessoas a segui-la, é uma exceção. Outro aluno está analisando o problema no quadro. Mas a norma é clara: interagimos com os outros com os olhos quando falamos.

Para delimitar um pouco mais o vocabulário, o conceito de olhar para quem está falando é chamado de *rastrear*. O conjunto mais amplo de comportamentos, como mostrar interesse, focar e direcionar a própria atenção na direção mais produtiva, é chamado de *Hábitos de atenção* (se quiser saber mais, esse é o termo que Doug usa em *Aula nota 10 3.0*). Como os confetes, rastrear também envolve reconhecer, aprovar e demonstrar apreço a outra pessoa. Quando vemos isso acontecendo, pensamos no contrato social. É uma demanda pequena – vamos nos olhar, fazer o que podemos para mostrar que estamos interessados, mesmo que, às vezes, não estejamos – e um retorno enorme – construímos um lugar em que os conteúdos iluminam a sala, em que nos sentimos pertencentes e potencializamos nossas chances de alcançar nossos sonhos – se pudermos fazer com que todos aceitem isso para construir uma norma visível.

A norma é evidente na sala de aula de Denarius. É possível ver os alunos usando os *Hábitos de atenção* enquanto Folusho, Brittany, Fagan ou Jevaughn estão falando.

Claro que eles também rastreiam Denarius. Alguns professores reconhecem os benefícios do rastreamento entre os próprios alunos, mas hesitam em pedir o mesmo para si. Eles temem que seja autoritário pedir aos alunos que os rastreiem.[2] Por que, perguntamos, teríamos um sistema que mostra respeito e afirmação a todas as pessoas na sala, que lembra que suas vozes são importantes, mas exclui o professor? Por que mostraríamos que as palavras do professor não são igualmente importantes? Existem inúmeras razões que explicam por que rastrear o professor é benéfico para os alunos. Ajuda-os a prestar atenção, por exemplo.

Esse e outros motivos estão resumidos no livro *Aula Nota 10 3.0*, mas gostaríamos de observar que os sinais de pertencimento e as emoções em decorrência deles também afetam os professores. As mesmas regras da biologia se aplicam aos docentes. Sentir que os estudantes demonstram apreço e apoio, além de afirmar sua importância na sala de aula, faz com que você se sinta mais feliz e confiante, com mais conexão emocional com os alunos e, provavelmente, mais competente. Faz de você um professor ou uma professora que, como os alunos, não tem medo de correr os riscos inerentes ao aprendizado. Os alunos devem rastrear o professor e os colegas? Eles também devem reafirmar o contrato social implícito em um ambiente de aprendizagem positivo com o professor? Com certeza!

É importante notar que o olhar do professor também é um sinal importante (o fato de ser óbvio não significa que não valha a pena refletir sobre isso). Claro, estabelecer contato visual com os alunos enquanto eles estão falando demonstra que estamos ouvindo. É um hábito importante e uma ótima forma de demonstrar a eles quais sinais enviar e de que maneira, como em breve você verá Fran Goodship fazer em um vídeo de sua turma em Londres, na Inglaterra. Mas também é um hábito que você busca "de forma agregada": você não pode olhar para quem está falando em todos os momentos quando é responsável por uma turma de 30 pessoas. Na verdade, dar uma olhada rápida ao redor, de vez em quando, enquanto os alunos estão falando pode ser um lembrete de que você quer saber se eles estão se envolvendo (e é importante garantir que todos estejam fazendo a atividade). Veremos um exemplo disso na turma de Fran também.

Mas a simetricidade do olhar também merece reflexão. O professor da Wharton Business School, Ethan Mollick, escreveu recentemente sobre um estudo realizado por So-Hyeon Shim e seus colegas,[3] que constatou, nas palavras de Mollick, que "quando os líderes olham positivamente para os membros do grupo que, de outra forma, poderiam ficar de fora, outros no grupo dão mais atenção a essa pessoa". Do mesmo modo, quando trabalhamos com professores, geralmente os lembramos da importância do contato visual individual e pedimos que o incluam ao fazer atividades comuns, como explicar ou fazer perguntas. Estabelecer contato visual com vários indivíduos, mesmo que de forma rápida, é muito mais eficaz do que olhar "para o grupo" no geral.

É possível ver claramente Denarius fazendo isso nos primeiros momentos do vídeo. "Vamos lá! Vocês têm 30 segundos para analisar, em silêncio, as duas soluções que encontrei", diz ele. Enquanto os estudantes analisam a questão, Denarius não está olhando superficialmente para a turma, para a parede do fundo da sala, por exemplo. Ele não está olhando para as suas anotações no quadro. Também não está olhando ao redor lentamente, como se escaneasse a turma. Ele está olhando ao redor da sala, fixando os olhos rapidamente em cada aluno. Ele está "olhando nos olhos deles" e, ao fazê-lo, afirma a importância deles, como se dissesse "eu vejo e reconheço você", e os ajuda a se sentir responsáveis de forma acolhedora.

Introdução aos *Hábitos de atenção*

Os *Hábitos de atenção* são uma ferramenta poderosa, sobretudo porque multiplicam e ampliam os sinais de pertencimento na sala de aula. Mas implementá-los de forma que se tornem uma rotina consistente e vibrante é mais fácil na teoria do que na prática. A seguir, você encontra algumas observações baseadas na experiência de professores, como Denarius.

Primeiro, como qualquer sistema, os *Hábitos de atenção* exigem a participação dos professores, dos alunos e, às vezes, dos pais. Como é bem possível que, entre as pessoas envolvidas, algumas tenham dúvidas sobre a proposta, o primeiro passo é fazer com que todas elas entendam *o porquê*. Como discutimos antes, a justiça do processo leva à aceitação dos resultados, mesmo quando as pessoas não concordam inicialmente, e o primeiro princípio da justiça do processo é deixar claro para os envolvidos que as decisões são baseadas em pesquisas, princípios sólidos e propósitos compartilhados. Dedique um tempo para explicar esses benefícios (dica de mestre: mostre um ou dois vídeos e diga "este é o nosso objetivo"). Mas também pergunte aos professores e talvez aos pais sobre suas dúvidas. Esteja com tudo pronto para responder, ouvir com atenção e, se necessário, encontrar oportunidades para explicar ou, até mesmo, adicionar situações de flexibilidade conforme permitido. Também defendemos começar sendo um pouco flexível ou, até mesmo, prometer ser flexível, se necessário, após um período de teste inicial. Dizemos isso porque também acreditamos que a participação é um resultado, e não um pré-requisito. Se a implementação for forte, as pessoas mudarão de ideia.

Implementar bem o sistema para que as aulas sejam vibrantes e inclusivas é o que, provavelmente, mais fará com que as pessoas acreditem que o sistema vale a pena. Se isso não acontecer, menos pessoas se convencerão.

Confira a seguir as duas áreas em que é possível oferecer flexibilidade caso os professores expressem preocupações.

- Os professores podem usar uma variedade de expressões para pedir aos alunos que rastreiem, e as diferenças podem ser significativas. Por exemplo, dizer "Turma, olhares voltados para mim" ou "Turma, olhares voltados para Vanessa" é diferente de dizer "Me rastreiem" ou "Rastreiem a Vanessa". Alguns professores podem preferir a franqueza e a clareza da segunda opção, e alguns podem preferir o toque de gentileza da primeira. Dar a eles a liberdade de expressar a ideia de forma diferente pode deixar alguns professores relutantes mais confortáveis, ou ajudar outros a sentirem que podem ser mais autênticos ao fazer a solicitação.

A maneira que pedimos aos alunos para estarem presentes também é uma oportunidade para compartilhar sua justificativa de forma mais clara, o que é útil tanto para professores quanto para alunos. Algumas frases boas:

- "É importante rastrear agora."
- "Rastreiem para demonstrar consideração a Vanessa."
- "Por favor, mantenham seus olhares em Vanessa."

O primeiro exemplo mostra, enfatizando a importância do momento, que os alunos devem rastrear. O segundo mostra o propósito (nunca é uma coisa ruim). O terceiro, como lembrete, pressupõe o melhor, presumindo que os estudantes que não estão rastreando simplesmente se esqueceram e, ao serem lembrados, vão adotar a norma.

O rastreamento e os outros aspectos dos *Hábitos de atenção* são sistemas-padrão. Ou seja, devemos instalá-los para usá-los de forma simples e fácil sempre que precisarmos deles. Mas também podemos desligá-los temporariamente. Pensar em frases para desativar o padrão e ter uma discussão aberta sobre quando seria bom fazer isso também pode aumentar a adesão. Veja a seguir as duas frases de que mais gostamos para desativar o padrão:

- "Você não precisa rastrear se estiver fazendo anotações ou procurando fontes."
- "Olhar ou anotar. Você escolhe o que fazer nesta discussão."

Sem dúvida alguma, a justiça do processo também se aplica aos estudantes, embora seja um pouco diferente, porque os alunos não podem decidir, na maioria dos casos, se algo será uma norma, incluindo os *Hábitos de atenção*, pois os benefícios são muito importantes para serem votados. E se 15 alunos quiserem experimentar a iniciativa, e 15 não quiserem? Os sistemas só funcionam quando são universais (claro, é razoável oferecer flexibilidade a estudantes neurodivergentes ou com outras necessidades específicas de aprendizagem; essa é uma situação diferente).

Então, em vez de pedir informações de antemão sobre algo que os alunos não terão experiência suficiente para julgar, por que não pedir *feedback durante*?

A seguir, você encontra a nossa receita. Ela se destina a estudantes mais velhos, porque acreditamos que os estudantes mais novos têm menos chance de reagir negativamente.

1. Implemente o sistema com cuidado. Explique o motivo enquanto estiver colocando-o em prática. Mostre aos alunos um vídeo, para que possam ver como são as aulas com os *Hábitos de atenção* ativos. Concentre-se em explicar o contrato social: o benefício mútuo a longo prazo e as pequenas exigências diárias.

"Acho que vocês ficarão surpresos com a mudança na sala de aula, o nível de apoio e encorajamento que vocês sentirão. Tenho certeza de que ajudará a criar um espaço em que vocês aprendam mais e se ajudem para alcançar seus objetivos. E, em seguida, isso se tornará um hábito."

Recentemente, discutimos com o líder escolar os benefícios de adicionar uma explicação para o grupo – "criamos esses hábitos porque somos responsáveis pelos outros; dessa forma, você fortalece seu colega" – a uma explicação individual – "saiba como isso beneficia você, individualmente". Assim, os alunos percebem o contrato social em ação e entendem que o objetivo é uma cultura mais ampla.

Independentemente disso, o principal ponto no início não é se os alunos concordam plenamente, mas se eles *entendem*. Eles não conhecem o sistema o suficiente para julgar, por não terem experiência. Se acreditam que você está fazendo isso para o benefício deles a longo prazo e se concordam com o seu argumento, pode avançar. A maioria dos adolescentes entende que os professores estão lá para ajudá-los a fazer o que é do seu interesse a longo prazo, mesmo que não acordem todas as manhãs querendo fazer essas coisas. Nenhum de nós gostava de escrever redações quando éramos adolescentes. Revirávamos os olhos e reclamávamos. Mas fazíamos, porque entendíamos e acreditávamos que escrever nos ajudaria. Os adolescentes sabem que a escola exige o uso da autodisciplina em detrimento do desejo humano de fazer o que é mais agradável. Se eles entenderem *o porquê*, e se formos claros e consistentes pedindo que cumpram o acordado, é muito provável que darão uma chance para o sistema.

2. Tente por algumas semanas. Faça a implementação ser sólida, para que os alunos tenham uma versão de alta qualidade dos *Hábitos de atenção*. Devemos usar essa técnica para discutir assuntos de mérito e importância reais. O comprometimento é um resultado, e não uma condição prévia. Deixe os alunos falarem sobre algo importante ou trabalharem juntos em um problema desafiador de maneira significativa, e eles terão mais chance de perceber a diferença.

3. *Em seguida*, peça o *feedback* deles, concentrando-se não tanto em se, mas em como:

"Estamos fazendo isso há algumas semanas. Quem pensa no seu sucesso futuro e quer alcançá-lo, responda da forma mais madura possível: como está indo? Está diferente? Precisamos adaptar alguma coisa para que funcione melhor? Virem e conversem com seu colega."

Esse seria outro caso em que você poderia mostrar um vídeo. "Ótimo, vamos assistir aos alunos de Denarius. O que podemos aprender com eles que também podemos usar?" (Observação: todos os alunos da turma de Denarius entraram na faculdade. Fagan, a heroína do vídeo, acaba de se formar em uma ótima universidade).

4. Faça pequenas alterações conforme necessário, mas não desista.

No vídeo *Christine Torres: Criando a cultura do rastreamento*, compilamos uma série de exemplos de Christine pedindo aos alunos para rastrearem. Observe como ela, de tempos em tempos, reconhece quando cumprem a norma. Perceba também como seus alunos estão envolvidos. Quando ela faz uma pergunta, quase todos levantam a mão. É bem possível que o reconhecimento por parte dela esteja ligado ao engajamento dos alunos na sala de aula. Você também pode pular e assistir ao vídeo *BreOnna Tindall: Hábitos*, para ver como ela cria uma cultura excepcional de pertencimento usando os *Hábitos de atenção*, os confetes e a próxima técnica que discutiremos: os *Hábitos de discussão*.

HÁBITOS DE DISCUSSÃO: FALAR COM OS OUTROS, E NÃO ATROPELAR OS OUTROS

Vamos voltar ao momento da aula de Denarius em que Folusho responde ao que Vanessa disse no início da discussão. Como observamos antes, Folusho diz: "Eu concordo com a Vanessa. Acho que o exemplo A é encontrar o recíproco, e o recíproco e o inverso não são a mesma coisa". Suas palavras refletem outro sinal de pertencimento aparentemente comum, porém crucial, que é a todo momento comunicado por e entre os estudantes na sala de aula de Denarius.

Folusho começa fazendo uma referência rápida e clara ao comentário anterior de Vanessa. Ela reafirma o argumento de Vanessa dizendo "Acho que o exemplo A é encontrar o recíproco", dá o crédito à colega e depois descreve como suas ideias se conectam (*eu concordo e pretendo ampliar sua ideia*). Ao fazer isso, ela mostrou a importância das palavras de Vanessa. Estava ouvindo a colega com atenção e acha que suas palavras importam. Isso pode parecer trivial, mas muitas vezes ocorre o contrário nas turmas. Uma aluna como Vanessa fala, e outro estudante, que toma a palavra, não dá a menor indicação de que houve um comentário anterior nem de que teve importância. Talvez o argumento anterior tenha sido totalmente irrelevante. A mensagem que passa é: ninguém achou que valesse a pena responder a isso. Às vezes, um aluno realmente começa com uma frase como "o que eu ia dizer era...", e o subtexto é "o que Vanessa acabou de dizer, na medida em que eu estava ouvindo, é irrelevante. Meu comentário seria exatamente o mesmo caso ela nunca tivesse falado". A resposta dos colegas para milhares de outros alunos como Vanessa sugere que o comentário deles é irrelevante para a turma. Com a mesma frequência, essa mensagem é transmitida pelo silêncio. Se depois dos seus comentários ninguém responder, se os colegas não derem nenhuma indicação de que o que você falou é relevante ou válido, você aprenderá que não deve falar.

Às vezes, estamos na situação de Folusho, pensando, enquanto falamos, se nossas palavras fazem sentido e sendo encorajados por algo como estalos de dedos, sabendo que estamos no caminho certo. Muitas vezes, estamos no lugar de Vanessa, perguntando-nos, depois de falarmos: "Eu deveria ter dito isso? As pessoas ouviram, deram importância ao que acabei de dizer?".

Atualmente, a ansiedade provocada pela ideia de que nossa fala será ignorada é muito mais predominante do que há 20 anos – no caso dos jovens, mil vezes mais. O botão "Curtir" é o impulsionador do uso compulsivo das mídias sociais. Os jovens publicam suas ideias e depois conferem suas curtidas e continuam conferindo repetidas vezes, porque anseiam pela confirmação de que seus colegas veem valor no que disseram. Isso mostra como a afirmação dos outros é importante e o quanto a desejamos depois de falar. Falamos porque queremos que nossa fala seja relevante para os outros (pelo menos, esse deveria ser um dos principais propósitos de falar) e esperamos que nos digam se foi ou não.

Na sala de aula, a resposta para a pergunta "As pessoas deram importância ao que acabei de dizer?" vem, principalmente, dos colegas, e não do professor – em especial para alunos acima das séries iniciais. Como os sinais que discutimos nos *Hábitos de atenção*, ela é comunicada em uma linguagem muitas vezes negligenciada. O estudante comum olha para o outro lado da sala, depois de responder a uma pergunta, e provavelmente vê poucos sinais valiosos de resposta ou interesse. Se ocorre algum sinal de afirmação, é acidental. Principalmente, isso serve para lembrá-lo de que ele está desconectado dos seus colegas – ou, pelo menos, desconectado durante as atividades da sala de aula. Ele sai da sala decidido a afirmar ou conquistar o pertencimento junto a seus colegas de outras maneiras.

Ficar se perguntando se ignoraram suas palavras, se elas foram irrelevantes ou se não gostaram delas é um forte desincentivo à participação. Ou pode ser um forte incentivo para transformar a conversa em uma discussão em que o objetivo é vencer, provar que suas palavras importam. Isso divide as pessoas, em vez de conectá-las.

Curiosamente, se Folusho discordasse de Vanessa, mas tivesse dito algo como "Eu penso diferente", ela ainda estaria afirmando o que a colega disse, respondendo com respeito, validando a importância e a relevância do comentário. Isso pode parecer paradoxal, mas ainda é importante: ela não precisa concordar para fazer com que Vanessa se sinta afirmada e importante. Se responde à colega, mas respeitosamente discorda, ela mostra muito mais reforço positivo, sinais muito mais fortes de pertencimento, do que se compartilhasse a mesma opinião, mas não fizesse referência à sua contribuição. Se ela parafraseasse um pouco do que Vanessa disse, os sinais seriam dobrados ("Eu penso diferente da Vanessa, não acho que é o recíproco"). Ela estaria demonstrando que estava ouvindo atentamente e pensando na discussão. Ouvir com atenção e responder às ideias de alguém é um sinal de pertencimento, mesmo que você não concorde com elas (na verdade, pode ser mais fácil discordar com educação). Como esses sinais são sutis, muitas vezes os ignoramos quando não ocorrem, mas eles são cruciais para construir uma cultura de aula ideal.

Precisamos ressaltar que ouvir é uma habilidade não apenas difícil, mas também que está desaparecendo? A habilidade de ouvir com atenção é uma das primeiras a se perder em um mundo de atenção fragmentada. Ela é raramente demonstrada no mundo das mídias sociais, em que o objetivo de muitas comunicações não é engajar em discussões substanciais, mas marcar pontos, ganhar curtidas e chamar a atenção daqueles que discordam. Precisamos destacar que, quando não estamos ouvindo as pessoas com quem (ou para quem) estamos falando, a conversa nos afasta em vez de nos conectar? Olhar para nosso processo político deve nos fazer pensar sobre como conduzimos discussões na sala de aula. As opiniões fortes e enfáticas ganham pontos, mas ouvir bem e buscar entender ou resistir à tentação de achar que encontrou a resposta certa "óbvia" após apenas alguns segundos de reflexão recebe pouca ou nenhuma valorização. No mundo em que vivemos, as pessoas cruzam os braços e se afastam depois de falar, transmitindo a mensagem de que estão tão comprometidas com seu ponto de vista que potenciais respostas realmente não importam e não podem influenciá-las. Os custos sociais e políticos disso são enormes, e devemos ter cuidado para não reforçar esse processo em nosso ensino.[4] As mídias sociais fazem a pessoa falar sem ouvir as outras e desconsiderar as palavras dos outros, e isso torna ainda mais importante construir um ambiente afirmativo para a aula.

A técnica que Denarius usa para fazer isso é chamada de *Hábitos de discussão*. Os alunos praticam o hábito de fazer referência ou reformular o comentário anterior, dizendo o nome da pessoa cujo ponto de vista está em discussão e situando seu próprio argumento em conexão com o da pessoa:

- "Eu concordo, porque..."
- "Eu discordo, porque..."
- "Outro exemplo do que Vanessa está falando é..."
- "Eu gostaria de aproveitar o que Vanessa disse antes..."
- "Eu penso diferente da Vanessa..."
- "Acho que podemos interpretar isso de forma um pouco diferente..."

Se ouvir atentamente o vídeo da aula de Denarius e de outros que apresentamos aqui, perceberá várias dessas frases.

Jevaughn, falando depois da explicação de Omowunmi sobre a solução, cerca de três minutos após o início da atividade de Denarius, diz: "Agora, pensando sobre isso, eu concordo com Omowunmi...". Existe algo que poderia fazer Omowunmi se sentir mais validada pelo esforço de explicar o que acha que a turma aprendeu?

Fagan usa um exemplo mais sutil cerca de um minuto e meio após o início do vídeo. Como sempre, ela está bem envolvida no debate, mas, mesmo assim, começa dizendo: "Além disso, podemos pensar sobre isso por outro lado". Falar "além disso" é um pequeno lembrete para a turma de que ela está retomando de onde Folusho parou.

Até Denarius usa a técnica! "Sim, concordo com Omowunmi e Jevaughn", diz ele, encerrando a discussão.

Segundo Daniel Coyle, o senso de pertencimento é como uma chama que precisa ser constantemente alimentada por pequenos sinais. Os hábitos de afirmar, reformular e reagir intencionalmente a quem falou algo enviam um fluxo constante desses sinais, mesmo quando há discordância de ideias.

FERRAMENTAS EM SINERGIA

Entre os sistemas (estalar de dedos, contato visual com quem está falando, reforço positivo não verbal e afirmação verbal), a sala de aula de Denarius está cheia de sinais que criam pertencimento. E esses sinais são frequentes, porque ele criou sistemas para comunicá-los e amplificá-los. São mais evidentes quando os estudantes se envolvem em trabalhos escolares que refletem sua ambição e seu propósito.

No vídeo *BreOnna Tindall: Hábitos*, podemos ver um belo exemplo dessas três técnicas combinadas. Depois de escrever um pouco e falar no início do vídeo, BreOnna chama Adriel. É uma chamada *De surpresa*, então é ainda mais importante que Adriel sinta o afeto. "Vamos seguir em frente e rastrear Adriel", diz BreOnna, "Então, vamos estalar os dedos". Ela sorri de forma afetuosa tanto para Adriel quanto para a turma.

Esse é o momento em que Adriel (na extrema esquerda) se prepara para responder.

Os sinais de pertencimento e apoio são visuais (rastreamento e sorriso; todos parecem sinceramente interessados) e auditivos (uma onda contínua de estalos de dedos). Os estalos de dedos até dão a Adriel um momento para se recompor.

Uma observação: algumas pessoas argumentam que a chamada *De surpresa* (convocar estudantes que não levantaram a mão para responder) é severa e invasiva. Pensamos o contrário. Perguntar a opinião de Adriel e destacá-lo para ter a chance de falar mostra que sua voz é importante. "De todas as pessoas na sala", diz BreOnna, "adoraríamos ouvir o que você pensa, Adriel". Não há quase nada que possa ser mais inclusivo, e, ao ajudar por meio de confetes, *Hábitos de atenção* e *Hábitos de discussão*, BreOnna está fazendo a confiança aumentar. Quando Adriel se sai bem, também recebe uma recompensa com estalos de dedos espontâneos e é muito mais provável que pense que consegue falar bem em frente à turma. É muito mais provável que ele se voluntarie nas próximas vezes.[5]

Renee é chamada várias vezes. Podemos ver e sentir o foco dos colegas mudando para ela de modo afetuoso. A imagem aqui mostra como são os sinais de pertencimento da turma.

Perceba com que cuidado BreOnna modela a linguagem corporal de interesse e atenção por toda a sala. Os alunos fazem isso muito bem, em parte porque ela consegue modelar esses gestos de forma atenciosa. Há estalar de dedos espontâneos enquanto Renee fala e mais estalos em toda a sala (reforçados pelo lembrete não verbal de BreOnna) depois. O vídeo termina com Nylah respondendo, e, novamente, sua importância é afirmada pelo contato visual sincero, pela demonstração de interesse genuíno e por uma onda contínua de estalos de dedos.

Os *Hábitos de discussão* também estão sendo aplicados. BreOnna pede a Tano para desenvolver a ideia de Renee – ou seja, ela lembra a ele de usar os *Hábitos de discussão* ao se referir à ideia de Renee. E podemos ver o trabalho que ela fez ao ensinar frases de conexão como as que foram mencionadas anteriormente, porque Nylah começa dizendo: "Acho que discordo um pouquinho de você". Ela ensinou a ideia de que, se discordamos de forma adequada, ainda podemos nos conectar numa comunidade. Isso não apenas faz com que Tano sinta sua importância, mas também aumenta a chance de Nylah compartilhar sua opinião verdadeira, pois não resultaria num conflito com o colega.

MAS COMO FAZER ISSO?

O desafio dos vídeos é que os sistemas em que Denarius e BreOnna confiam já estão instalados em suas salas de aula no momento em que essas aulas ocorrem, então é difícil ver o que eles fizeram para estabelecê-los. De certa forma, seria mais útil vê-los no primeiro dia, lançando e explicando o sistema: *é assim que vamos estalar os dedos. É assim que nos esforçaremos para olhar para o outro. É assim que devemos conectar nossas ideias na discussão. É por isso que faremos essas coisas.*

Embora não tenhamos um vídeo do primeiro dia de Denarius e BreOnna (na verdade, não há um único primeiro dia, mas sim uma série de dias em que as ideias foram explicadas e reforçadas incansavelmente), temos um vídeo do primeiro dia dos *Hábitos de discussão* da sala de Ben Hall (assista a *Ben Hall: Implementação dos Hábitos de discussão*). Ben leciona na Ipswich Academy, em Ipswich, na Inglaterra, e o vídeo mostra ele não apenas usando os *Hábitos de discussão* pela primeira vez, mas também dizendo a seus alunos como isso funcionará e permitindo que eles tenham uma discussão eficaz.

A adesão, como observou nosso colega Paul Bambrick, é um resultado, e não um pré-requisito. Portanto, o objetivo de Ben no vídeo não é apenas explicar os *Hábitos de discussão* para sua turma, mas também fazer com que eles sintam o que é ter uma conversa colaborativa sobre um assunto difícil. Ele escolheu começar com os *Hábitos de discussão* numa aula com um assunto real para discutir: a pena de morte na Grã-Bretanha. É importante ressaltar que esse é um tema que eles passaram várias aulas estudando. Quando os participantes estão bem-informados, as discussões são conectadas e baseadas em fatos. Quando os participantes não têm conhecimento sobre o assunto, eles recorrem à emoção – às vezes, com palavrões. Isso os separa mais do que os une. Obviamente, não é isso que Ben está buscando.

Não é de surpreender, então, que seu primeiro passo seja pedir aos alunos que revisem suas anotações e se familiarizem com os argumentos apresentados a favor e contra a pena de morte. Curiosamente, eles tiveram que fazer as duas coisas. Ele pediu que apresentassem um caso por escrito para *ambos os lados da questão* antes de pedir que argumentassem sua opinião. Adoramos essa mudança. Muitas vezes, notamos que os jovens são incentivados a compartilhar suas opiniões imediatamente, e isso obviamente os obriga a formular uma opinião sobre um assunto na hora. Porém observamos que pessoas inteligentes geralmente demoram a formar uma opinião sobre um assunto até que tenham reunido todas as evidências e refletido sobre elas por algum tempo. Não há pressa – ou não deveria haver.

Uma observação rápida: a crença no valor de adiar uma resposta pode se refletir na linguagem que o professor usa durante a discussão. BreOnna pede que Tano "desenvolva"; ela não o encoraja a tomar partido, apenas expandir. Denarius pede aos alunos que "concordem, discordem *ou desenvolvam*". Essas frases contrastam com a frase "concordo ou discordo" que ouvimos com mais frequência pelos professores. Por si só, "concordar ou discordar" sugere que essas são as únicas duas opções: um lado ou outro; argumentar a favor ou argumentar contra. Incluir a opção de "desenvolver" especifica uma forma de participar e refletir sem decidir, sugerindo sutilmente que ainda pode ser muito cedo para formular opiniões.

Ben dá um tempo aos alunos para examinarem suas ideias anteriores, mas eles estão tão familiarizados com o *Virem e conversem* que presumem que foi isso que ele pediu para fazerem, e a turma irrompe em discussões na mesma hora. Ben intervém rapidamente. "Desculpe, pessoal. Vou esclarecer: não quero que discutam isso. Vamos primeiro analisar e refletir." Observe seu uso exemplar da técnica *Assuma o melhor*[6] – Ben presume que sua própria falta de clareza foi a explicação mais plausível para estudantes que não seguiram as instruções e mostra que esse foi o primeiro pensamento que passou pela sua cabeça. Mesmo que tenha havido uma falta de comunicação sobre a tarefa, já podemos dizer pela resposta que essa é uma sala de aula em que os alunos compreendem a norma de participação ativa e engajada. Isso, como discutiremos, é em grande parte um produto de rotinas claras e bem definidas para tarefas comuns, como o *Virem e conversem*.

Depois de um pouco de discussão, Ben usa o *Virem e conversem* que seus alunos esperavam. Ele os deixa ensaiar alguns argumentos que talvez apresentem para toda a turma, em um ambiente de menor risco. Ensaio, nesse caso, não apenas significa que você pode repetir o que vai dizer, escolher as palavras para deixar a informação mais clara e se sentir confiante quando falar mais tarde, mas também serve para que veja como o colega responde. Você pode procurar sinais de afirmação, como um aceno com a cabeça ou uma demonstração de entusiasmo, para saber mais sobre seu pensamento inicial e talvez ajudar a aprimorá-lo.

Depois da crítica silenciosa e do breve ensaio com o *Virem e conversem*, Ben apresenta os *Hábitos de discussão*. Observe que ele chama esse recurso de "modelo", mostrando que eles o usarão várias vezes. O professor apresenta um *slide* com três informações importantes.

Primeiro, é descrito como a discussão vai funcionar. Ben pedirá a alguém que a inicie. Alguns alunos darão sua opinião. Alguém será escolhido para resumir. Ben vai propor um *De surpresa*, para incentivar os estudantes ainda mais a ouvirem com atenção. É muito bom que ele tenha fornecido uma última etapa de discussão focada na conexão, e não na divisão. A discussão termina com um resumo do que nós – todos nós – dissemos e falamos, em vez de uma única pessoa dando a opinião final sobre uma única perspectiva.

Em segundo lugar, Ben dá aos alunos potenciais "papéis" para desempenharem: instigador, construtor, desafiador e resumidor. Há uma inteligência sutil nisso. Nomear as funções ajuda os alunos a entenderem os propósitos do que eles podem fazer em uma discussão. Ben dá nome a funções que podem não ser óbvias: os construtores, que expandem ideias, são uma parte importante da discussão. Na sala de Ben, discordar não é discutir, é desafiar. Essa abordagem é muito mais colaborativa e focada no grupo. A ideia de atribuir papéis aos estudantes permite que eles participem da discussão com um pouco mais de segurança. Ben pede que eles tomem uma posição e expressem uma opinião, mas é só um papel. Isso significa que o estudante que não expressar perfeitamente suas ideias pode mudar de opinião depois, dizendo que estava apenas desempenhando um papel. Talvez o aluno em questão tenha escolhido ser o instigador justamente pela função. Essa abordagem permite que os alunos se distanciem de todas as opiniões que expressam. Eles podem discordar, cometer erros ou mudar de ideia sem parecer que estão pessoalmente comprometidos com um só ponto de vista. Se as amizades forem afetadas pelas eventuais discordâncias, há uma maneira fácil de voltar atrás: basta dizer que estava (ou que o colega estava) desempenhando o papel de desafiador.

Na verdade, depois que Andy abre a discussão, Ben chama Sam usando uma linguagem que lembra a todos que ele desempenhará um papel: "Sam, o que você gostaria de ser?". Sam responde: "Serei o desafiador e discordo de você, Andy". Ele se refere a si mesmo como interpretando um dos papéis que Ben descreveu. Sam parece ficar mais confortável com a diminuição dos riscos e aceita. Talvez vá encontrar Andy no recreio daqui a uma hora e queira distância da discussão de assuntos sensíveis. Ao desempenhar um papel, ele pode discordar ou experimentar ideias com risco mínimo.

Observe a seguir, nos *slides*, as frases iniciais úteis que Ben fornece aos alunos. Elas refletem a fraseologia que os ouvimos usar na aula de Denarius. Mostram como conectar suas ideias, mas também os levam sutilmente a pensar em maneiras de iniciar uma discussão além de apenas argumentar a favor ou contra. Sim, existem frases iniciais do tipo "Eu concordo/discordo, porque…", mas também há frases como "Desenvolvendo essa ideia…", "Conectando essa ideia…" e "Podemos argumentar que. . .". A última frase, em particular, é um belo exemplo de uma maneira discreta e sutil de dar uma opinião divergente e, ainda assim, respeitar as ideias da outra pessoa (não estou dizendo que sei com certeza ou que tenho essa opinião; estou apenas dizendo que alguém poderia dar outra opinião sobre isso).

Perceba que Ben mostra o *slide* e o mantém na tela para que os alunos possam vê-lo durante toda a discussão. Não é coincidência que os alunos usem essas frases ao longo da troca de ideias (muitas delas estão destacadas em amarelo nas legendas do vídeo).

A pena de morte deve ser restabelecida na legislação do Reino Unido?

Instigador	Construtor	Desafiador	Resumidor
Inicia a discussão	*Desenvolve a ideia*	*Apresenta outra ideia*	*Compartilha os principais pontos*
Gostaria de começar dizendo que...	Desenvolvendo essa ideia, eu acho que...	Você disse que..., mas eu acho que...	De modo geral, os principais pontos foram...
Acho que devemos considerar que...	Eu concordo e queria dizer também que...	Eu discordo, porque...	O foco da nossa discussão foi...
Alguém considerou que...?	Conectando essa ideia, acho que...	Podemos argumentar que...	As principais ideias levantadas hoje foram...

Slide dos *Hábitos de discussão*, de Ben Hall, reproduzido aqui para que você possa usar e adaptar.

Perceba como Lily, chamada *De surpresa*[7] para dar sua opinião, resume o que Rhys disse de forma impressionante, embora ela discorde. Ela demonstra que entende o argumento dele, mas vê de forma diferente. Assim, mostra respeito e gratidão mesmo quando desafia o colega. Podemos dizer que a comunidade é construída nesse momento, mesmo que haja um desacordo. Isso é raro nos dias de hoje.

Em seguida, Joe é convidado para a conversa e faz referência aos comentários de Andy e Rhys. Desde que Andy deu sua opinião, Rhys, Sam e Lily já falaram – e, vale a pena notar, Joe ainda se lembra! Certamente, isso transmite uma mensagem clara a Andy sobre a influência de suas palavras. Além disso, sugere que a ênfase do processo na resposta está influenciando a habilidade de os alunos ouvirem.

Também é importante notar que tanto Lily quanto Joe não estão usando as frases exatamente como Ben as propôs, embora outros estudantes o façam. Como observamos no início, o professor mostrou um modelo, e eles já estão adaptando. Isso é importante porque, quando discutimos sistemas de sala de aula, às vezes as pessoas dizem que isso envolve roteirizar o comportamento das pessoas e subverter sua autonomia. *É dizer a eles o que devem falar.* No entanto, essa ideia subestima os estudantes. As pessoas copiam por um breve período e, por serem inteligentes e independentes, começam a adaptar e internalizar quase imediatamente, tornando qualquer sistema seu. Vemos isso com o estalar de dedos na sala de Denarius. É possível argumentar que o sistema é roteirizado ou talvez até prescritivo, mas, na verdade, os estudantes o usam em seu próprio estilo e o adaptam. Isso é o que está acontecendo com as frases "do roteiro" aqui. Um roteiro é uma ótima forma de aprender um modelo, mas não permanece como roteiro por muito tempo. Acontece o mesmo com as frases que Ben sugeriu. Ainda não terminamos o primeiro uso, e os alunos já estão adaptando as frases para torná-las suas.

De volta à aula de Ben, quem fala agora é Sienna. Ela começa "desenvolvendo a ideia de Lily", novamente uma referência a um comentário anterior, que demonstra sua escuta e afirma a contribuição da colega. Não podemos ver Lily, mas ela deve estar se sentindo importante neste momento. Muito rapidamente (em cinco minutos), os alunos descobriram como usar o modelo de Ben para conversar com os outros e intercalar comentários em uma discussão.

O vídeo termina com Ben pedindo para Katie resumir, e ela vai muito bem: descreve com habilidade a variedade de pontos de vista dos colegas, de forma que eles provavelmente confirmariam o que ela disse. Observe como ela até se autocorrige um pouco. Ela diz "Discutimos o que a maioria das pessoas pensa", mas depois reconsidera. Na verdade, a turma estava dividida. O que ela presumiu ser a maioria, na verdade, não era. "Muitas pessoas acham que devemos...", ela diz, sugerindo que ouviu com atenção os argumentos e conseguiu pegar a ideia geral da sala. Ela também parece muito confortável com a discordância. Nessa turma, as opiniões não ameaçam a motivação. É seguro ter uma conversa. Não devemos ignorar isso. Muitos – ou talvez a maioria – dos estudantes não acham seguro compartilhar todas as suas opiniões nas salas de aula. Uma pesquisa recente com quase 20 mil estudantes universitários, realizada pela Fundação para os Direitos Individuais na Educação (FIRE, do inglês Foundation for Individual Rights and Expression – previamente Foundation for Individual Rights in Education), um grupo apartidário sem fins lucrativos, descobriu que mais de 60% dos estudantes autocensuram suas opiniões em discussões em sala de aula.[8] Obviamente, esses números não se referem às salas de aula dos ensinos fundamental e médio, mas sugerem um problema social maior, que deve também estar presente em nossas escolas e que tem sérios efeitos psicológicos. É difícil sentir que você pertence a uma sala de aula onde não pode expressar sua opinião abertamente.

HÁBITOS DE (PEQUENAS) *DISCUSSÕES*

Os *Hábitos de discussão* são tão importantes que merecem outro vídeo. O vídeo *Fran Goodship: Contato visual* é valioso, porque mostra como a técnica pode ser usada com estudantes muito mais jovens e ensinada a eles. Também mostra como o professor pode prestar atenção especial às habilidades interpessoais e de conversação importantes para os jovens no momento (e que são extremamente escassas em muitos).

No vídeo, Fran Goodship, da Solebay Primary Academy, em Londres, está ensinando os alunos do primeiro ano a discutir. Uma contextualização útil: o vídeo de Fran foi filmado nas primeiras semanas do ano letivo de 2021-2022, o que significa que muitos dos alunos de Fran nunca tiveram um ano escolar normal, nem um ano social normal – ou seja, sem isolamento e contato social limitado.

Fran pediu aos alunos que falassem por que o personagem de uma história, chamado Matthew, quer ser invisível. Observe que, assim como Ben, ela diz aos alunos que eles terão uma discussão, para que saibam do contexto em que as habilidades que ela está ensinando serão aplicadas.

Ela começa chamando Tiber. Perceba a resposta instantânea dos seus colegas. Eles se viram e olham para Tiber, e ele recebe afirmação pelos sinais de pertencimento. Observe também Fran e como é perceptível a forma que ela modela as linguagens corporal e facial, que mostram interesse e conexão. Na imagem a seguir, podemos ver que ela inclina a cabeça como forma de demonstrar interesse enquanto Tiber fala:

Ela pode fazer isso por várias razões. Em primeiro lugar, para estudantes mais velhos, as indicações de socialização dos colegas geralmente são muito mais influentes para dar motivação e moldar o comportamento do que as respostas dos professores. Já os estudantes mais jovens estão muito mais interessados em agradar o professor e têm muito mais chance de prestar atenção nele. Por isso, é importante que Fran envie sinais de afirmação a Tiber também, especialmente porque ele fala por cerca de 30 segundos. "Você está indo bem", diz a linguagem corporal atenta dela. Além disso, ela também está demonstrando para a turma como manifestar interesse e afirmação. Durante toda a atividade, ela faz questão de demonstrar, de maneira levemente exagerada, como enviar sinais não verbais de pertencimento. Os estudantes mais jovens ainda não sabem o que já está implícito para os alunos de Denarius. O que faço com meu rosto e corpo para mostrar que gosto do que você está dizendo? Fran mostra isso durante toda a aula.

Talvez Tiber esteja um pouco nervoso e fale bastante, mas não responda à pergunta. Isso é comum entre estudantes mais jovens (e às vezes mais velhos) e destaca uma importante habilidade de discussão: responder à pergunta que está em jogo. É muito mais fácil trabalhar em conjunto para descobrir algo se o que estamos falando estiver claro. Então, Fran chama a atenção de Tiber para voltar à questão. Ela também sinaliza para um aluno abaixar a mão para que Tiber possa continuar, sem ansiedade ou distração. Falamos sobre sinais positivos de pertencimento. Também é importante notar que uma mão levantada enquanto você está falando pode ser um sinal para quem está falando de que as pessoas na sala já "entenderam" o que você disse e decidiram que é a vez de elas responderem. Nesse caso, é bem possível que elas não estejam mais ouvindo. Isso é um desestímulo significativo para falar.

Depois de persistir bravamente, Tiber começa a chegar mais perto de responder à pergunta. Observe o estalar de dedos que Fran usa aqui. Ela ainda não estabeleceu o sistema de confetes plenamente, mas já está demonstrando-o para familiarizar a turma – *é algo que acontece quando você está indo bem*. Ela também move os dedos em direção a ele. Está nos estágios iniciais de familiarizá-los com a ideia de "enviar brilho".

Agora, é a vez de chamar Isha, e o significado da linguagem que ela usa para fazer isso – "Desenvolvendo... Isha..." – já deve estar claro. É uma indicação para que Isha conecte sua ideia à de Tiber e intercale uma conversa. Novamente, quando Isha começa a responder, é possível ver a linguagem corporal clara e levemente exagerada de Fran. Ela está enfatizando como é estar interessada. Até toca em sua orelha para sugerir aos alunos: *é assim que acontece quando estou ouvindo com atenção*.

Fran está extremamente atenta ao contato visual, para garantir que Tiber e Isha saibam que ela está ouvindo com atenção, mas observe que, pelo menos duas vezes, enquanto Isha está falando, Fran olha brevemente para os outros estudantes, como se fosse para lembrá-los de que eles também deveriam estar rastreando Isha.

Isha sugeriu que, na história, Matthew está envergonhado pela blusa que está usando. Fran, em resposta, faz outra jogada brilhante para amplificar os sinais de pertencimento. "Levante a mão se você acha que Matthew estava envergonhado no primeiro parágrafo", ela diz, e todas as mãos se levantam. Ela quer que Isha saiba que ela foi bem e está no caminho certo, mas quer que o sinal venha dos seus colegas. A aprovação dos colegas é poderosa, como observamos, mesmo que nos anos iniciais possa ser um pouco menos poderosa do que a aprovação do professor. Aqui, Isha recebe ambos. O movimento de Fran também alcança um pouco do que Denarius consegue quando pede aos alunos para estalarem os dedos se concordam com a resposta final. Os colegas podem afirmar sua concordância com a percepção de Isha e se sentir mais conectados às normas que Fran está estabelecendo.

Depois de um rápido resumo da discussão até agora, Fran chama Jamillah, perguntando se ela concorda com Isha e Tiber. Observe que a professora aponta para Jamillah para orientar os colegas sobre onde ela está e lembrar a eles de rastreá-la. Isso direciona a atenção deles para que ouçam melhor e faz com que Jamillah se sinta ouvida. Ela mexe um pouco os dedos, no estilo "enviando mágica", para deixar as coisas um pouco mais festivas. Esse é um detalhe incrível, já que é uma chamada *De surpresa*. O *De surpresa* é claramente um convite – o que é mais inclusivo do que pedir a opinião de alguém? –, mas o gesto alegre aumenta a positividade.

Zara é a próxima e, novamente, Fran pede que ela continue com base no que Jamillah disse. Fran é consistente. De novo, ela está mostrando como é uma escuta não verbal positiva. Mais uma vez, está pedindo aos alunos que não apenas participem, mas também conectem suas ideias.

Sem aviso prévio, Zara apresenta uma bela frase de conexão: "Eu queria acrescentar algo ao que Jamillah disse", mostrando que ela já internalizou a forma de conectar ideias e mostrar o valor dos outros participantes.

TALVEZ FIQUE UM POUCO BARULHENTO: *VIREM E CONVERSEM* E *TODOS JUNTOS*

Nas primeiras semanas após a pandemia, as coisas estavam indo bem na Marine Academy Plymouth, em Plymouth na Inglaterra. "Tínhamos avançado muito em termos de rotinas na sala de aula", disse a vice-diretora adjunta Jen Brimming. Alguns procedimentos conhecidos, como *Todo mundo escreve*[9] e *De surpresa*, envolviam todos os alunos nas aulas. Havia reflexões e, geralmente, de boa qualidade. No entanto, pareciam um pouco menos animadas do que os professores gostariam. Eram um pouco silenciosas. "Pareciam muito sérias", disse Brimming, "Produtivas, mas também muito silenciosas". Essa observação é importante do ponto de vista do pertencimento. Queremos tornar visíveis aos alunos o esforço e a diversão da aprendizagem. Se não percebem com clareza o engajamento dos seus colegas, eles não serão tão influenciados. Não haverá algo evidente a que pertencer.

Uma das chaves para a felicidade, lembra Martin Seligman, é o engajamento – perder-se em uma atividade que atrai você com energia e impulso. As pessoas (incluindo Seligman) costumam usar a palavra "fluxo" para se referir a isso. O termo foi cunhado pelo psicólogo Mihaly Csikszentmihalyi, que o estudou durante grande parte de sua carreira. Os estados de fluxo, ressalta Csikszentmihalyi, são muito agradáveis aos humanos. Perder a noção do tempo, envolver-se totalmente, sobretudo como parte de um grupo, é poderoso, talvez, conforme sugerido no Capítulo 1, por razões evolutivas relacionadas à importância de tarefas como a caçada de persistência para nossa sobrevivência. De qualquer forma, observa Csikszentmihalyi, "[...] a experiência é tão agradável que as pessoas continuarão com ela mesmo se o custo for alto, simplesmente porque é boa".[10]

Se quisermos que os alunos se sintam conectados à sala de aula, é importante que sintam o tipo de impulso e progresso que vemos na turma de Denarius, em que os alunos se conectam rapidamente de uma tarefa para outra, ao mesmo tempo em que pensam com profundidade e aprendem muito. Na maioria das vezes, isso acontece por meio de rotinas conhecidas e guiadas por instruções claras e nítidas: "Estamos um pouco divididos. *Virem e conversem* com um colega".

Então, Jen e seus colegas decidiram criar o impulso. Eles queriam que o som das salas de aula comunicasse vitalidade e pertencimento e escolheram duas rotinas para adicionar ao arsenal: *Virem e conversem* e *Todos juntos*.

Outra observação: na discussão dos funcionários sobre a sensação geral da escola, existe uma ideia implícita de que deve haver uma ética de como o ensino funciona e de como as salas de aula são em toda a escola, e isso também não é pouco coisa. É difícil construir uma cultura por conta própria. Os *Hábitos de discussão* ou as estratégias que Jen e seus colegas decidiram tentar são muito mais eficazes e têm mais chances de serem adotados se estiverem acontecendo em toda a escola. Se os alunos entram em qualquer sala de aula e sabem que precisarão mostrar que valorizam as ideias dos colegas de forma não verbal, eles rapidamente adquirem esse hábito. Se isso acontecer em algumas salas de aula, mas não em outras, será muito menos provável que se torne natural para eles. As turmas de Denarius e BreOnna também reconhecem o mérito dos seus colegas que estavam trabalhando com as mesmas ferramentas de construção de cultura e cujo compromisso compartilhado ajudou-os a ter sucesso.

Feito corretamente, o *Virem e conversem* cria o hábito de ter discussões breves com o colega, o que, por si só, é uma boa maneira de construir conexões. Mas o *Virem e conversem* também permite que os alunos ensaiem ideias antes de uma discussão em grupo, tornando mais provável que eles se envolvam e se sintam conectados durante essas atividades. Além disso, o *Virem e conversem* cria um som de comunidade. Pense no som da sala quando Denarius pede a seus alunos que virem e conversem no início da atividade. A sala ganha vida. Esse som também é um sinal para os alunos sobre o engajamento animado de toda a turma, quando solicitado. Ele transmite energia, positividade e sentimento de pertencimento.

Não subestime o *Todos juntos*. Em todas as culturas do mundo, as pessoas cantam e entoam para cimentar seu pertencimento ao grupo. Cantar e entoar em grupo são partes explícitas do culto em todas as religiões. Quando cantamos ou entoamos juntos, estamos visual e audivelmente em harmonia. Nós afirmamos nossa conexão e a ideia de que somos um grupo significativo. O historiador William McNeil cunhou o termo "ligação muscular" para descrever "a sensação de conexão eufórica que é desencadeada ao realizar movimentos rítmicos em consonância com uma música ou cantiga".[11] Todos sentem sua atração, ele afirmou, e marchar, dançar ou entoar juntos era parte das principais instituições que moldavam a sociedade e a identidade. Pense nas religiões, no exército, na política, nos esportes.

De forma breve, cantar ou entoar em grupo pode ter um efeito benéfico, mas também é algo que nosso eu racional e individualista provavelmente vai ignorar. Ainda em sua capacidade de enviar sinais de pertencimento ao grupo, *Todos juntos* relembra novamente a observação de Daniel Coyle: "Pertencer parece que acontece de dentro para fora, mas, na verdade, acontece de fora para dentro". Os estudantes sentem que pertencem, porque agem como se pertencessem.

Você pode ver essas duas técnicas dando vida à sala de aula de Jen no vídeo *Jen Brimming: Repreensível*.

Jen começa apresentando a palavra do dia: "repreensível". Ela sinaliza não verbalmente para que os alunos repitam ao estilo de *Todos juntos*.

Todos veem que os outros responderam com entusiasmo. Estamos a cinco segundos de aula, e a cultura ativa e engajada já foi reforçada. Logo depois, ela pede aos alunos que anotem a definição no livro, e eles se dedicam com energia. Eles realizaram duas ações distintas em 12 segundos, e um aluno na sala viu todos ao seu redor participando duas vezes nesse período. O senso de fluidez é palpável, e uma norma de participação ativa, engajada e conectada emergiu. Há também um senso agradável de equipe. Algumas pessoas presumem que os alunos não gostarão desse tipo de coisa, que o *Todos juntos* é, de alguma forma, um pouco controlador, mas os alunos, por sua vez, parecem muito felizes.

Depois que dois estudantes são chamados para ler a definição e um exemplo, Jen pede aos outros que anotem suas "primeiras ideias" sobre por que roubar de uma instituição de caridade é repreensível. Observe a linguagem formativa. Ninguém hesita em escrever "as primeiros ideias" por medo de errar, pois a frase sugere que eles vão melhorar suas respostas em algum momento. A palavra "não" também diminui os riscos. É difícil não perceber o efeito do começo rápido aqui. É envolvente e animado e atrai os alunos com seu impulso: é um estudo de caso sobre a construção de fluxo. Na aula da Jen, você está sempre pensando, conversando ou escrevendo. É a aula em que você olha para cima e, de repente, se passaram 45 minutos.

Isso é útil como uma reflexão em um momento de desafio socioemocional. Os professores podem ficar tentados a começar a aula com uma conversa informal: perguntando, de forma improvisada, como os alunos estão. Percorrendo a sala tentando envolver o maior número possível de pessoas: "E você, Casey? Como foi seu fim de semana?". Uma desvantagem dessa abordagem é que a aula começa mais lenta. Os estudantes podem se desconectar. Podem sentir que o tempo não está sendo bem aproveitado.

Não estamos dizendo que não há nenhum benefício em ter esse tipo de conversa com os alunos. Estamos nos perguntando se há um momento melhor, em muitos casos, do que o início da aula. Comece logo, envolva os alunos. Isso os deixará felizes. Se estiverem ocupados, sentirão que você valoriza o tempo deles, e isso mostra que são importantes. Você pode ver que Jen os direciona para um *Virem e conversem* cerca de um minuto após o início do vídeo. Já vimos muitas salas de aula ganhando vida com um rápido *Virem e conversem* apresentado com instruções claras, rápidas e precisas, mas talvez essa tenha sido a melhor de todas.

A professora chama Terry-Anne para responder, e os sinais de pertencimento que a cercam agora devem parecer familiares. A turma, que se lembra do som de Jen chamando Terry-Anne, se vira e sorri de forma encorajadora. Depois de Jen perguntar "Você concorda?", o estalar de dedos expressa a afirmação da resposta de Terry-Anne. Por volta de 1'45", há outro *Virem e conversem*, rápido e envolvente, de novo com uma linguagem contundente, para que os alunos iniciem a tarefa. Nesse caso (e no anterior), Jen permitiu que os alunos levantassem a mão antes do *Virem e conversem*. Eles sinalizaram que gostariam de responder, e ela apresenta a técnica como uma oportunidade para todos fazerem isso. A sala está praticamente cheia da energia e da atmosfera de grupo. Quando todos estão juntos de forma quase orquestrada, sabendo exatamente como realizar as tarefas, é muito divertido. Phoebe se oferece para responder. Ela é recompensada com o rastrear e o estalar de dedos, dessa vez espontaneamente por parte dos colegas. Parece uma salva de palmas, só que mais rápida. Quem não gostaria de participar?

Quando ela pede aos alunos que façam conexão com uma nova palavra, todos levantam a mão. Quando Katie responde "hipócrita", a turma repete em conjunto (repetir palavras é extremamente útil, pois pronunciá-las é fundamental para entendê-las e usá-las futuramente). Em seguida, há outra rodada de *Virem e conversem*. Jen chama um aluno para responder depois de ter recebido o rastreamento e ter sido recompensado com o estalar de dedos, sinais repetidos de pertencimento, energia e impulso, sem mencionar um ritmo palpável e quase previsível para a aula. É rápido e envolvente. Os estudantes sabem o que provavelmente virá a seguir. Parece um treino de basquete, futebol ou tênis, tanto pelo ritmo quanto pela coordenação e pela conexão em equipe.

Como vemos na aula de Jen, as técnicas *Virem e conversem* e *Todos juntos* podem facilitar o senso de pertencimento, fazendo com que os estudantes sociáveis participem frequentemente e com entusiasmo. Isso pode fazer com que eles vejam o seu papel na sala de aula de forma diferente. O senso de pertencimento, muitas vezes, ocorre de fora para dentro, como nos lembra Daniel Coyle. Eu começo a me ver participando com entusiasmo e começo a perceber que estou entusiasmado com a escola.

COM OS *MEIOS DE PARTICIPAÇÃO*, É FÁCIL SABER COMO PARTICIPAR

Usamos os *Meios de participação* para descrever como queremos que os alunos respondam a uma questão. A pergunta "Você acha que Jonathan é o vilão da história?" pode ser diferente se você pedir aos alunos para escrever suas "primeiras ideias" rapidamente (ou seja, com o *Todo mundo escreve*), discutir com um colega (*Virem e conversem*), responder em conjunto por meio do *Todos juntos*, ou chamar alguém para falar em voz alta (como voluntário ou usando o *De surpresa*). Planejar como você quer que os alunos respondam a uma pergunta é, muitas vezes, tão importante quanto a pergunta em si.

Escolher o meio de participação certo para uma determinada pergunta é mais poderoso quando 1) sinalizamos, de forma clara e transparente, quais meios de participação queremos que os alunos usem e 2) os procedimentos de cada meio de participação fazem parte da rotina. Isso permite que os alunos se envolvam de forma espontânea e animada, como fazem os alunos de Jen.

Assistindo ao vídeo de Jen, observe que fica sempre claro para os alunos o formato em que devem responder, como cada forma de engajamento é familiar para eles e como Jen os sinaliza de forma consistente e transparente. São sempre os mesmos quatro ou cinco *Meios de participação* em diferentes combinações. Ela começa com um *Todos juntos*, dois *De surpresa* e um *Todo mundo escreve*. Ela sinaliza o *Todos juntos* com um gesto (mão perto da orelha). Os alunos sabem o que isso significa. Como é muito claro e eles sabem como fazer, todos falam em voz alta com entusiasmo e espontaneidade. Chamar *De surpresa* ou pedir voluntários é a opção padrão da Jen (ou seja, os alunos presumem que é assim que devem responder, a menos que lhes seja dito o contrário), por isso ela não precisa sinalizar. Mas sua frase "Anotem suas primeiras ideias" faz com que os alunos iniciem o *Todo mundo escreve*, uma rotina que eles conhecem bem. O sinal, de certa forma, faz parte da rotina, e ela o entrega de forma rápida e precisa, fazendo a sala ganhar vida imediatamente (se você tem dúvida, observe a reação da última fileira).

"*Virem e conversem* com o colega. Vamos lá!" funciona da mesma forma: com um sinal claro, permite que os alunos façam uma atividade conhecida. Eles sabem exatamente o que fazer e estão mais empenhados em responder à pergunta, porque o processo é um hábito. O material que eles estão aprendendo permanece em primeiro plano em seu pensamento consciente. Com esse tipo de clareza e familiaridade, a sala ganha vida quase independentemente do meio de participação que a professa escolhe, porque os alunos gostam de saber como fazer as coisas. Eles gostam de não se preocupar se serão os únicos a participar.

Uma coisa que você pode notar na aula de Jen e em várias outras (como a de BreOnna e a de Denarius) é como os *Meios de participação* comuns funcionam em sinergia. Muitas vezes, há combinações e sequências recorrentes. Uma breve reflexão escrita que vira um *Virem e conversem* é uma sequência habitual em aulas como a de Jen. Escrever a resposta dá muito pano para manga. Da mesma forma, o *Virem e conversem* serve de transição para uma pergunta para toda a turma, especialmente quando começa com uma chamada *De surpresa*. Se todos tiverem expressado suas ideias, estarão mais confiantes e terão mais a dizer quando chamados. E, novamente, quando você chama o *Virem e conversem*, eles provavelmente sabem que há uma boa chance de uma chamada *De surpresa* estar chegando. Portanto, eles estão prontos.

Em um de nossos *workshops*, uma das participantes chegou a essa conclusão e anotou o seguinte:

> Fazer a pergunta (repetir 2x)
> ↓
> Solo silencioso (tempo para pensarem)
> ↓
> "Virem e conversem: vocês têm 30 segundos"
> ↓
> Busque boas respostas
> ↓
> Faça a contagem regressiva para o fim do tempo de conversa
> ↓
> "Rastrear"   ← é necessário implementar primeiro
> ↓
> Chamada *De surpresa*   conforme as respostas da busca, ou corrija os mal-entendidos que você ouviu

O *Solo silencioso* é a expressão que sinaliza a atividade de escrever rapidamente de forma individual por um minuto. É isso que torna inteligente o que essa professora escreveu. Ela já está pensando nas frases conhecidas para sinalizar as atividades.

Como planejar as indicações de pertencimento

Darryl trabalha com as escolas para ajudá-las a definir e alcançar sua própria visão de uma cultura forte. As visões que as escolas desenvolvem ao trabalhar com ele são parecidas, mas não são exatamente as mesmas. Os detalhes de como a escola implementa a cultura variam. A seguir, temos algumas de suas notas sobre como planejar uma cultura de conexão e pertencimento nas salas de aula.

Existem várias questões importantes que líderes e suas comunidades escolares devem considerar para começar a estabelecer sua cultura de conexão e pertencimento. A primeira série de perguntas é para definir as indicações de conexão e pertencimento que você deseja que os alunos recebam dentro da comunidade escolar.

- Quais são as crenças, os princípios e as mentalidades arraigadas na sua comunidade escolar e na comunidade em geral sobre conexão e pertencimento?
- Quais são as indicações de conexão e pertencimento que queremos que os alunos recebam em nossas salas de aula?
- Qual é o papel das partes interessadas em incorporar, defender e proteger nossa cultura de conexão e pertencimento?
- O que acontece quando o comportamento das partes interessadas supera nossas expectativas de promover uma cultura de conexão e pertencimento?

É importante responder a essas perguntas, porque elas dão uma base para as escolas começarem a definir e comunicar a cultura que esperam estabelecer. Como compartilhamos no Capítulo 1, quando você compartilha boas informações, as pessoas entendem por que você faz as coisas que faz. Nesse caso, a comunidade (ou grande parte dela) se unirá em torno de sua cultura, especialmente se entenderem que ela se baseia na conexão e no pertencimento, se entenderem seus princípios, os comportamentos e os sinais a serem observados quando ela estiver prosperando e as ações que podem comprometê-la.

Uma das armadilhas que devem ser evitadas ao buscar uma cultura de conexão e pertencimento é pular a etapa de definir essas indicações. Só podemos criar investimento e confiança se formos abertos e transparentes com nossas partes interessadas quando as indicações estiverem definidas. Se quisermos restaurar a confiança na escola dentro das comunidades, precisamos oferecer mais racionalidade, mais definições e, quando necessário, mais pesquisas sobre por que estamos nos esforçando para construir uma cultura de conexão e pertencimento para nossos alunos.

O segundo conjunto de perguntas é para orquestrar e enviar sinais que reforçam as indicações que estabelecemos para promover a conexão e o pertencimento. Denarius explica que, quando ele está circulando e dando *feedback* aos alunos, é um sinal para ampliar a indicação de que ele tem grandes expectativas, se preocupa com a qualidade do trabalho dos alunos, quer compartilhar seu progresso com eles, *e* ele sempre estará meticulosamente preparado para responder ao trabalho deles, para que todos possam progredir. Ele não está simplesmente verificando se os alunos estão trabalhando, embora isso faça parte; ele quer que os alunos sintam que a sala de aula é um lugar onde podem prosperar como uma comunidade de aprendizagem.

Perguntas para definir os sinais

- Quais sinais usaremos para enviar essas indicações durante nossas aulas e ao longo do dia?
- Como você vai ensinar/implementar as expectativas de pertencimento e conexão com os alunos?
- Como e quando você vai enviar esses sinais durante as atividades, no período entre as aulas, durante as transições ou durante os eventos?
- Como implementaremos, reforçaremos e manteremos esses sinais?
- O que acontece quando estudantes e/ou professores enviam sinais que entram em conflito com as indicações definidas com a comunidade escolar?

OBSERVAÇÃO ATIVA: FATOR OCULTO DAS RELAÇÕES

No vídeo *Nicole Warren: Observação ativa*, você verá muitas coisas que agora parecem familiares. Nicole começa rapidamente. Ela pede que olhem para cima (ou seja, *Hábitos de atenção*), e imediatamente os alunos começam a cantar uma música de matemática. Pela linguagem corporal deles, percebemos que adoram a música. Nem é preciso dizer que eles também estão afirmando seu pertencimento ao grupo.

Alguns segundos depois, passam para uma conversa rápida sobre arredondamento de números. A tarefa ocorre com energia. Está indicando uma rotina com uma frase conhecida. Ouvimos outra música (um pouco de *Todos juntos*) antes da distribuição dos materiais para a prática individual. Atente também para a segunda metade do vídeo, quando Nicole circula pela sala enquanto os alunos trabalham silenciosamente em suas mesas. Ela é responsiva e está presente. É responsiva porque vê o trabalho deles e dá um *feedback* útil e oportuno, que os ajuda na tarefa (e a se sentirem capazes). E é presente porque não está distraída e é capaz de trazer uma ampla gama de emoções. Nicole consegue perceber rapidamente o humor e o progresso dos alunos.

Isso se deve, em parte, à sua prancheta. Ela está tomando nota do trabalho dos alunos para se lembrar de onde cada um está. A resposta correta para todos os problemas está na prancheta, o que permite que a professora as verifique sem dificuldade e compare com as soluções dos alunos. Dessa forma, sua memória de trabalho* fica livre para observar e se conectar com eles.

Essa técnica é chamada de *Observação ativa*. Envolve tomar notas enquanto os alunos trabalham e preparar uma versão ideal da resposta correta, que você pode olhar enquanto eles trabalham. Isso libera sua mente para pensar nos alunos enquanto circula pela sala. É possível ver isso na turma de Nicole. Ela se conecta várias vezes com os alunos por meio do conteúdo. Eles sentem o cuidado da professora e uma conexão com ela, em razão de como ela lhes dá o *feedback*, e isso é, em parte, resultado de sua preparação e de suas anotações cuidadosas.

JUNTANDO AS PEÇAS

É possível encontrar uma versão final de muitas das ideias que discutimos neste capítulo no vídeo *Erin Magliozzi: Pedra Angular*, da aula de Erin na Memphis Rise Academy, em Memphis, Tennesse, nos Estados Unidos.

Observando com cuidado (note que a professora está segurando uma prancheta) enquanto os alunos trabalham de forma individual, Erin percebe que Jas encontrou a resposta certa e faz uma anotação para chamar a aluna *De surpresa*. Isso é um exemplo do que chamamos de "caçar, não pescar". Erin escolheu Jas para um *De surpresa* com base em sua observação do trabalho da aluna. Erin sabe que Jas vai se sair bem, vai conseguir responder e se sentir capaz, além de levar a turma por uma direção produtiva com uma boa resposta. À medida que a professora chama *De surpresa*, os alunos viram e acompanham Jas. Eles estão enviando magia. Podemos sentir o afeto entre eles.

Jas responde bem e recebe estalos de dedos e afirmações. Erin usa o estalar de dedos e o "envio de brilho" na sua sala de aula, bem como um terceiro sinal: para confirmar que terminaram de fazer anotações sobre a resposta de Jas, os alunos fazem o sinal de polegar para cima. Isso permite que eles indiquem e, assim, reafirmem seu engajamento, além de lhes

---

*N. de R.T. A memória de trabalho é um sistema de memória de capacidade limitada, responsável por armazenar temporariamente a informação e, ao mesmo tempo, processá-la durante a atividade cognitiva.[12]

dar o tempo ideal para concluir a atividade – nem pouco, para que não se apressem, nem muito, para que o ritmo e o fluxo não sejam prejudicados. O fluxo e, portanto, o sentimento de pertencimento são acentuados por esse sinal. Além disso, confirmam o engajamento: sim, estamos prontos; sim, todos nós fizemos anotações.

Uma observação rápida sobre tomar notas: pedir que todos anotem a resposta de Jas nos seus materiais é útil por vários motivos. Escrever a resposta codifica-a na memória e envolve todos em uma tarefa produtiva de maneira visível. Todos veem todos os outros escrevendo. Uma norma foi estabelecida. Mas também é um forte sinal de afirmação. Pense por um momento em como Jas se sente. A professora chama você. Você recebe afirmação dos colegas, a professora lhe diz que foi bem e, além disso, todo mundo escreve o que você disse. Escrever algo significa que esse algo é importante. Esse é um sinal claro de que suas palavras têm importância. Na verdade, a única ação mais poderosa que essa seria fazer um comentário e observar enquanto seus colegas escrevem espontaneamente o que você disse. A mensagem é: o que você disse é tão importante que eu tive que escrever. Quando os professores repetidamente pedem aos alunos que escrevam as ideias porque elas são importantes, isso se torna um hábito, e os alunos têm mais chances de começar a tomar nota por conta própria.

Como a maioria das dinâmicas em sala de aula, um comportamento como esse é possível graças ao planejamento do professor e às condições estabelecidas. Todos os alunos de Erin têm um material em que podem escrever. Ela estabeleceu o hábito de escrever com frequência e construiu a norma de que todos vão escrever quando for solicitado. Assim como acontece com outras normas, à medida que os alunos se acostumam, eles começam a se apropriar dela. Com lápis em mãos, tomando notas com frequência e tendo um espaço para isso, é muito mais provável que eles respondam às palavras de Jas escrevendo-as por conta própria. Isso será bom para o aprendizado deles e ótimo para o senso de pertencimento de Jas na sala de aula.

Depois de escreverem a resposta de Jas, os alunos começam a sinalizar espontaneamente para Erin que estão prontos para seguir em frente. Como você já sabe, ao fazer isso, eles estão sinalizando seu desejo de continuar e tornando visível a norma da participação engajada.

A partir desse momento, os alunos têm três minutos para fazer a atividade com um colega. Erin anda pela sala, prancheta na mão, fazendo anotações e dando *feedback*. Ela não está explicitamente tentando construir relações e fazer com que as crianças se sintam vistas e importantes; ela está tentando ensinar-lhes o conteúdo, mas a ação claramente tem esse efeito. Observe as afirmações, o estalar de dedos que ela dá aos alunos, o código que ela estabelece com um aluno para que ele possa comunicar seu *status* em relação à atividade de forma privada.

Perceba também que ela faz anotações cuidadosas de estudantes que têm boas respostas, a quem ela pode recorrer: Corey e Jaquie. Há outro *Virem e conversem*, um pouco de trabalho em silêncio e, cerca de cinco minutos depois de ela checar as respostas, há uma chamada *De surpresa* de agradecimento para Corey e Jaquie, com estalos de dedos e "envio de brilho". Os alunos são muito produtivos na sala de aula de Erin, mas também há muito apoio e sentimento de pertencimento, tanto dos colegas quanto da professora, que é descontraída, afetuosa e atenciosa enquanto anda pela sala, em grande parte porque está fazendo anotações cuidadosas. Ela não fica andando por cinco minutos tentando lembrar quem quer chamar e por quê.

RESUMO: TÉCNICAS QUE AMPLIFICAM O SENTIMENTO DE PERTENCIMENTO

Neste capítulo, tentamos descrever e mostrar exemplos de algumas técnicas de ensino que consideramos especialmente cruciais na criação de salas de aula que acolham os alunos e façam com que eles se sintam conectados aos colegas e às atividades escolares. São técnicas que, juntas, aumentam e amplificam uma grande variedade de sinais aparentemente comuns, que mostram aos alunos que eles pertencem àquele lugar, que a escola é para eles, que as pessoas se importam com eles e que estão conectados com a escola. Ao mesmo tempo, essas mesmas ferramentas ajudam a oferecer aos jovens a educação excepcional que merecem. Como observamos antes, nos recusamos a aceitar uma compensação entre esses dois objetivos.

A seguir estão, de forma resumida, as técnicas que descrevemos até aqui.

Confetes: um sistema que permite que os alunos se afirmem de forma não verbal enquanto aprendem. Descrevemos como o estalar de dedos e o envio de brilho funcionam. Talvez você possa imaginar outras formas de confetes. Achamos que é um lugar especialmente importante para começar a discussão, porque é um assunto que parece menor. Esperamos ter mostrado que a cultura da sala de aula, em geral, é construída a partir de pequenas coisas que são facilmente esquecidas.

Hábitos de atenção: referem-se à aplicação intencional dos nossos comportamentos evolutivos mais fundamentais, como o modo que olhamos para os outros, o modo que encorajamos ou desencorajamos, com nossos olhos, o que fazem ao nosso redor, nossas expressões e nossa atenção. "Os aspectos das coisas que são mais importantes para nós estão escondidos por sua simplicidade e sua familiaridade", escreveu o filósofo Ludwig von Wittgenstein. "A pessoa é incapaz de perceber a coisa, pois está sempre diante de seus olhos." Passamos tanto tempo interpretando nosso *status* no grupo e nos olhares de nossos companheiros, que mal percebemos o quanto isso influencia quase tudo o que fazemos. Dar atenção a isso é uma das maneiras mais rápidas de fazer as pessoas se sentirem parte do trabalho escolar.

Hábitos de discussão: envolvem a formulação deliberada das normas de como falamos com os outros. "Com" é uma palavra-chave aqui. Grande parte da comunicação agora desumaniza e desconecta sutilmente as pessoas – em especial, os jovens. Falamos atropelando os outros. Falamos sem ouvir os outros. Amplificar os sinais de que estamos realmente com as pessoas com quem estamos falando, de que estamos conectados quando conversamos, é uma necessidade cada vez mais urgente num mundo repleto de conexões perdidas.

Falamos, ao mesmo tempo, sobre as técnicas *Virem e conversem* e *Todos juntos*, embora elas sejam duas técnicas distintas. O *Virem e conversem* é um sistema para aproveitar conversas curtas e animadas entre colegas, levando energia e vitalidade às salas de aula e aumentando a confiança em discutir ideias. O *Todos juntos* consiste em criar oportunidades para responder em conjunto, uma atividade divertida e envolvente de união que, muitas vezes, ignoramos.

Quando combinamos *Virem e conversem* e *Todos juntos* com algumas outras formas sistemáticas de convidar os alunos a participarem da aula, especialmente o *De surpresa*, o *Todo mundo escreve*, ou quando alguém se voluntaria, temos o sistema dos sistemas. Os *Meios de participação* combinam esses sistemas de participação intencionalmente e os sinalizam aos alunos com clareza, para que eles possam participar com alegria, energia e espontaneidade. Assim, deixam-se levar pela sala de aula, podendo até experimentar o estado de fluxo – um dos estados mentais mais alegres que a humanidade pode sentir.

No fim, discutimos a *Observação ativa* e vimos como o ato de observar cuidadosamente o que os alunos estão fazendo em sala de aula nos permite dar a eles um *feedback* significativo de forma simples e fácil. Isso constrói relacionamentos e um sentimento de pertencimento por meio do trabalho de aprendizagem. Ao ter um bom desempenho, também liberamos nossa memória de trabalho como professores, para que possamos estar o mais atentos possível à experiência de cada aluno.

Você pode estudar essas e outras técnicas mais a fundo no livro *Aula nota 10 3.0*, mas, das 63 técnicas desse livro, essas são as que mais enfatizaríamos em resposta ao estado atual da sociedade e às necessidades cada vez maiores de os jovens se conectarem e aprenderem com mais resultados positivos.

CONCLUSÃO: SALAS DE AULA ORGANIZADAS SÃO SALAS DE AULA ACOLHEDORAS

Um tópico que não discutimos explicitamente, mas que está implícito em todas as técnicas que descrevemos, em todos os vídeos que mostramos e em todos os momentos de pertencimento criados pelos professores, é a necessidade de organização na sala de aula, uma organização acolhedora, humana e reforçada cuidadosamente por um professor reflexivo e atencioso, mas que mantém a organização. Cada momento de alegria que você vê nas aulas de Erin, Denarius, BreOnna e Jen começa com o fato de que os alunos estão rotineiramente focados em suas tarefas e seguem as instruções com confiança. Eles entendem e respeitam os padrões de comportamento estabelecidos pela comunidade em benefício do grupo.

Quando Erin diz para os alunos trabalharem de forma individual no nível de ruído zero (ou seja, silêncio), na última pergunta da sua aula, por exemplo, há um zumbido de silêncio na sala. Nesse momento, os alunos estão aprendendo como merecem aprender, com foco e sem distrações.

Erin circula e interage com os alunos enquanto eles trabalham. Ela não poderia estar tão atenta às suas responsabilidades se estivesse distraída por um aluno que se recusasse a acompanhar e, em vez disso, fizesse barulhos de arroto "engraçados", ou dois alunos que insistissem em conversar durante o tempo de trabalho que deveria ser silencioso, ou algum que saísse da sala batendo pé e fazendo com que Erin o seguisse.

O sentimento de união e pertencimento que prospera entre os alunos – a crença de que o professor os vê e se preocupa com o progresso de cada um; a sensação de que todos apoiam os esforços dos outros – existe não apesar disso, mas por causa da organização que Erin (e a escola) estabeleceram.

Os alunos trabalham numa sala que honra seu tempo e seu esforço e lhes mostra, com organização e produtividade, que eles são importantes. Por outro lado, nada poderia expressar mais claramente que os estudantes não são importantes para a instituição (e para a sociedade) do que permitir que seu tempo e suas oportunidades fossem desperdiçados numa sala de aula em que interrupções ou distrações grandes e pequenas fossem toleradas e, até mesmo, esperadas.

Considere ainda mais dois vídeos, *Denarius Frazier: Ajuda* e *Madalyn McLelland: Escreva*, que demonstram a verdade não dita das salas de aula. Os professores só conseguem ser totalmente responsivos aos alunos a quem podem dar total atenção. Como resultado, salas desordenadas prejudicam os alunos mais vulneráveis, aqueles que mais precisam da ajuda do professor.

Nos vídeos, ambos os professores identificam alunos que estão com dificuldades com o conteúdo e passam um tempo significativo ajudando-os. Perceba como conseguem ajudá-los com todo o cuidado.

Denarius passa mais de dois minutos e meio ajudando um único aluno a entender um conceito e, durante todo esse tempo, ninguém se vira para olhar, nenhuma interrupção quebra a concentração de Denarius. Ele não precisa redirecionar ninguém. Todos os alunos permanecem focados em suas tarefas. A sala fica silenciosa o suficiente para que ele possa sussurrar e garantir a privacidade do aluno.

O estudante, lembra Denarius, era um jovem estudioso e curioso, a quem o professor gostava de ensinar, mas que tinha lacunas de conhecimentos básicos desde o ensino fundamental II. Ele cometia erros em seus cálculos, obtinha resultados estranhos e se perdia.

Esse é o caso no vídeo. Ao andar pela sala, Denarius percebe que o aluno não tem nada escrito. Isso lhe parece estranho, porque eles estavam resolvendo o problema há algum tempo. Percepção – perceber que algo está errado com um aluno numa sala de 30 pessoas é a chave, e a pesquisa nos mostra que a percepção depende da memória de trabalho.[13] Se sua mente está ocupada pensando nas coisas que podem dar errado e como evitá-las, se a sala estiver barulhenta e distrair sua atenção, sua memória de trabalho estará em outro lugar. É improvável que você perceba as indicações de que um aluno está com dificuldades, confuso ou chateado.

No entanto, Denarius percebe imediatamente e busca entender a dificuldade e explicar ao aluno. Depois de uma breve conversa, o professor acredita que o aluno entendeu, mas, quando começa a se afastar, olha para trás e novamente percebe a falta de "sinais" que esperaria ver se o estudante tivesse compreendido o problema: o lápis se movendo, o aluno folheando o livro ou as suas anotações, talvez apenas uma mudança de postura. É difícil descrever com certeza exatamente quais sinais lemos que comunicam o estado emocional de um aluno em situações como essas, mas é provável que apenas um professor calmo e equilibrado, cuja mente está livre para se atentar a esses detalhes e que não está lutando contra distrações, perceberá.

Observe como o tom de voz de Madalyn é perfeito, como suas frases curtas e cadenciadas ("Pare. Tudo bem. Anote isso!") colocam um aluno chateado de volta no caminho certo. Você não terá esse tipo de sutileza no seu tom de voz se, ao mesmo tempo, estiver elevando a voz para que o aluno escute. Um professor só consegue sussurrar o conteúdo se puder sussurrar de fato, e isso só é possível em uma sala de aula silenciosa.

Essas duas intervenções bonitas, solidárias e pacientes começam com a percepção: Denarius e Madalyn *percebem* que um estudante está com dificuldades. Como suas salas são organizadas, é mais fácil que vejam quando algo está "errado". Quando as coisas estão calmas, quando você não está se distraindo, quando há uma tarefa clara e uma expectativa clara de como fazê-la, você percebe a expressão de confusão no rosto de um jovem ou que uma de suas alunas está parada, sem conseguir fazer a atividade.

O senso de organização e previsibilidade, combinado com sua meticulosa preparação, permite que Denarius e Madalyn respondam às necessidades individuais de cada um e evitem a suposição de que os alunos que parecem desinteressados ou desfocados não se importam em fazer as tarefas.

Como você certamente sabe, criar ambientes organizados não é nada simples. E, no momento atual, é 10 vezes mais desafiador, já que muitos alunos voltaram às escolas não apenas distraídos e ansiosos, mas também sem noção de estrutura e expectativa, tendo tido muito menos interações com instituições que socializam a troca e a reciprocidade. Eles estão atrasados academicamente e têm muito trabalho a fazer. Talvez tenham sido levados a acreditar que não é bom quando pedem para atender a expectativas ou aceitar os termos de um contrato social, que aceitar a autoridade é tolerar o autoritarismo.

Mas autoridade não é autoritarismo. Seu exercício cuidadoso é uma necessidade absoluta para o funcionamento de salas de aula justas, humanas e eficazes. O argumento de que a autoridade é semelhante ao autoritarismo é um exemplo do que o psicólogo e escritor Rob Henderson chama de "crenças de luxo", uma ideia que confere *status* social às pessoas que a têm, mas prejudica outras pessoas em suas consequências práticas. Os estudantes prejudicados pela ideia de que as escolas não devem estabelecer e fazer cumprir regras claras são justamente aqueles que, como resultado, não aprendem a controlar seus impulsos, adiar a gratificação e exercer autodisciplina, aqueles que são deixados à mercê das normas sociais dos colegas, que são poderosas, negativas e custosas.

Escrevemos mais no Capítulo 4 sobre algumas das maneiras de as escolas pensarem em como abordar as causas fundamentais do comportamento não produtivo de alguns alunos. Concordamos que as escolas devem fazer melhor na forma como respondem quando os alunos se comportam de maneira contraproducente. Porém, também acreditamos que é um grande desserviço dizer a eles que é aceitável adotar comportamentos contraproducentes para os grupos em suas vidas. Aprender a prosperar dentro de uma instituição e equilibrar seus próprios objetivos e necessidades com os do grupo é imensamente valioso para pessoas que esperam realizar coisas pertencendo a grupos no futuro – isto é, para quase qualquer pessoa que queira realizar algo de valor para a sociedade.

Aprender a se envolver produtivamente em suas atividades é um dos presentes da escola para os jovens. As pessoas mais prejudicadas pela crença de que as escolas não devem estabelecer e aplicar regras com consistência e cuidado, em outras palavras, são os estudantes que, como resultado, se comportam mal.

Alguns comportamentos não produtivos são resultado das dificuldades que os alunos enfrentam em suas vidas fora da escola. Porém, alguns deles, vamos ser claros, não são. As pessoas se comportam de determinada maneira por várias razões. Não é possível dizer simplesmente que "o comportamento do aluno é resultado de x", a menos que x seja "mil coisas diferentes". De fato, um dos desafios com ambientes desorganizados é que eles dificultam que as escolas aloquem recursos e tempo apropriados aos alunos que realmente precisam de apoio educacional, já que estão gastando essa energia com jovens completamente capazes de escolher se comportar de forma diferente. O que é bonito em todos os vídeos que assistimos é que a organização que os professores estabeleceram permite que eles sejam especialmente atenciosos e responsivos às necessidades psicológicas dos seus alunos.

NOTAS

1. SCHUELLER, S. M.; SELIGMAN, M. E. P. Pursuit of pleasure, engagement, and meaning: Relationships to subjective and objective measures of well-being. *The Journal of Positive Psychology*, v. 5, n. 4, p. 253-263, 2010.
2. Em outra parte deste livro, discutimos os custos devastadores para os jovens quando os adultos confundem o exercício de autoridade com o do autoritarismo.
3. SHIM, S.-H. *et al*. The Impact of Leader Eye Gaze on Disparity in Member Influence: Implications for Process and Performance in Diverse Groups. *Academy of Management Journal*, v. 64, n. 6, p. 1-63, 2020.
4. Leia o artigo de Doug, "Ensinar a arte de ouvir na era do eu, eu, eu": LEMOV, D. Teaching the art of listening in the age of me, me me. *Tes Magazine*, 22 de janeiro de 2008. Disponível em: https://www.tes.com/magazine/archive/teaching-art-listening-age-me-me-me. Acesso em: 2 jun. 2023.
5. Doug fala mais sobre isso e apresenta dados para embasar sua opinião no livro: LEMOV, D. *Aula nota 10 3.0*: 63 técnicas para melhorar a gestão da sala de aula. 3. ed. Porto Alegre: Penso, 2023. p. 282.

6. Leia em: LEMOV, D. *Aula nota 10 3.0:* 63 técnicas para melhorar a gestão da sala de aula. 3. ed. Porto Alegre: Penso, 2023. p. 497.
7. Leia em: LEMOV, D. *Aula nota 10 3.0:* 63 técnicas para melhorar a gestão da sala de aula. 3. ed. Porto Alegre: Penso, 2023. p. 282.
8. COLLEGE PULSE; FIRE; REALCLEARMEDIA GROUP. *College Free Speech Rankings:* what's the climate for free speech on America's College Campuses? 2020. Disponível em: https://chronicle.brightspotcdn.com/10/2d/a28062aa41b4bc2acd088fa79da1/2020-college-free-speech-rankings.pdf. Acesso em: 2 jun. 2023.
9. LEMOV, D. *Aula nota 10 3.0:* 63 técnicas para melhorar a gestão da sala de aula. 3. ed. Porto Alegre: Penso, 2023. p. 324.
10. SOCIAL BEHAVIOR AND PERSONALITY. *Announcements.* c2023. Disponível em: https://www.sbp-journal.com/index.php/sbp/announcement/view/142. Acesso em: 2 jun. 2023.
11. MCNEILL, W. Muscular bonding: how dance made US human. *Farnam Street Media,* c2023. Disponível em: https://fs.blog/muscular-bonding/. Acesso em: 2 jun. 2023.; JOHNSON, S. 'Muscular bonding': the strange psychological effects of moving together. *Big Thing,* 20 nov. 2020. Disponível em: https://bigthink.com/the-present/muscular-bonding/. Acesso em: 2 jun. 2023.
12. Leia: BADDELEY, A.; ANDERSON, M. C.; EYSENCK, M. W. *Memória*. Porto Alegre: Artmed, 2011.
13. Leia: WILLINGHAM, D. T. *Por que os alunos não gostam da escola*? Respostas da ciência cognitiva para tornar a sala de aula mais atrativa e efetiva. 2. ed. Porto Alegre: Penso, 2022.

4

COMO CONECTAR A ESCOLA PARA UMA APRENDIZAGEM SOCIOEMOCIONAL

Um tema comum do mundo pós-pandêmico é o crescente interesse pela aprendizagem socioemocional entre escolas e educadores. Não que a aprendizagem socioemocional ainda não fosse conhecida pela maioria dos educadores, mas dois anos marcados pelo aumento do estresse, pelo isolamento e pela solidão de milhares de crianças "turbinaram" o interesse por esse processo, como afirmou recentemente o especialista em políticas educacionais Rick Hess.

Muitos jovens passaram por experiências difíceis e desafiadoras; além disso, em muitos casos, os longos períodos de isolamento resultaram na diminuição das suas habilidades sociais e da sua capacidade de lidar com os conflitos e os desafios do dia a dia, agora que estão de volta à escola. Doug se reuniu com líderes de escolas no Texas e perguntou a eles sobre o estado emocional e psicológico dos seus alunos. Os alunos voltaram diferentes para a escola? Das mais de 180 pessoas na sala, talvez três ou quatro não concordaram que os estudantes haviam mudado. Um líder falou sobre como os estudantes estão mais impacientes uns com os outros e como os mal-entendidos ou as pequenas ofensas se transformam rapidamente em conflitos maiores. "Mesmo entre amigos, qualquer coisinha se transforma em um problemão."

"Eles têm dificuldades para demonstrar a empatia de que cada um precisa"[1], disse outro líder. Além disso, o desempenho acadêmico também foi afetado. "Agora, as crianças desistem muito mais facilmente diante das dificuldades do que antes da pandemia", opinou um administrador, e os outros participantes concordaram. Em especial, o comportamento na sala de aula piorou drasticamente. As interrupções ficaram mais frequentes, a disposição para fazer as atividades diminuiu, e houve um aumento de respostas emocionais quando limites são estabelecidos.

Esse é um momento crucial para as escolas ajudarem os alunos a prosperar não apenas no âmbito escolar, mas também no psicológico e no emocional. Essa ideia é uma "variação de um tema histórico", afirmam Hess e Tim Shriver, do conselho da Collaborative for Academic Social and Emotional Learning. "Desde o surgimento da república nos Estados Unidos, os professores e as escolas têm a função de ensinar os conteúdos e ser um modelo de caráter."

Poucas semanas após o encontro de Doug no Texas, convocamos um grupo de líderes escolares para saber a opinião deles sobre o bem-estar emocional dos seus alunos. "Em relação ao nível socioemocional, para um ano escolar específico, percebemos uma diminuição no desenvolvimento e na maturidade dos estudantes em comparação a anos anteriores", disse Rhiannon Lewis, diretora da Memphis Rise, no Tennessee, Estados Unidos. "A capacidade de autorregulação está um pouco mais subdesenvolvida, e só podemos supor que isso se deve à falta de apoio socioemocional durante a pandemia, que causou um impacto duradouro." David Adams, CEO das 23 escolas distritais da Urban Assembly, em Nova York, observou:

> Percebi que os estudantes estão mais sensíveis em suas interações. A noção de como interagir, de que existem normas sociais que nos orientam… meus alunos estão tendo muita dificuldade em lidar com conflitos. A intensificação ocorre muito mais rápido do que antes. A persistência é outro desafio: persistir no trabalho, persistir nos relacionamentos. Algumas coisas que eram consideradas certas precisam ser ensinadas de forma mais explícita.

O comentário de Adams evidencia um dos muitos efeitos colaterais de os jovens terem dificuldades de se conectar e resolver pequenos conflitos.

Estamos falando de relações rompidas. Terminar uma amizade em razão de um incidente inicialmente pequeno é triste, sobretudo em uma época em que os jovens necessitam de todas as conexões que têm valor.

Portanto, uma ênfase maior na aprendizagem socioemocional é uma resposta válida ao contexto atual e, neste capítulo, tentaremos esboçar abordagens específicas e regras gerais para reconstruir as capacidades social e emocional dos estudantes. No entanto, também temos algumas ressalvas, pois ajudá-los a lidar com situações desafiadoras já é um desafio por si só. As intervenções da aprendizagem socioemocional podem ser vistas apenas como um modismo, em que as intervenções são implementadas às pressas, com poucas evidências para embasá-las. E existe o risco de sermos induzidos a acreditar que uma única ação ou um único programa pode resolver o problema que enfrentamos. Acreditamos que a maneira mais eficaz de ajudar é escolhendo de forma cuidadosa os esforços estratégicos possíveis, com foco em reformular as interações sociais diárias e os hábitos cognitivos, para desenvolver a capacidade socioemocional dos alunos. No Capítulo 3, sobre como reconectar a sala de aula, falamos sobre a necessidade de maximizar sinais frequentes, muitas vezes pequenos, de pertencimento. Ao escrever sobre o desenvolvimento da saúde socioemocional, defendemos que a escola tenha uma fiação para enviar sinais constantes e frequentes que reforcem as mentalidades e os comportamentos de bem-estar.

Uma vantagem dessa abordagem é que ela nos ajuda a evitar o que o escritor educacional britânico Joe Kirby chama de "vespas" – isto é, um desperdício de energia, ideias que exigem muito esforço, mas produzem pouco impacto, mesmo que implementadas com as melhores intenções. É necessário, observa Kirby, que as boas escolas evitem fazer tudo o que acham ser bom, para que possam se concentrar nas coisas mais importantes e "colocar o que é mais importante em primeiro lugar". Uma "vespa" não é uma ideia contraproducente ou ineficaz; é razoavelmente útil, mas nos impede de focar em atividades mais proveitosas para os alunos. Os recursos são finitos, mesmo quando nossa esperança e nosso cuidado com os jovens são ilimitados. Usar o tempo e a energia em atividades não úteis cansa os professores e diminui sua capacidade de ensinar e estar emocionalmente disponíveis para os alunos.

Em outras palavras, mais aprendizagem socioemocional não necessariamente significa melhor aprendizagem socioemocional. Os objetivos devem ser a consistência, a qualidade das atividades oferecidas e o retorno sobre o esforço. No momento, temos muito a fazer nas escolas – vivemos uma crise de aprendizado que ocorre uma vez a cada geração – e, mais importante, apenas as atividades bem organizadas podem criar os sentimentos de pertencimento e bem-estar nos alunos. Uma aula para desenvolver habilidades da aprendizagem socioemocional, ministrada duas ou três manhãs por semana, com cada professor da escola liderando uma seção, pode fazer a diferença, mas somente se todos esses professores estiverem bem preparados, com planos de aula excelentes, interessantes e úteis para os alunos. Se os professores não estiverem preparados e não ensinarem bem, se a aula não seguir a abordagem da aprendizagem socioemocional e não transmitir aos alunos sinais de pertencimento e inclusão, como vimos no Capítulo 3, isso não ajudará muito. Atividades mal administradas não fazem muita diferença. E atividades bem administradas (como também mostrado no Capítulo 3) exigem planejamento, preparação e treinamento.

Em vez de apertar qualquer botão, devemos escolher os mais eficazes. Isso se aplica a tudo o que fazemos nas escolas, mas é especialmente relevante em uma discussão sobre a aprendizagem socioemocional, porque ela pode acabar sendo definida de forma vaga e porque se pode presumir que os resultados positivos resultam apenas de boas intenções.

Considere o relatório "Dez anos de aprendizagem social e emocional em distritos escolares dos Estados Unidos"[2], da conceituada Collaborative for Academic, Social, and Emotional Learning (Casel). Com a aprendizagem socioemocional, os jovens e adultos "adquirem e aplicam o conhecimento, as habilidades e a atitude para desenvolver identidades saudáveis, gerenciar emoções, alcançar metas pessoais e coletivas, sentir e demonstrar empatia pelos outros, estabelecer e manter relações de apoio nos relacionamentos e tomar decisões responsáveis e cuidadosas". Essa é uma definição ampla, para dizer o mínimo, e uma meta com uma definição que não exclui nada é operacionalmente problemática. Que atividade alguém da equipe pode propor sob a égide de melhorar a aprendizagem socioemocional e fazer com que os líderes escolares percebam que ela é de importância secundária ou não é relevante?

A abordagem do relatório em relação aos dados também não ajuda muito. Sua análise retrospectiva de 10 anos de investimento na aprendizagem socioemocional em vários grandes distritos oferece poucas informações sobre quais métodos ou ideias funcionaram melhor e proporcionaram o máximo retorno sobre o esforço. Eles citam um pequeno número (três) de dados pouco convincentes, incluindo um distrito que "registrou uma melhora geral no clima escolar, medida pelas respostas dos alunos na pesquisa anual sobre clima e conexão... de quatro pontos percentuais (de 68% para 72%). A percepção dos alunos sobre cuidado com os outros aumentou dois pontos percentuais (de 63% para 65%)". Não há análise da correlação com ações específicas, muito menos da causalidade.

Uma pequena melhora num instrumento de pesquisa subjetivo em um distrito em que dezenas de fatores (incluindo a aleatoriedade) poderiam ter criado uma percepção mínima de mudança não é exatamente algo incontestável para a conclusão do relatório. É necessário um foco contínuo em todo o distrito, além de mais investimentos. Essa estratégia não torna mais provável que os programas de aprendizagem socioemocional funcionem, apenas contribui para desvirtuar o conceito – se tudo é aprendizagem socioemocional, nada é. Além disso, aumentam as chances de que esforços amplos e não estratégicos sejam ineficazes ou consumam recursos escassos.

Uma ressalva final: é importante lembrar que os professores não são profissionais de saúde mental treinados. Devemos ter cuidado ao presumir sua capacidade de se aprofundar em áreas em que assistentes sociais e conselheiros são mais adequados e mais qualificados.

COMECE COM AS VIRTUDES

Felizmente, acreditamos que há um caminho, um caminho que começa com a educação do caráter (mas não se resume a ela), um elemento da aprendizagem socioemocional que envolve a definição intencional e o reforço das virtudes, que aumenta as chances de a comunidade e seus membros prosperarem e terem sucesso. Talvez você se pergunte o que são virtudes. A psicóloga Angela Duckworth, da Universidade da Pensilvânia, descreve-as como "formas de pensar, sentir e agir que podemos ter como hábito e que são boas para os outros e boas para nós mesmos". Implícitas nessa definição, estão tanto a dinâmica individual quanto a de grupo – uma das razões para acharmos que a educação do caráter é tão importante. As virtudes são "pontos fortes pessoais positivos"[3] que ajudam a pessoa a ter sucesso e a se sentir mais feliz e realizada, além de construírem uma comunidade. É provável que, numa escola cheia de caráter e virtude, as pessoas se sintam valorizadas, importantes e conectadas.

Para deixar mais claro, há uma variedade de abordagens que as escolas podem adotar para a aprendizagem socioemocional. Descreveremos várias neste capítulo, e nossa suposição é que escolas diferentes terão necessidades diferentes. Porém, pensamos que uma peça fundamental para muitas escolas é a ênfase na construção de virtudes por meio da educação do caráter. Para algumas escolas, reconstruir habilidades sociais atrofiadas ou investir na atenção plena também será importante, mesmo que de forma alternativa. Em outros casos, fornecer intervenções para um grupo restrito de estudantes com mais dificuldades será fundamental. Obviamente, existem outros programas benéficos que as escolas podem considerar. Muitos são excelentes, e não estamos sugerindo que o que descrevemos aqui seja completo. Em vez disso, oferecemos uma abordagem que pode trazer imensos benefícios em termos de bem-estar e pertencimento a muitos estudantes, com um custo de tempo e esforço administrável, podendo ser implementada pela maioria dos educadores sem treinamento adicional significativo. É uma abordagem sensata, que pode agregar amplo valor em um momento em que as escolas não sabem ao certo qual direção seguir.

CONHECIMENTO, PERCEPÇÃO E RACIOCÍNIO

A educação do caráter envolve incutir virtudes que permitam que indivíduos e comunidades prosperem. Para fazer isso, o Quadro da Educação do Caráter, do Jubilee Centre on Character Education, aconselha que as escolas enfatizem: o *conhecimento* da virtude, ajudando os alunos a entenderem o que são virtudes e por que são benéficas; a *percepção* da virtude, ajudando os alunos a identificarem com mais facilidade as virtudes, à medida que ocorrem no mundo ao seu redor, e como elas moldam a comunidade; e o *raciocínio* virtuoso, ajudando os alunos a tomarem decisões sobre quando e como aplicar essas virtudes em suas próprias vidas.[4]

Esse é um modelo convincente para o aprendizado de longo prazo, mas a educação do caráter também tem seus céticos. Para algumas pessoas, a ideia soa como paternalismo: como seria possível dizer quais características são virtuosas? Para outras, é entendida como politização, com as virtudes de caráter sendo um veículo de proselitismo de valores que não são os delas.

No entanto, nós estamos sempre ensinando valores, quer percebamos isso ou não. Ao focar de forma transparente em um conjunto que seja o mais próximo do universal e o mais benéfico possível, podemos mitigar essas preocupações. Devemos buscar características que o maior número de pais (e, esperamos, estudantes) valorize e que tenhamos motivos para acreditar que realmente ajudem os alunos, ainda mais se mantivermos o foco nas virtudes que constroem conexões entre os membros da comunidade e promovem o aprendizado – o propósito final da escola.

Um dos temas deste livro é dar atenção ao processo para obter mais adesão das partes interessadas. A educação do caráter é um exemplo perfeito de um momento em que deve haver intencionalidade em relação ao processo. Ao ser transparente sobre quais virtudes escolheu e por quê, e ao pedir a opinião dos pais, a escola pode tranquilizar os pais mais céticos e fazer com que confiem no apoio que dão aos seus filhos. Para dizer o óbvio, isso é importante porque nosso trabalho como educadores é *ajudar* os pais a criar *seus* filhos. Nós, os autores, frequentemente falamos "nossos jovens" ou "nossos alunos", mas são apenas expressões, um sinal do nosso compromisso e do nosso cuidado com as crianças e famílias a quem servimos. A educação do caráter eficiente (e a aprendizagem socioemocional de forma mais ampla) requer contribuições e conexão com todas as partes interessadas (estudantes, professores e famílias), mas, especialmente, com os pais. Os valores deles devem estar compreendidos. Nossos valores particulares podem não estar de acordo com os de todos os membros da comunidade escolar, mas podemos e devemos buscar um consenso, a melhor representação possível daquilo em que mais concordamos, e isso exigirá contribuições e escuta.

O processo deve começar nomeando explicitamente as virtudes que a escola pretende defender e reforçar. Como Angela Duckworth também aponta, a educação do caráter e o trabalho socioemocional, de forma mais ampla, não são suposições. Existe uma ciência – uma boa parte dela – que nos guia em direção às virtudes e características mais importantes para a construção do bem-estar e da conexão.

Como ponto de partida para pensar as virtudes do caráter, usamos um gráfico[5] desenvolvido pelo Jubilee Centre for Character and Virtues, no Reino Unido. Eles diferenciam quatro tipos de virtudes: intelectuais, como pensamento crítico e curiosidade; morais, como compaixão e respeito; cívicas, como serviço e civilidade; e de desempenho, como trabalho em equipe e perseverança. Mesmo antes de começarmos a discutir quais virtudes são mais importantes, a ideia de separá-las em categorias, cada uma com um propósito mais amplo, é muito útil. Isso ajuda a entender o *porquê*. Nosso objetivo é que os jovens estejam munidos para "buscar conhecimento, verdade e compreensão", estejam preparados para "agir bem em situações que exijam uma resposta ética", sejam capazes e estejam dispostos a contribuir para o "bem comum" em uma variedade de situações e tenham um conjunto de habilidades "facilitadoras", como determinação e resiliência, que possam ajudá-los a alcançar os três primeiros e muitos outros objetivos em suas vidas. Para nós, pais, familiares e educadores, o poder do gráfico está tanto nas categorias quanto nas virtudes individuais. Ele nos ajudou a ver o propósito mais amplo do trabalho em relação ao caráter e como as partes diferentes se encaixam. Suspeitamos que os pais, mesmo os mais céticos, que dessem uma olhada no quadro da educação do caráter se sentiriam tranquilos e informados.

OS BLOCOS PARA A CONSTRUÇÃO DO CARÁTER

Virtudes intelectuais	Virtudes morais	Virtudes cívicas	Virtudes de desempenho
Traços de caráter necessários para o discernimento, a ação correta e a busca do conhecimento, da verdade e da compreensão.	Traços de caráter que nos permitem agir bem em situações que exigem uma resposta ética.	Traços de caráter necessários para engajar uma cidadania responsável, contribuindo para o bem comum.	Traços de caráter que têm um valor instrumental para viabilizar as virtudes intelectuais, morais e cívicas.
Exemplos: autonomia, pensamento crítico, curiosidade, julgamento, raciocínio, reflexão, desenvoltura.	*Exemplos:* compaixão, coragem, gratidão, honestidade, humildade, integridade, justiça, respeito.	*Exemplos:* cidadania, civilidade, consciência comunitária, boa vizinhança, serviço, voluntariado.	*Exemplos:* confiança, determinação, motivação, perseverança, resiliência, trabalho em equipe.

A **sabedoria prática** é a virtude integrativa, desenvolvida por meio da experiência e da reflexão crítica, que nos permite perceber, conhecer, desejar e agir com bom senso. Inclui ação criteriosa e deliberativa nas situações em que as virtudes são conflitantes.

Indivíduos e sociedade prósperos

Fonte: Universidade de Birmingham.

Portanto, comece escolhendo e nomeando as virtudes, mas lembre-se de que entender o *porquê*, os propósitos das virtudes em uma vida saudável e bem vivida, é fundamental. Pessoalmente, não recomendamos escolher *todas* nem mesmo a maioria das virtudes propostas no quadro do Jubilee Centre. Há muitas virtudes que merecem nossa atenção e que precisamos reforçar. Algumas ideias fundamentais compreendidas e valorizadas a fundo são melhores do que uma lista de termos. Além disso, algumas virtudes são mais importantes do que outras. Escolha algumas (sugerimos de cinco a sete) que se alinhem à sua missão e sejam mais atrativas para os pais da comunidade escolar e, em seguida, integre-as na estrutura da escola. Se vale de alguma coisa, achamos que os autores da estrutura concordariam com essa abordagem. Ao mostrar os exemplos de virtudes em cada uma das quatro categorias, eles supõem que as pessoas escolherão, selecionarão e priorizarão essas ou outras virtudes. Gostamos disso também, porque as palavras importam. Por exemplo, nós, os autores, sabemos a diferença entre diligência e perseverança? Sim, sabemos.[6] A palavra que você escolhe – e como você a define – é importante.

INCORPORE AS VIRTUDES À ESTRUTURA DA ESCOLA

Depois de escolher as virtudes, o próximo passo é *incorporá-las à estrutura da escola*. A chave para incutir hábitos mentais benéficos aos jovens é reforçá-los durante todo o dia escolar. O caráter forte e as mentalidades saudáveis têm muito menos chances de dar certo se aparecerem apenas durante um determinado período. O caráter pode e deve ser reforçado enquanto os membros da comunidade estão fazendo outras coisas. E talvez seja melhor reforçá-lo dessa forma. Afinal, se você realmente valoriza a compaixão, deve valorizá-la e procurá-la em todos os lugares. É preferível demonstrar apreço pela compaixão durante todo o dia escolar do que dedicar uma hora, duas vezes por semana, para tratar de assuntos relacionados a ela. Talvez seja possível começar por aí, mas a mensagem importante é que devemos sempre ter em mente as pessoas que queremos ser.

Outra forma de dizer isso é que, para estarem inseridas na estrutura de uma escola, as virtudes devem ser ensinadas, capturadas e buscadas.[7] Isto é, os alunos devem entender o que são e como são benéficas, e a escola deve aumentar sua visibilidade para que elas sejam claramente valorizadas e mais facilmente aparentes como normas comunitárias. Com o tempo, a cultura deve socializar os estudantes para que internalizem as virtudes – buscando-as porque as percebem como parte de quem são ou querem ser. Além disso, os adultos também devem modelar as virtudes de forma intencional e consistente.[8]

Garantir que as virtudes sejam ensinadas significa fornecer não apenas definições, mas também exemplos e aplicações. Podemos começar com uma reunião para toda a escola ou para uma turma de cada vez, em que seja possível compartilhar por que as virtudes são importantes, talvez com algumas histórias pessoais dos adultos. Acreditamos muito na prática ativa ao aprender vocabulário nas aulas. A prática ativa significa dar aos alunos a definição de um termo (em vez de pedir que eles tentem adivinhá-lo) e, em seguida, permitir que o apliquem em situações desafiadoras. Jen Brimming fez isso com a palavra "repreensível", no vídeo do Capítulo 3. Os estudantes se envolvem na atividade, porque são convidados a aplicar um termo que conhecem em casos complexos e desafiadores: por que roubar é ruim, mas roubar de uma instituição de caridade é repreensível? Por que ser hipócrita é repreensível? Quais personagens dos livros que lemos têm atitudes repreensíveis e por quê?

Construir o conhecimento das virtudes pode ser parecido. Em uma reunião para toda a escola ou para um ano específico, você pode explicar brevemente que gratidão significa sentir e demonstrar agradecimento pelas coisas que as pessoas fazem por você e, em seguida, pedir aos alunos (talvez por meio de um *Virem e conversem*) que reflitam sobre uma série de perguntas sobre o assunto, como as que listamos a seguir.

- Em que situação o aluno pode demonstrar gratidão ao professor?
- Em que situação o professor pode demonstrar gratidão ao aluno?
- Dizer "obrigado ou obrigada" é uma forma comum de mostrar gratidão, mas existem outras. De que forma você pode demonstrar gratidão sem verbalizar?
- Como podemos demonstrar gratidão a alguém que encontrou seu cachorro quando ele fugiu? Como você demonstraria gratidão se descobrisse que a pessoa em questão não fala nenhum idioma que você conhece?

- Em que situações as pessoas esquecem de demonstrar gratidão?
- Pelo que e como um animal de estimação pode demonstrar gratidão?
- Devemos sempre expressar gratidão a uma pessoa? Tente pensar em um exemplo de como e por que você expressaria gratidão a alguma coisa e não a uma pessoa.

Perguntas como essas exigem pensamento e raciocínio, por um lado, e discrição e adaptação, por outro. Elas aumentam a compreensão dos alunos sobre um conceito, mas também pedem que pensem em como o aplicariam em suas próprias vidas. A forma que cada aluno responde à última pergunta é uma reflexão pessoal. Mais tarde, você pode pedir a eles que pensem ainda mais a fundo sobre isso, com perguntas como as listadas a seguir.

- Em que momento você gostaria de ter demonstrado gratidão, mas não o fez?
- Descreva uma ocasião em que alguém demonstrou gratidão a você.

Esse segundo grupo de perguntas pode ser feito mais tarde porque nós conseguimos dominar poucos conceitos numa interação. O aprendizado exige discussão, reflexão e expansão constantes ao longo do tempo. Precisamos continuar falando sobre virtudes para torná-las significativas. É melhor passar 10 minutos discutindo gratidão cinco vezes ao longo de um mês do que passar uma hora discutindo sobre isso uma única vez e depois deixar o assunto de lado.

Ficamos impressionados com o vídeo *Equel Easterling: Gratidão*, em que Equel está ensinando virtudes em sua sala de aula na North Star Clinton Hill Middle School, em Newark, Nova Jersey, nos Estados Unidos. A sessão foi focada em apresentar o conceito de gratidão. Como discutiremos mais adiante, pesquisas sugerem que a gratidão talvez seja a virtude mais poderosa para o bem-estar dos alunos.

Equel começa perguntando aos estudantes o que é gratidão. Eles dão exemplos e descrições. Em seguida, Equel informa a definição formal do termo e pede que pensem sobre o tema com base em um vídeo: como as pessoas no vídeo demonstraram gratidão e por que ela foi valiosa? Observe a discussão entre os pares e como o ambiente está repleto de indicações de pertencimento – como os alunos ouvem atentamente uns aos outros, fazem referência e se baseiam nas ideias dos outros e, no geral, fazem com que cada colega sinta que suas palavras importam. Como observamos antes, uma intervenção destinada a melhorar a saúde socioemocional só funciona se o ambiente enfatizar tanto o bem-estar do aluno quanto o conteúdo. Quando o vídeo termina, os alunos de Equel já exercitam a gratidão, escrevendo cartas a um professor, para que rapidamente sintam os benefícios de expressar gratidão.

No entanto, mesmo uma reflexão cuidadosa não é suficiente por si só. Comportamentos e mentalidades se tornam hábitos por meio de aplicações frequentes. Uma virtude se torna parte da estrutura de uma comunidade escolar por meio da aplicação repetida e da ampliação de sinais constantes que afirmam sua importância. A pesquisa sobre isso é clara: a percepção de que algo é uma norma entre o grupo é a maior influência na motivação e no comportamento. O primeiro trabalho é garantir que a instituição e as pessoas dentro dela estejam sempre buscando exemplos de virtudes e tenham sistemas para fazê-las parecer o mais visíveis e valiosas possível.

Falaremos mais sobre essa ideia quando discutirmos os mecanismos de criação da cultura, mas incentivar os alunos a demonstrar virtudes permite que eles sintam as emoções positivas que acompanham os comportamentos positivos – ou seja, virtuosos. O fato de que geralmente é bom ser virtuoso costuma ser esquecido, mas, no geral, os humanos evoluíram para se sentir bem quando demonstram um comportamento virtuoso. A generosidade é boa para a maioria de nós, porque beneficia os grupos nos quais evoluímos para confiar e consolida nossas conexões com eles. Evoluímos para entender isso como gratificante, de modo que estamos mais inclinados a fazê-lo. Portanto, é possível que ajudar os alunos a se envolver em um comportamento pró-social positivo fará com que a maioria dos estudantes se sinta bem consigo mesma, reconheça suas atitudes virtuosas e desfrute da sensação de contribuir e ser valorizada pela comunidade. Geralmente, a princípio, os próprios alunos não percebem o quão positivo e afirmativo isso é. Na verdade, numa boa instrução sobre virtudes, podemos chamar sutilmente a atenção dos estudantes para esse assunto. Você pode adicionar uma pergunta a uma reflexão sobre gratidão, como a que sugerimos antes: "Pense em uma ocasião em que você expressou gratidão a alguém próximo. Como você se sentiu depois?". Ou, da mesma forma, sobre uma virtude como generosidade, compaixão ou honestidade: "Como você se sentiu depois?".

É claro que nem todo aluno se sentirá bem em se envolver em um comportamento virtuoso. Sempre haverá pessoas que terão menos vontade de demonstrar comportamentos positivos e investir no bem-estar compartilhado, mas o número de pessoas que se engaja de forma positiva ao vivenciar a sensação de fazer isso numa comunidade que valoriza essa iniciativa pode surpreender. A maioria dos jovens quer se sentir pertencente. Eles querem sentir que estão contribuindo para um grupo que vale a pena. Podem ser convencidos do contrário, podem buscar pertencer a grupos contraproducentes e adotar comportamentos antissociais, mas, na maioria das vezes, se nós e alguns estudantes servirmos de modelo, explicarmos e mostrarmos apreço pelos comportamentos pró-sociais, a maioria dos jovens escolherá buscá-los.

Às vezes, pensamos que o caráter é fixo, que um estudante que se comporta de certa maneira jamais mudará suas atitudes. Mas, como qualquer outra coisa, as pessoas, sobretudo os jovens, mudam à medida que as culturas ao seu redor as influenciam. "Elas progridem por uma trajetória", como demonstra o quadro do Jubilee Centre, que começa com a compreensão das virtudes, a vivência com elas e a resposta aos incentivos, tanto intrínsecos quanto extrínsecos, para que as virtudes se tornem um hábito. Idealmente, esse processo é agradável, e, com o tempo, os jovens passam a "buscá-las de forma autônoma e escolhê-las de forma consciente".

O ARGUMENTO DA GRATIDÃO E DA RESILIÊNCIA

O que Equel Easterling fez para que uma virtude se tornasse relevante na vida dos seus alunos é admirável. A forma como sua turma comunicava o pertencimento aos colegas interagindo entre si enquanto discutiam as virtudes é incrível. Também é incrível que, entre as virtudes, ele tenha escolhido especificamente a gratidão. Talvez ele tenha escolhido a virtude mais importante de todas.

Percebemos a necessidade de escolher as virtudes para incorporar à cultura de uma escola. De cinco a sete virtudes é o objetivo, e isso significa fazer escolhas difíceis. Como a lista de potenciais virtudes é longa, queremos defender algumas que consideramos benéficas para o bem-estar e o pertencimento dos estudantes. Na verdade, elas são tão importantes que achamos que as escolas deveriam encontrar uma maneira de torná-las parte de sua cultura de forma duradoura e significativa, mesmo que optem por *não* seguir uma abordagem de educação de caráter baseada na virtude. Conforme mencionamos antes, há muitas pesquisas sobre os fatores que impulsionam o bem-estar e a felicidade. Há também muitas pesquisas sobre o que faz com que as pessoas superem as adversidades. Nesses estudos, esses dois conceitos se destacam entre os demais.

A gratidão, conforme discutimos brevemente no Capítulo 1, é subestimada. Uma publicação da Harvard Medical School observou que a gratidão está "fortemente e consistentemente associada a uma maior felicidade. Ela ajuda as pessoas a sentir mais emoções positivas, saborear boas experiências, melhorar a saúde, lidar com as adversidades e construir relacionamentos fortes"[9]. A direção do benefício é, de certa forma, inesperada. Presumimos que mostrar gratidão é especialmente benéfico para quem a recebe, porque mostrar gratidão faz com que a pessoa se sinta especial, mais importante, mais valorizada. A surpresa é que isso é ainda mais benéfico para a pessoa que expressa a gratidão.

Expressar gratidão regularmente tem o efeito de chamar a atenção dos alunos para as causas básicas: há coisas boas em seu mundo, e vale a pena valorizá-las e agradecer por elas. Uma das descobertas mais duradouras das ciências sociais entra em ação: "[...] os cientistas estimam que lembramos apenas de uma em cada cem peças de informação que recebemos, e o resto é descartado no arquivo de *spam* do cérebro. Vemos [e lembramos] o que buscamos e perdemos o resto", explica Shawn Achor, "[...] e o que buscamos é um produto do hábito". Os estudantes que buscam coisas boas em seu mundo enxergam mais delas e descobrem que o mundo parece um lugar mais favorável, sendo um lugar para eles. Depois de um tempo, isso se torna um hábito, observa Achor. Ele chama isso de "efeito Tetris". Como jogadores inveterados do jogo de videogame Tetris, que começam a ver as formas dos blocos em todos os lugares, os estudantes que buscam coisas para apreciar e articulam *por que* vale a pena valorizá-las começam a ver motivos para se sentir bem com seu mundo em todos os lugares. Ao pensar por que essas coisas são dignas de gratidão, os alunos passam a entender melhor por que algumas coisas são valiosas na vida. Esse processo se torna mais ou menos automático, como uma "imagem residual cognitiva", de acordo com Achor, e é introjetada uma espécie de otimismo.

Isso geralmente é acompanhado por benefícios fisiológicos, como a redução da pressão arterial, como observa Emiliana Simon-Thomas, diretora científica do Greater Good Science Center, em Cal Berkeley. Pode "diminuir a frequência cardíaca e contribuir para o relaxamento geral". Segundo ela, a gratidão é um "desestressor", que acalma o sistema nervoso.[10] E, claro, cria conexões sociais de união e valorização mútuas. As conexões sociais são uma das coisas mais saudáveis que as pessoas podem ter. Pessoas com conexões sociais mais fortes e positivas costumam ser mais saudáveis fisicamente e viver por mais tempo. Achor escreve:

> Poucas coisas são tão essenciais para o nosso bem-estar. Pessoas consistentemente gratas são mais enérgicas, emocionalmente inteligentes, indulgentes e menos propensas a se sentirem deprimidas, ansiosas ou solitárias. E não é que as pessoas sejam gratas apenas porque são mais felizes. Foi comprovado que a gratidão é uma causa significativa de resultados positivos.

Assim, quando observamos Equel pedindo a seus alunos que escreviam cartas de agradecimento, eles (e não os professores destinatários) são na verdade aqueles a quem o exercício beneficia. Isso os auxilia a perceber as pessoas no mundo que os ajudam. Faz com que sintam que o mundo – ou o mundo deles – pertence a eles. De onde estão, parece um lugar melhor.

Em 2016, numa visita à Michaela Community School, em Londres, Doug observou um exemplo de exercício para criar gratidão. Em retrospectiva, seus benefícios para a saúde socioemocional dos estudantes são ainda mais claros do que eram na época. No fim do almoço, um professor se levantou e ofereceu aos alunos a chance de expressar gratidão por algo que considerassem importante na frente de um grupo de estudantes (cerca de metade da escola). A participação na dinâmica era totalmente voluntária. Ninguém foi obrigado a dizer nada. Eles não foram informados por quem ou pelo que gostariam de demonstrar gratidão. Foi um exemplo de "raciocínio virtuoso". Os estudantes decidiram por si mesmos se queriam expressar gratidão a alguém e, se sim, pelo quê. A maioria quis. Quase todo mundo na sala queria ser escolhido para agradecer.

Será porque, por terem adquirido o hábito de fazer isso diariamente, os alunos sentem os benefícios psicológicos – isto é, sentem-se felizes, virtuosos e partes contribuintes da comunidade? Pareceu adulto e maduro ter a capacidade de abandonar a visão estreita da infância (tudo gira em torno de mim) e abraçar as pessoas do mundo em quem confiavam? De afirmar a presença de um "vilarejo" ao seu redor?

Seja qual for o motivo, os alunos se levantaram e agradeceram aos colegas por ajudá-los a estudar. Agradeceram aos professores por serem exigentes e por apoiá-los. Um aluno agradeceu à equipe do refeitório por preparar a comida – a escola fazia refeições no estilo caseiro, com talheres e pratos de verdade, e (como discutimos no Capítulo 2) isso resultou em conversas reais olho no olho. Para uma pessoa acostumada com as refeições escolares dos Estados Unidos, devoradas em um piscar de olhos direto em bandejas de plástico, foi revelador, um ritual que claramente criou pertencimento e reforçou as habilidades sociais dos estudantes.

Considerando que muitas pessoas odeiam falar na frente de grandes grupos, é importante notar que cada uma dessas expressões de agradecimento entusiasmadas foi feita de improviso e na frente de mais de uma centena de pessoas. No entanto, a gratidão parecia brotar deles, até que o professor responsável disse que era hora de voltar para a aula. O ritual parecia conferir um certo *status* aos alunos que falavam. Expressava a ideia de que a valorização vinda de um aluno como Havzi ou Camilla, quando conquistada, era importante o suficiente para uma sala cheia de pessoas ouvir e tomar nota. Parte da mensagem era que o apreço e a opinião deles eram valiosos e importantes. A participação foi tão grande que não foi possível chamar todos os alunos que levantaram a mão.

Doug escreveu em outro lugar sobre como isso foi inesperado:

Fiquei pensando sobre o que aconteceu por um tempo. Aqueles jovens talvez tivessem enfrentado dificuldades em casa e a caminho da escola. Muitos moravam ou haviam morado em lugares assolados pela violência e pelas dificuldades. Mas… a vida deles foi marcada não por quem os lembrava de que tinham sofrido e sido ignorados pela sociedade, mas pela ideia de que gostariam de demonstrar gratidão ao mundo ao seu redor.

O que isso significava? Em primeiro lugar, a origem de uma cultura de reflexão. Para onde quer que eu olhasse, os estudantes estavam fazendo alguma coisa uns pelos outros. Numa aula, um dos alunos percebeu que a colega estava sem lápis e lhe deu um, sem que ela pedisse. No corredor, um estudante deixou cair alguns livros e, de repente, três ou quatro estavam ajudando a pegá-los. Outros, ao saírem da sala de aula, agradeceram ao professor.

Todos pareciam estar agradecendo às pessoas e buscando fazer algo digno de gratidão. Além disso, pareciam sentir prazer com isso. Muitos estudantes agradeciam aos professores quando saíam da sala ao fim da aula, e o tom era sempre alegre. Os alunos saíam da sala de aula saltitantes.

Ao escrever sobre o poder da gratidão, Shawn Achor observa que o importante não é apenas citar as coisas pelas quais você tem gratidão, mas dizer – e, portanto, pensar sobre – o porquê. Isso faz com que pensemos naquilo que mais valorizamos no mundo. Um pequeno detalhe do almoço na Michaela School também ficou na memória de Doug. O professor que às vezes organizava a sessão de gratidão dava *feedback* aos alunos. "Foi excelente, Camilla. Você deixou bem claro por que tem gratidão pelo quanto sua mãe trabalha." "Obrigado, Havzi. Você poderia dizer por que foi importante que Luke compartilhasse o lanche com você?"

Saindo da cena no refeitório da escola, vale destacar um enquadramento fundamental do trabalho do psicólogo Martin Seligman. Seligman descobriu que a felicidade não consiste meramente em sentir prazer. Consiste também em ter significado e engajamento. As pessoas que sentem felicidade nos três aspectos têm uma vida mais feliz. Portanto, o que vale para nossos alunos agradecidos vale também para os exemplos do livro. Quando as pessoas se sentem conectadas a outras pessoas e a algo maior do que elas mesmas, quando se deixam levar por uma atividade ou um projeto e quando suas iniciativas parecem importantes – realização, serviço, comunidade ou família –, elas são felizes – na verdade, muito mais felizes do que se buscassem apenas prazer. Certamente, isso tem implicações mais amplas para o trabalho com a aprendizagem socioemocional.

Vale a pena compartilhar um pouco mais sobre o próprio Seligman. Ele é o fundador da psicologia positiva, um ramo da psicologia que estuda por que as coisas correm bem na vida de algumas pessoas. Antes de Seligman e alguns colegas apresentarem o caso, a psicologia se concentrava quase exclusivamente no que dá errado na vida das pessoas, por que acontece e como corrigir. Obviamente, esse é um trabalho importante, mas é apenas parte da história da humanidade. O que dá certo é importante da mesma forma. Em vez de entender o que acontece de errado quando as pessoas têm dificuldades, os psicólogos da linha positiva querem saber o que as faz prosperar, mesmo diante das dificuldades. É claro que, para alguns estudantes, devemos perguntar o que há de errado. Mas, para a grande maioria dos nossos alunos, devemos perguntar o que pode dar certo, o que pode fazê-los prosperar e ter sucesso. Quais comportamentos, hábitos e mentalidades podemos lhes ensinar para aumentar a probabilidade de que isso aconteça? Há uma série de iniciativas possíveis para as escolas enfrentarem esse último desafio. Incutir a gratidão parece ser uma delas.

COMO CRIAR RESILIÊNCIA

Outro importante tema de pesquisa sobre o bem-estar socioemocional é saber o que dá certo na vida das pessoas. Porém, nesse caso, a pergunta é por que algumas pessoas, mesmo quando confrontadas com adversidades ou traumas, respondem com resiliência. Considerando o quanto os estudantes passaram nos últimos anos, isso é relevante nesse momento.

George Bonanno, psicólogo clínico da Columbia University Teachers College, escreveu sobre o assunto, em especial no livro *The end of trauma: how the new science of resilience is changing how we think about PTSD*. Bonanno descobriu que as pessoas são fortes e, de forma surpreendente, inclinadas à resiliência. Isso não significa que elas não sofram nem tenham dificuldades emocionais diante de experiências adversas. Ficar triste após uma experiência difícil é normal, e a recuperação geralmente leva tempo, mas Bonanno enfatiza que a maioria das pessoas se recupera, mesmo de situações muito adversas. É claro que algumas não se recuperam. É claro que precisamos estar prontos para identificar esses casos e proporcionar-lhes acesso aos cuidados de que precisam, mas a mensagem de resiliência também é clara: nossos jovens são fortes. A grande maioria supera até mesmo dificuldades extremas, e é importante lembrá-los disso, em vez de sugerir que são frágeis ou foram prejudicados por suas experiências. Na verdade, a pesquisa de Bonanno sugere que a maioria das pessoas segue o que ele chama de "trajetória de resiliência", um caminho comum para sair da adversidade ou da pressão.

Bonanno é realista em relação à pesquisa sobre resiliência e superação de traumas e aos limites do que ela pode nos mostrar. Sabemos pouco por que algumas pessoas se recuperam e por que algumas lutam por períodos mais longos ou, às vezes, nunca se recuperam de uma experiência ruim. Há mais coisas que não sabemos do que coisas que sabemos, mas, no centro da trajetória de resiliência, está o caminho para voltar da adversidade – uma ideia chamada "mentalidade flexível". As pessoas com essa mentalidade têm maior probabilidade de prosperar após as dificuldades. Pessoas com uma mentalidade flexível tendem a compartilhar "três crenças inter-relacionadas [...]: otimismo em relação ao futuro, confiança em [sua] capacidade de lidar com a situação e vontade de pensar na ameaça como um desafio". É "[...] essencialmente a convicção de que seremos capazes de nos adaptar ao desafio em questão, de que faremos o que for necessário para seguir em frente", escreve ele. "Essas crenças interagem e se complementam de forma que multiplicam seu impacto individual. E, coletivamente, elas produzem uma convicção robusta [...]: 'vou encontrar uma maneira de lidar com esse desafio'."

Se podemos incutir uma mentalidade flexível nas pessoas que enfrentaram dificuldades, argumenta Bonanno, damos a elas a melhor chance possível de retornar a um estado de bem-estar e prosperidade. Da mesma forma que na gratidão, acreditamos que entrelaçar as partes da mentalidade flexível (e, consequentemente, o caminho da resiliência) em todas as culturas escolares, bem como amplificar os sinais que a reforçam, são ações fundamentais para os educadores.

Bonnie Benard, assistente social e autora de *Resiliency: what we have learned* e *Resilience education*, entre outros, realizou uma importante pesquisa sobre a resiliência. Benard observa que o ambiente, não apenas o indivíduo, desempenha um papel nas respostas às adversidades. Na verdade, existem "fatores de proteção" em certos ambientes, que aumentam as chances de que as pessoas nessas comunidades prosperem e mostrem resiliência diante dos momentos difíceis. "As características do ambiente que parecem alterar, ou mesmo reverter, possíveis resultados negativos e permitir que indivíduos desenvolvam resiliência", escreve Benard, são, em primeiro lugar, a presença de "relações solidárias". Essas relações "transmitem compaixão, compreensão, respeito e interesse com base na escuta, além de estabelecerem a segurança e a confiança básicas". Em segundo lugar, os ambientes enviam "mensagens de alta expectativa". Eles "não apenas comunicam orientação, estrutura e desafio sólidos, mas também, e o mais importante, transmitem uma crença na resiliência inata dos jovens". Por fim, as organizações que promovem resiliência oferecem aos jovens "oportunidades de participação e contribuição significativas", o que inclui assumir "responsabilidades reais, tomar decisões, expressar opiniões e serem ouvidos"[11].

Ao ler a descrição de Benard, ficamos impressionados com sua aplicabilidade às salas de aula que retratamos no Capítulo 3. Elas são lugares de aprendizado e de "proteção". As relações entre os professores "transmitem paixão, compreensão, respeito e interesse", assim como, curiosamente, as relações entre os colegas. As salas de aula certamente conseguem enviar "mensagens de altas expectativas" de forma consistente. Elas estão repletas de orientação, estrutura, desafio e crença firmes. E, novamente, elas oferecem aos jovens oportunidades de participação e contribuição relevantes. Os estudantes têm voz, mas talvez o mais importante seja que eles se sentem ouvidos.

As características dos lugares de proteção que Benard descreve nos fornecem um ótimo modelo de como uma boa escola e uma boa sala de aula devem funcionar. Novamente, uma de nossas conclusões é que, além de muitas coisas que fazemos, administrar escolas e salas de aula excelentes é também fundamental para a saúde mental positiva dos jovens. Fazer muito bem o nosso principal trabalho é uma parte crucial para ajudar os alunos a prosperar.

COMO UM MOMENTO SE TORNA UM MECANISMO DE DESENVOLVIMENTO

Durante a pandemia, a família de Hilary adotou algumas tradições e rituais. Uma delas era um jogo em que cada um escrevia uma pergunta num cartão, e todos na mesa precisavam respondê-la em voz alta. Algumas das questões eram simples, como "Qual é a sua estação do ano favorita?", outras eram mais desafiadoras, como "Quem é a pessoa mais divertida da sua família?". Não demorou para que Hilary percebesse que grande parte do desafio era de natureza socioemocional. As pessoas precisavam lidar com os aspectos humanos na hora de responder. Para além da pergunta "Quem é a pessoa mais engraçada?", existem algumas considerações em jogo: "Se eu responder com sinceridade, vou magoar as pessoas? Devo mentir? E se eu não responder à pergunta? Eu poderia dizer 'Ah, todo mundo é engraçado', mas isso é o mesmo que dizer que ninguém é. E se eu disser que acho que sou a pessoa mais engraçada, o que os outros vão pensar de mim?".

Conforme o tempo passava e mais desses cartões eram escolhidos, Hilary percebeu que as conversas entre eles eram lições sobre como entendemos, modelamos e desenvolvemos o caráter. Nessas conversas na hora da janta, a família lidava com questões como honestidade, justiça e coragem. Um jogo simples proporcionou prática e experiência para explorar os valores de cada pessoa da família, como eles poderiam demonstrar virtudes e modelar o caráter em suas vidas diárias.

Ainda mais do que isso: com as perguntas, foi possível aprender a navegar pela dinâmica de construção e conexão dos relacionamentos por meio de oportunidades frequentes e de baixo risco de tentativa e erro. Houve interações pequenas, mas nem sempre simples, num grupo em que a segurança e o cuidado foram estabelecidos. "Na verdade, ninguém ficou chateado quando eu disse que outra pessoa era mais engraçada. Eles também aproveitaram a oportunidade para exaltar essa pessoa. Mas…

as pessoas não acharam tão engraçado quando eu disse que era eu a mais engraçada."

O processo de tentativa e erro com consequências de baixo risco num ambiente seguro é uma ferramenta muito poderosa para aprendermos a nos desenvolver. Embora tenham acontecido em casa, é comum que, nesses momentos, eventos recorrentes se tornem uma oportunidade de construir os alicerces da habilidade e do caráter interpessoais. O jogo diário se tornou o que chamamos de "mecanismo", um cenário recorrente em que questões eram levantadas, e as reflexões sobre o *eu* eram normalizadas. As escolas com uma cultura protetora forte e vibrante tendem a usar esses mecanismos de forma eficaz, especialmente quando conseguem incorporar a eles um senso de comunidade, pertencimento e segurança psicológica.

A reunião geral é um dos mecanismos mais comuns (e, em nossa opinião, mais eficazes) que uma escola pode usar. A reunião é um momento em que grande parte da escola – de preferência todo o vilarejo – se reúne. Esses momentos são perfeitos para enfatizar a união e reforçar valores compartilhados, principalmente aqueles que ajudam os jovens a prosperarem e se conectarem. Se compartilhamos uma cultura, se formamos um vilarejo, deve haver momentos em que todos nos reunimos para conversar sobre o que é mais importante.

Programar reuniões curtas e bem-planejadas para toda a escola, para determinados anos ou, até mesmo, para uma única turma é algo poderoso, em parte porque todos podem se ver. Um vilarejo se concebe como tal de várias formas, porque há momentos em que todos comparecem num evento, quando todos podem se ver. É ainda mais forte quando há rituais e tradições, como cumprimentar as pessoas, ou dançar, cantar e contar histórias. No conjunto, isso significa que somos um *nós*.

Veja a seguir a foto de uma das nossas diretoras favoritas, Nikki Bowen, numa reunião matinal com suas alunas na Excellence Girls Charter School, no Brooklyn, em Nova York.[12] Elas estão reunidas no ginásio da escola. Os professores, sentados ao lado das alunas, estão cantando, um ritual que ocorre com frequência nas reuniões. Nikki está caminhando em direção ao centro, preparando-se para orquestrar os procedimentos.

Observe como organizaram as alunas. Os grupos estão separados por salas e em fileiras organizadas. Essa forma de sentar sugere a intenção e a importância da reunião. Ela foi organizada com todo o cuidado, pois é importante. Todas as estudantes podem se ver e ser vistas – ver o *nós* ajuda a conceber a ideia de um *nós*. É verdade ser mais fácil criar um ambiente organizado, feliz e produtivo quando podemos ver que todos estão sentados onde deveriam estar. No entanto, o principal é que a organização da sala faz as alunas se sentirem vistas e ouvidas *por todas*. Quando alguém levantar a mão para falar, todas poderão ver essa pessoa. Cada turma tem uma forma de organizar os lugares (ter um lugar significa que você pertence a algo!). Há espaço no meio para que as pessoas compartilhem ideias, sejam homenageadas ou se apresentem de algum modo. É um espaço organizado para a união. Nikki circula, falando sobre valores, cantando músicas e fazendo perguntas às estudantes. Com frequência, ela usa a reunião como oportunidade para chamar as turmas e cada pessoa dessa comunidade para receber elogios especiais.

Mas não é só Nikki que fala. Outros professores geralmente lideram as reuniões, e, às vezes, as estudantes também lideram. Independentemente de quem está conduzindo, essa comunidade participa de forma ativa, em geral por meio de um *Virem e conversem* e um *Todos juntos*. O ambiente parece a aula de Jen Brimming, do Capítulo 3, e tem a mesma atmosfera, só que é 10 vezes maior. E há *muita* cantoria: a canção da esperança, a canção do respeito, a canção do otimismo. "Acordamos os vizinhos todas as manhãs com o orgulho e a união da nossa escola", lembra Nikki.

A seguir, você pode ler a letra de uma das músicas. Tente identificar os temas que lembram as ideias do Capítulo 1.

> *Nessa escola, as meninas dão seu máximo o dia todo!*
>
> *Somos grandes pensadoras, oradoras dinâmicas*
>
> *E vamos mudar o mundo!*
>
> *Como vamos mudar o mundo?*
>
> *Sendo a minha melhor versão!*
>
> *Melhor versão de quê?*
>
> *Melhor versão de mim mesma!*
>
> *Mas precisa só de você?*
>
> *Não! De mim, de você, de todas nós, da nossa irmandade.*
>
> *Porque as meninas são... inteligentes, fortes, prestativas, especiais e PODEROSAS!*

A reunião matinal é curta: de 10 a 15 minutos, às vezes menos. Mas você pode fazer muita coisa em pouco tempo quando tem objetivos claros e rituais conhecidos e bem estabelecidos. Pode usar a reunião para fazer perguntas sobre gratidão aos alunos, as que compartilhamos na página 138, por exemplo. Pode usá-la como oportunidade para reforçar uma virtude, como ter consideração pelos outros. Seria mais ou menos assim:

> *Antes de irmos para a aula, quero compartilhar dois pequenos exemplos de consideração que vi entre os alunos nesta semana. O primeiro foi um momento que talvez muitas pessoas não tenham notado. Na quarta-feira, vi que um aluno do 7º ano deixou cair seu fichário no corredor. Papéis se espalharam pelo chão, mas isso não foi um problema, porque, imediatamente e sem serem chamados, três ou quatro colegas o ajudaram a recolher e organizar as coisas. Com isso, quero dizer que eles não só devolveram os pertences ao*

colega, mas também o ajudaram a colocar as páginas em ordem e seguraram os papéis enquanto ele colocava outras folhas de volta no fichário. Vi Anthony Watkins, Desi James e Lucia Rodriguez e sei que havia outros. Agradeço àqueles que consegui reconhecer e àqueles que foram igualmente prestativos, mas não consegui ver em meio a um grupo tão atencioso. Dois estalar de dedos, por favor, para os membros dessa comunidade que, tendo consideração pelo outro, fizeram da nossa escola um lugar melhor para estudar, um lugar onde vocês sabem que podem contar com seus colegas.

Mas ter consideração pelo outro também pode ser uma virtude intelectual, como veremos adiante. Então, só quero comentar rapidamente uma discussão que ouvi na aula de história do 8º ano de Breese. O tópico foi a Declaração de Direitos e, mais especificamente, o que foi garantido aos cidadãos pela Segunda Emenda. Nem todas as pessoas concordaram entre si, como é comum numa democracia, mas os alunos de Breese fizeram um trabalho exemplar ouvindo com atenção e discordando com respeito. Ouvi muitos estudantes dizerem frases como, "Entendo seu ponto de vista, mas...". David Lopez até resumiu o argumento de um colega com o qual não concordava antes de acrescentar: "Mas eu gostaria de dar outra interpretação". Foi um exemplo excepcional de como podemos discordar e continuar sendo uma comunidade respeitosa e conectada. Por favor, no três: batam com os pés no chão duas vezes para o 8º ano do quarto período de Breese. Um, dois, três!

Escrevemos esses roteiros hipotéticos em detalhes, porque achamos que as palavras e o enquadramento específicos são importantes e porque pensamos que um grande líder escolar faria isso. O objetivo nesse caso é "capturar" estudantes que exemplificam as virtudes escolares e dar sentido a esses eventos. Capturar momentos virtuosos é bom. Capturá-los e ter um ambiente positivo para os compartilhar é ainda melhor. Esse é o poder da reunião e de outros mecanismos. Com um bom lugar para celebrá-los, agora você tem um incentivo para "caçar" as virtudes.

Como nossos exemplos indicam, gostamos muito quando os líderes escolares mencionam pequenos momentos que, de outra forma, poderiam passar despercebidos. É importante ajudar os alunos a ver como essas ações tornam a escola melhor e mais acolhedora para todos. Queremos aumentar a chance de que ações positivas sejam percebidas e que os alunos entendam o valor delas. E, embora nosso exemplo seja de uma reunião para toda a escola, ele serviria para uma reunião com um ano específico ou apenas uma turma.

Outro detalhe sobre os exemplos apresentados: os dois encerram com o grande "vilarejo" dando afirmação – nesse caso, na forma de estalos, batidas de pés ou palmas. Achamos importante acrescentar algo simbólico para mostrar que toda a comunidade valoriza as ações, não apenas a pessoa que fala. Essa é uma das razões pelas quais gostamos de "dois estalos de dedos", "dois aplausos" ou "bater com os pés no chão duas vezes". São formas rápidas e corporais de fazer com que a comunidade escolar expresse a afirmação das pessoas e confirme uma ideia. Como esses tipos de afirmação são muito usados, apenas os estalos de dedos não são suficientes (como no Capítulo 3). Na reunião, você precisa misturar um pouco: "Vamos dar dois estalos de dedos e bater com os pés no chão duas vezes para Abed!" ou "Batam duas palmas e digam 'Boa!' para Desiree".

Embora, como mencionamos, a reunião possa ser feita para um ano específico ou mesmo para apenas uma turma, o ideal é, quando possível, conectar estudantes de todos os níveis e fazer com que grupos aparentemente separados sejam um só. Quando Denarius entrevistou um grupo de estudantes sobre o que eles gostavam e valorizavam em sua escola (descrito no Capítulo 1), ficou surpreso ao descobrir que 1) os alunos adoravam se encontrar e 2) o que eles mais amavam era a chance de ver e interagir com alunos de outros anos.

Em outras palavras, há várias formas de fazer reuniões, e a escola não precisa escolher apenas uma. "Temos os círculos de convivência para criar conectividade entre as turmas de um mesmo ano e usamos a celebração para homenagear os líderes estudantis na frente de toda a escola todas as sextas-feiras", afirma um líder escolar. Eles usam uma série de reuniões com grupos diversos para diferentes propósitos. Um tema que destacamos é que a qualidade é mais importante do que a duração. As reuniões precisam ser cheias de energia e positividade. Queremos que as pessoas saiam desejando que fosse um pouco mais longa. Não prolongue um assunto mais do que o necessário. Se quiser falar mais sobre ele, deixe para a próxima. Se uma reunião expressa nossos valores, esses valores devem incluir respeitar o tempo das pessoas e planejar o evento com cuidado.

Outra maneira de reconhecer os alunos que mostram caráter e virtude seria criar um ícone simples e simbólico, como um coração laminado feito nas cores da escola ou um mascote, por exemplo. Algum líder escolar poderia dizer: "Nesta semana, vou colocar o coração verde e dourado na parede do lado de fora da sala de Breese, como agradecimento pelo que vimos" ou "Vou colocar o brasão do falcão no corredor em que os alunos ajudaram o colega". A escola tem, portanto, um sistema muito simples para descrever comportamentos virtuosos (a reunião matinal), um sistema para o grupo expressar aprovação e agradecimento (bater com os pés no chão, palmas, etc.) e um terceiro sistema pequeno e simples para ajudar as pessoas a agradecer. Ele criou uma série de borboletas, e não de vespas, como diria Joe Kirby.

CULTURA VISUAL

A ideia de colocar um ícone (o brasão do falcão) perto da sala de um professor ou num corredor para honrar os valores é um ótimo exemplo de outro mecanismo fundamental de reforço ao caráter e ao pertencimento: a cultura visual. As paredes também falam, e as escolas podem projetá-las de forma que transmitam a linguagem das virtudes e dos valores. Incluir citações de alunos e ex-alunos, imagens de estudantes tendo atitudes virtuosas ou citações de membros-chave da comunidade são ideias típicas. Felizmente, esse tipo de ação é muito simples, e o líder pode delegar a um grupo de professores que gostem dessas iniciativas e teriam grande influência na criação de uma comunidade calorosa e solidária.

Numa escola que conhecemos, colocaram uma grande foto impressa de cada aluno com seu primeiro nome na parte inferior do corredor da frente: o nome e o rosto. Tão simples. De uma hora para outra, tornou-se muito mais fácil para adultos e colegas usarem os nomes dos alunos. Chamar as pessoas pelo nome é uma forma simples de mostrar que elas pertencem a algo. Quando a secretária da escola, o zelador ou o professor de outra turma sabe seu nome, você sente que conhecem você. Além disso, ajuda os adultos a memorizar os nomes. Viu uma aluna e não lembra o nome dela? Use a parede de fotos. Da próxima vez, com certeza você se lembrará!

Considere também algo que vimos em uma recente visita à Memphis Rise Academy, no Tennessee, Estados Unidos, onde nos deparamos com um sistema chamado "recado no armário". As pessoas podem usar um pequeno formulário de agradecimento semelhante ao mostrado na foto a seguir. Nele, escrevem um breve agradecimento e colocam no armário de um estudante. Em nossa visita, um aluno chamado Jaylen havia recebido um recado de um dos seus professores demonstrando gratidão pelo entusiasmo durante as aulas.

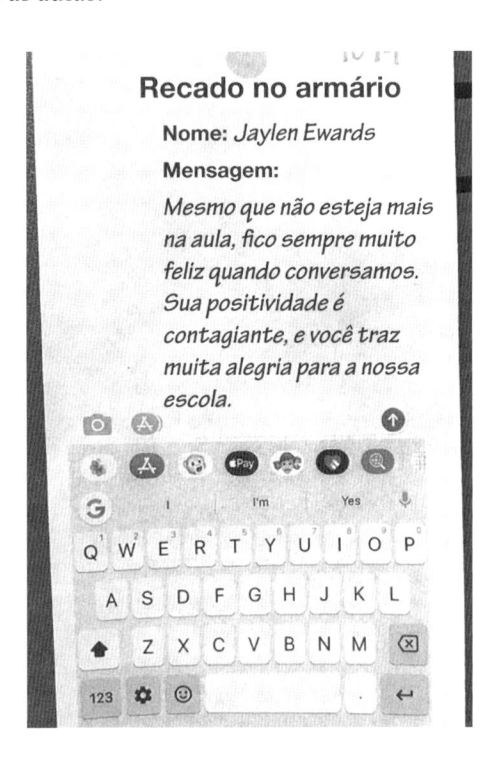

Recado no armário
Nome: *Jaylen Ewards*
Mensagem:
Mesmo que não esteja mais na aula, fico sempre muito feliz quando conversamos. Sua positividade é contagiante, e você traz muita alegria para a nossa escola.

É um sistema simples que facilita a valorização das coisas boas e deixam-nas mais visíveis. Outra aluna, Sarah, escreveu uma mensagem de gratidão a uma colega, Magda, por ajudá-la a resolver um problema de matemática na hora do almoço. Magda deve ter se sentido muito bem ao abrir seu armário e encontrar um símbolo de gratidão. Jaylen deve ter tido um grande sentimento de pertencimento à escola, e Sarah também, por poder demonstrar sua gratidão. E pense em como os alunos da escola veem o mundo de forma diferente, andando pelo corredor, sabendo que os armários estão repletos de gratidão pela bondade que as pessoas da comunidade estão sempre demonstrando. Isso faz com que a escola pareça um lugar mais positivo, acolhedor e solidário. Além disso, como nossa percepção das normas do grupo é o fator mais importante do nosso comportamento e da nossa motivação, ela incentiva os alunos a igualarem essas normas positivas e saudáveis.

Observe, a propósito, que o formulário do recado no armário é impresso com a imagem de um teclado na parte inferior. Isso pode parecer estranho, mas é uma dica sutil. Em outros lugares, discutimos a importância de ensinar aos alunos hábitos positivos para o uso das mídias sociais. O teclado incentiva os alunos: *você pode compartilhar isso também no seu celular. Esse é o tipo de coisa que você poderia postar para criar uma comunidade* on-line *positiva e de apoio*.

Na verdade, embora sejamos céticos em relação às mídias sociais, achamos que a escola poderia experimentar uma versão eletrônica do recado do armário, tornando a bondade das pessoas ainda mais visível e servindo de modelo de como usar as redes sociais para mostrar gratidão, em vez de falar mal dos outros.

Como diretor, Denarius passou muito tempo planejando a cultura visual. A seguir, apresentamos alguns exemplos de como ele a usou para criar uma cultura na Uncommon Collegiate Charter High School.

No topo da imagem, é possível ver as virtudes que a escola de Denarius escolheu. Elas estão por toda a escola, mas aqui ficam junto às imagens de pessoas que foram exemplos dessas virtudes e cujas histórias os alunos já conhecem (eles falam sobre isso nas reuniões). Além disso, ao exibir os estudantes que se destacam, estamos mostrando a importância da conquista escolar. Repare que os materiais são cuidadosamente colocados, com espaçamento e alinhamento perfeitos, e as paredes estão limpas e organizadas, o que passa a ideia de que valorizamos quem estamos exibindo.

Muitas escolas colocam nas paredes citações de pessoas famosas. Também achamos uma ótima ideia. Mas *melhor ainda* é a ideia de essa escola usar a citação de um ex-aluno.

Na imagem a seguir, outra citação lindamente emoldurada de um aluno que se formou e um quadro colorido onde as pessoas podem deixar seus agradecimentos aos funcionários da escola. É uma combinação tripla: é lindo, proporciona aos alunos a oportunidade de compartilhar gratidão e faz com que os professores se sintam felizes, motivados e valorizados. É fácil e atrativo fazer algo bom para a comunidade e para si!

MECANISMOS DE CONEXÃO

Conversamos sobre *o que* falar com os jovens para ajudá-los a desenvolver seu bem-estar (virtudes, gratidão, resiliência) e demos exemplos de quando e como as escolas podem criar essas discussões (reuniões). Mas, como mencionamos, as conversas sobre mentalidades e hábitos benéficos são melhores quando estão inseridas na estrutura da escola – quando, por exemplo, as indicações de pertencimento na sala de aula são sinais constantes.

Confira a seguir mais algumas ocasiões e lugares que podem ser usados como mecanismos de criação da cultura para promover o desenvolvimento da aprendizagem socioemocional.

Chegada

Assista ao vídeo *Shannon Benson: Bom dia*, em que Shannon, então diretor de estudantes da North Star Academy Clinton Hill, em Nova Jersey, nos Estados Unidos, e sua colega, Anneliese Tint, cumprimentam alunos e pais na porta da escola pela manhã. O que mais poderia fazer você lembrar que pertence a algo do que receber um cumprimento afetuoso e um aperto de mão? Na maioria dos casos, Shannon cumprimenta os alunos chamando-os pelo nome (em mais algumas semanas, ele lembrará de todos). Também há saudações e interações breves com os pais. Essa é uma ótima forma de construir relações e fazer com que os pais também se sintam acolhidos.

Exemplos dos tipos de interação:

Rápidos momentos de diversão: Shannon brinca com Johnny sobre sua garrafa de água.

"Tudo bem?": Shannon fala com um menino para ter certeza de que tudo correu bem depois da aula no dia anterior.

Detalhes práticos: Shannon aproveita a oportunidade para ir até o carro de um estudante para falar com a mãe sobre o formulário de permissão que está faltando. Muito melhor do que ligar!

Pequenos lembretes sobre cultura: Shannon lembra Johnny de como cumprimentar um adulto dizendo "Bom dia, Johnny", com a intenção de mostrar a Johnny o tipo de cumprimento que espera de volta.

Momentos de ensino: uma menina é recebida afetuosamente, mas Shannon pergunta o que ela precisa dizer à professora sobre seu comportamento no dia anterior. Ela diz "desculpa" de forma alegre, e Shannon diz que o que acontecera não fez com que deixasse de admirar a aluna ("Sei que você não é assim"). Ele explica por que é importante assumir a responsabilidade, e eles se cumprimentam com um "toca aqui". Ela está feliz em fazer as pazes e voltar ao normal. Observe também que a mãe da aluna está ciente do incidente (eles falaram sobre isso por telefone), mas Shannon garante que está tudo bem.

Todo o processo de chegada parece a cena de um vilarejo numa época passada, quando a cortesia e a conexão com a comunidade eram mais fortes, mais predominantes e mais centrais na vida das pessoas.

A escola pode usar a chegada de várias maneiras para dar forma à cultura, estabelecer expectativas e criar pertencimento. Por exemplo, vimos

Dan Cosgrove, diretor da Roxbury Prep Middle School da Uncommon, cumprimentar os alunos enquanto chegavam à escola. Ele estava na entrada principal e cumprimentava-os pelo nome. Mostrou aos alunos diversas frases de autoafirmação positivas que reforçam a resiliência, impressas em um cartão, e pediu que escolhessem uma das frases e pensassem num momento em que poderiam usá-la.

Em outras palavras, a chegada é o momento ideal para criar uma comunidade e dar forma às mentalidades saudáveis – é um mecanismo. Permite que a equipe da escola se conecte, crie relações e defina o tom do dia. Observe os apertos de mão e o contato visual. Quando Shannon e Anneliese cumprimentam os alunos, estes fazem o mesmo. É exatamente o tipo de habilidade social que os estudantes não praticaram durante a pandemia e não praticam quando suas vidas migram para a internet.

Refeições

O momento das refeições também é ideal para dar forma à cultura. Comer juntos é um momento de significado e importância em quase todas as culturas e religiões. Geralmente, fazemos orações nas refeições. Convidamos as pessoas para comer conosco como um dos sinais mais fortes de boas-vindas. Celebramos enquanto comemos juntos.

Vimos vários exemplos até agora de como as escolas aproveitaram as refeições para expressar a cultura. Antes, vimos como a Michaela School, de Londres, usou o final do almoço para criar um ambiente público onde os alunos pudessem expressar gratidão. No entanto, mais detalhes sobre a refeição ajudavam a criar uma cultura. Os alunos alternavam responsabilidades, como tirar os pratos, levar as refeições e servir as bebidas com jarras de plástico. A refeição foi ao estilo caseiro, e estudantes e professores conversavam enquanto comiam. Além disso, a escola costuma encerrar o almoço recitando um poema em conjunto. É um momento de grande força intelectual. Os estudantes têm orgulho de conhecer os poemas de cor e, ainda mais, de poder recitá-los para você. Ouvir e se juntar a uma centena de vozes pujantes recitando em conjunto é uma experiência marcante.

No Capítulo 2, vimos como a Cardiff High School usava o período pós-almoço para que os alunos se envolvessem de forma descontraída e desenvolvessem habilidades sociais enfraquecidas, com xadrez, tênis de mesa e jogos de cartas. A Marine Academy também usava os encontros com refeições em estilo caseiro. Vale ressaltar que, se parecerem caras ou logisticamente difíceis para as escolas, as refeições comunitárias não precisam ocorrer todos os dias. Podem ser às sextas-feiras ou dias antes das férias. Também pode haver uma mesa específica para que os alunos almocem com o diretor, sendo convidados de forma rotativa ou como prêmio por demonstração de caráter exemplar.

O café da manhã também pode ser um momento para construir a cultura. Stacey Shells Harvey, CEO da ReGeneration Schools, em Chicago e Cincinnati, nos Estados Unidos, reconheceu rapidamente essa necessidade após a pandemia. Durante os primeiros dias de retorno, os estudantes precisavam se sentar a cerca de dois metros de distância, como em muitos outros lugares. Eles usavam máscaras. Como poucos estudantes podiam ocupar um determinado espaço por vez, o café da manhã foi transferido para as salas de aula. Houve muitas discussões sobre a logística de como pegar e devolver as bandejas em que os alunos comiam as refeições. Num ambiente assim, as conversas descontraídas diminuíram. Talvez isso soe familiar para você.

Apesar de o uso da máscara não ser mais obrigatório e de as mesas estarem mais próximas, um silêncio estranho ainda pairava no ar. Stacey percebia uma certa estranheza durante o café da manhã. Quase não havia conversa. Ela notou que algumas crianças vasculhavam a sala com os olhos em busca de uma conexão que não sabiam como iniciar. Foi então que implementou uma ideia chamada "Perguntas no café da manhã", escritas por professores, de forma rotativa, aprovadas e revisadas pela administração. Eram colocadas todas as manhãs na sala de aula, três por dia, para que os alunos pudessem discutir. As perguntas eram envolventes e interessantes, uma combinação entre um tom brincalhão e um tom mais sério:

- Qual é o melhor animal de estimação: gato ou cachorro?
- Concorda ou discorda: o livro é sempre melhor do que o filme.
- Quem seria a melhor celebridade para sair junto e por quê?
- Concorda ou discorda: o mundo de hoje é melhor do que quando meus pais eram crianças.
- As escolas deveriam punir os alunos por postagens maldosas nas redes sociais?
- Você prefere ser o pior jogador em uma equipe que sempre ganha ou o melhor jogador em uma equipe que sempre perde? Discuta.

No caso de Stacey, a turma toda discute essas questões, mas os alunos poderiam discuti-las em grupos menores no refeitório. A ideia é promover a conversação e desenvolver habilidades sociais por meio da prática diária. A escola de Stacey também usa os *Hábitos de discussão*, apresentados no Capítulo 3, e a abordagem da conversa funciona em sinergia com a técnica, mesmo que os temas sejam muito mais informais. Os alunos se olham, reformulam e tentam conectar ideias. "Tem que ser vôlei, e não pingue-pongue", disse Stacey. "Dizemos aos professores: 'chame três alunos em sequência e depois você faz outra pergunta, talvez sem dar a resposta. Queremos que eles continuem conversando'."

Até mesmo os jogos podem ser úteis para promover a conexão e desenvolver habilidades sociais. Elisha Roberts, diretora acadêmica da Strive Prep, em Denver, Colorado, Estados Unidos, compartilhou uma experiência que viu durante a reunião do clube de palestras e debates da escola. Na atividade, algumas vezes descrita como "contagem em grupo", os alunos tinham que contar em voz alta de 1 a 25 (ou mais) como grupo sem uma ordem predefinida, sem que dois falassem ao mesmo tempo. Se duas pessoas dissessem, por exemplo, "dezoito" no mesmo momento, a contagem era reiniciada. O objetivo da atividade era aumentar a consciência dos alunos sobre seus colegas, desenvolver paciência e trabalhar em grupo para fazer uma tarefa desafiadora. Para que funcionasse, era preciso ler sinais não verbais, estabelecer contato visual e aprender a ter paciência e agir em cooperação. Elisha percebeu que os alunos ficaram mais atentos às indicações de sociabilidade dos outros e que isso criou confiança entre eles, por cooperarem e alcançarem os objetivos. Eles faziam esse jogo com prazer no início de cada reunião, o que se tornou uma espécie de tradição. Embora possa ser jogado em qualquer lugar, parece ideal para o café da manhã ou o almoço.

Corredores

Locais de reunião improvisados também podem ser usados para criar conexões. Os corredores são um ótimo exemplo. Uma das características incomuns da Rochester Prep, uma escola que Doug ajudou a fundar, eram as mesas no corredor. A ideia era que, em horários variados, os professores se sentassem às mesas durante os períodos livres, para preparar as aulas e corrigir as tarefas. Porém parte desse trabalho era o chamado "monitoramento passivo" (ou apenas "passivo").

Na maior parte do tempo, os adultos trabalhavam em silêncio, mas descobriu-se que tê-los no corredor mudou o comportamento dos alunos do ensino fundamental II. Quando o aluno sai da aula e encontra um corredor vazio, ele se comporta (ou tende a se comportar) de forma diferente de quando, no corredor, está seu professor de matemática sentado a uma mesa a 20 metros de distância, olhando por cima do *notebook* e dizendo: "Bom dia, Alex". Ser visto muda o comportamento. É um lembrete sutil que faz com que as pessoas escolham fazer o certo.

Normalmente, o professor no monitoramento passivo faria uma pergunta a um aluno. Por exemplo, "Como você está, Alex?", "Para onde está indo?" ou "Você tem autorização para estar no corredor?". E, mesmo que o tom fosse afetuoso, essas interações ainda pareciam um pouco estranhas, como se a primeira coisa que os professores pensassem fosse se o aluno tinha permissão para estar ali. Parecia que uma oportunidade tinha sido desperdiçada.

Isso suscitou uma discussão entre o corpo docente: o que os professores deveriam dizer ao aluno e por quê? A solução foi lhes perguntar sobre o que estavam aprendendo. A mensagem é: eu vejo você e enxergo uma pessoa estudiosa. Desse modo, os professores que estivessem fazendo o monitoramento passivo (e aqueles que vissem os alunos nos corredores em horários de aula) tentariam dizer algo assim:

Oi, Alex. Que aula está tendo agora?

Ah, história? Adoro história. Do que vocês estão falando hoje?

Ah, a Guerra Civil Americana? Legal. Vocês já falaram sobre a Batalha de Gettysburg?

Não? Muitos historiadores acham que foi o ponto de virada da guerra. Tenho certeza de que aprenderá sobre isso em breve.

Ou: Você conhece, então? Legal. Muita coragem, né? Uma pergunta para você: por que os historiadores dizem que essa batalha foi culminante para o resultado da guerra?

Certo, mais uma pergunta, porque eu sei que você tem que ir ao banheiro [apontando para a autorização] *e voltar para a aula, mas vamos ver como você se sai. Considerando 10 anos a mais ou a menos, qual foi o ano de início da Guerra Civil Americana? Nada mal! 1861! Muito bem, você arrasou!*

Certo, boa conversa. Faça o que tem que fazer e volte rápido para não perder nada da aula. E se prepare para a Batalha de Gettysburg. Tenho certeza de que o professor Hassel vai falar sobre ela.

Sim. Me avise quando ele fizer isso. Talvez eu peça para participar da aula nesse dia.

Ou:

Oi. Você está indo ao banheiro? Qual é seu nome mesmo?

Alex. Claro! Estou ficando velho, Alex. Você não tem ideia de quantas coisas eu esqueço.

Então, olha só, estou fazendo perguntas sobre matemática hoje. Você tem que acertar pelo menos duas para passar pela minha mesa.

Sim, senão você vai ficar aqui comigo! Beleza?

Vou começar com uma multiplicação de dois dígitos. De cabeça, quanto é 15 vezes 11?

Não? Tranquilo, vamos pegar mais leve. Primeiro me fale quanto é 15 vezes 10. 150, ótimo.

Quer tentar quanto é 15 vezes 11 agora? Sim, 165, com toda a certeza.

Que tal 15 vezes 12?

Tudo bem. Chega de problemas de matemática!

Até mais, Alex.

Ah, espere. Alex!

Quanto é 15 vezes 11?

165. Isso aí!

Essa solução trouxe muitos benefícios. Houve menos problemas nos corredores entre as aulas, e a mensagem implícita para toda a escola foi: quando alguém me vir, perguntará sobre algum conteúdo. Os alunos se sentiam conhecidos e vistos. Os professores podiam escolher um assunto que tivesse a ver com a aula dele ("Estou me preparando para ensinar esse poema aos meus alunos do 7º ano. Vamos ver se você consegue adivinhar o título!"). Um professor colocou um mapa na parede, para fazer perguntas sobre geografia com mais facilidade. O resultado, parafraseando o consultor educacional Adeyemi Stembridge, foi a conexão das crianças com os adultos por meio de conteúdo. Os jovens descobriram que aprender era uma ótima forma de criar relações com as pessoas ao redor.

A ideia das mesas nos corredores veio de uma referência no livro de John McPhee, *The headmaster: Frank L. Boyden of Deerfield*. "Em seu primeiro ano", escreve McPhee sobre a pessoa do livro, "[...] ele montou uma mesa provisória ao lado de um radiador logo na porta da frente do prédio da escola. Esse era o escritório dele, porque ele queria saber de tudo o que acontecia na escola".

Em outras palavras, a ideia começou com a liderança da escola se propondo a compreender melhor a vida diária da escola – estar conectada a ela. Primeiro, começaram a trabalhar nos corredores (criticamos a indústria da tecnologia antes, mas aqui fazemos uma pausa para elogiar o rápido aumento na vida útil da bateria dos *notebooks* e o benefício disso para os educadores). Rapidamente, passaram a compreender muito melhor a escola. Além disso, descobriram que fazer uma pausa a cada 50 minutos ou mais durante os intervalos, para cumprimentar, redirecionar, acenar ou lembrar os alunos de algo no corredor também era benéfico para construir relações. A ideia funcionou tão bem que professores foram adicionados à rotação. Também ajudou a estabelecer uma boa dose de mutualismo entre a equipe da escola. É mais difícil ser o professor que ignora os alunos que se comportam mal ou são rudes com um colega no corredor quando você compartilha a responsabilidade por espaços para além da sua própria sala de aula.

A questão aqui é que os corredores e o tempo que os estudantes passam neles são uma oportunidade para as escolas: é um tempo esquecido que poderia ser usado com um propósito. Pensamos que o primeiro passo é que os corredores sejam lugares organizados, onde a norma seja o respeito entre os estudantes. Se não é assim, se os alunos temem os corredores ou se preparam para a negatividade que vão enfrentar ou praticar, é difícil ter senso de comunidade. Um pequeno truque que pode ajudar, pelo menos para alunos do fundamental II, quando as aulas são quase todas para turmas de um único ano, é organizar os intervalos em horários diferentes. Por exemplo, os alunos do 6º ano fazem o intervalo das 10h31 às 10h37, e os do 7º ano, das 10h39 às 10h45. Com isso, é possível coordenar menos estudantes e, portanto, é mais fácil formar a cultura das interações. Pedir aos professores que fiquem de olho durante os intervalos também ajuda de muitas maneiras, assim como o monitoramento passivo.

O que mais você poderia fazer nos corredores? Será que o professor pode circular pelo corredor com um questionário diário, oferecendo um prêmio para o aluno que conseguir identificar, por exemplo, três países em um mapa *mundi* ou três fotos de líderes mundiais? Talvez os alunos possam fazer uma pausa e escrever recados num mural para agradecer ou reconhecer algo ou alguém? Quem sabe possa tocar uma *playlist* escolhida por alunos com virtudes exemplares (sujeita à aprovação dos adultos, claro)? Temos certeza de que há outras ótimas ideias. O importante é ver os corredores como um mecanismo potencial, um momento recorrente que proporciona a oportunidade de construir caráter, positividade e sentimento de pertencimento no dia a dia da escola.

A orientação, uma reunião diária ou semanal com um pequeno grupo de estudantes (geralmente de vários anos diferentes) e um professor, é outro mecanismo em potencial. A orientação pode ser a primeira atividade do dia. Os orientadores fazem a chamada ou, pelo menos, sentam-se em algum lugar da escola, como refeitório, sala dos professores, um banco no corredor, onde os alunos podem conversar um pouco. Registrar a chamada quando o grupo está sentado ao redor de uma mesa é muito mais agradável e acolhedor do que quando os alunos estão numa sala de aula típica. Como alternativa, a orientação pode ocorrer ao fim da semana: uma breve verificação para garantir que todas as tarefas de casa estejam concluídas, ou dar um passo para trás e refletir em pequenos grupos, seja escrevendo no caderno, seja propondo um exercício sobre gratidão (por exemplo, três coisas que me fazem ter gratidão e por quê).

INTERVENÇÃO ESTRATÉGICA

Em geral, as habilidades sociais dos estudantes quase se atrofiaram como resultado da pandemia e da epidemia, mas, para alguns estudantes, o declínio foi acentuado o suficiente para que tivessem dificuldades em construir relações reais. Para esses jovens, os conflitos são mais frequentes ou não são resolvidos. As conexões potenciais enfraquecem. Eles estão presentes na escola, mas muito menos conectados do que seus colegas, possivelmente até sozinhos em meio ao grupo, porque não têm a habilidade de interagir. As escolas precisam estar ainda mais preparadas do que antes para ensinar os alunos a socializar, especialmente aqueles para os quais oferecer uma oportunidade de conexão não é suficiente.

Em uma escola que conhecemos, uma das pessoas mais habilidosas da equipe escolar para estabelecer conexões, o diretor de estudantes, convida certos alunos para almoçar na sala de conferências do corpo docente, no escritório principal, um lugar que parece especial e de gente adulta. As crianças são convidadas para almoçar e, às vezes, se quiserem, podem levar um amigo. Normalmente, a maioria dos convidados são estudantes que estão se saindo muito bem, prosperando. É um tipo de coisa que mistura e combina, que tem a vantagem de fazer com que os estudantes se conectem com colegas de fora de seu grupo social. No entanto, alguns dos convidados são escolhidos a dedo, porque têm dificuldade em se conectar. Eles são, sem saber, o motivo do almoço. A conversa é geralmente alegre. Às vezes, o diretor prepara algumas perguntas com antecedência (como aquelas perguntas de Stacey Harvey sobre o café da manhã). Às vezes, ele lê uma pequena notícia e convida os alunos a discutirem, mas está sempre trabalhando e direcionando a conversa, tentando atrair os que precisam ser atraídos, tentando chamar a atenção, de forma sutil, daqueles que precisam interromper menos. De forma intencional, ele usa o contato visual e a linguagem corporal como modelo. Às vezes, participa: "Que interessante, David, mas talvez Shayna queira terminar o pensamento dela". Ele está treinando habilidades sociais. Às vezes, depois, ele chama um ou dois alunos de lado e diz: "Você fez um ótimo trabalho mostrando gratidão pela história de Iyana" ou "Vou convidar você de novo na próxima semana e quero que tente participar da conversa sem interromper".

Se os alunos puderem se beneficiar de orientações e instruções sobre como ter uma conversa olho no olho, o mesmo vale para as interações *on-line*. Na verdade, achamos que uma medida produtiva para as escolas é oferecer aos alunos orientações simples e úteis de como usar as redes sociais de forma menos prejudicial ao bem-estar emocional. Pode ser uma medida para toda a escola ou para estudantes específicos que sofrem com o problema ou estão envolvidos em situações causadas pelas redes.

Uma das razões que fazem alguns pesquisadores acharem que as redes sociais podem ser muito destrutivas para os jovens, por exemplo, é o constante sentimento de comparação que elas evocam. Um amigo meu está num jogo de futebol. Outro está na praia. Uma amiga posa para uma foto produzida para parecer que está se divertindo muito em um *show*. Comparar constantemente a sua vida com uma amostra seletiva da vida dos outros pode drenar sua energia.

Além disso, é muito difícil ficar sabendo pelas redes sociais todas as situações em que as pessoas estão se divertindo (ou parecem estar) e para as quais não convidaram você. É válido saber que a versão *on-line* da vida das pessoas é uma imagem distorcida? Que é melhor não usar as redes sociais quando estamos nos sentindo mal e, portanto, estamos mais vulneráveis a nos sentirmos excluídos? É possível que sim.

Para dizer o óbvio, o tom e a potencial negatividade (ou positividade) dos ambientes das redes sociais podem variar muito entre estudantes e grupos. É possível que possamos ajudar os alunos a expressar mais apoio positivo e construir mutualidade nas redes sociais. Achor aconselha uma pequena mudança de hábito para ajudar a mudar o tom dos engajamentos nas redes sociais. Ao entrarem nas redes sociais, os usuários devem estabelecer uma meta para si mesmos de procurar 5 ou 10 coisas boas acontecendo com pessoas que conhecem. O objetivo é deixar um comentário positivo e solidário. Esse é outro exercício de "escaneamento". Nós sempre achamos o que estamos procurando. Então, é melhor buscar coisas felizes e fazer um comentário como "Parabéns, Carolina! Estou muito feliz por você". Isso muda sua percepção das redes sociais. Você vê mais notícias boas ou mais coisas boas na mesma notícia, porque está procurando por elas. Isso também torna mais provável que as pessoas respondam da mesma forma, criando um ambiente de redes sociais mais acolhedor.

Outro conselho útil que compartilhamos com nossos próprios filhos, estudantes e familiares é não responder à maldade e ao sarcasmo virtual (se possível), mesmo que seja direcionado a você, mesmo que doa e você esteja morrendo de vontade de fazê-lo. Isso apenas fragiliza sua saúde mental ainda mais e sinaliza para as pessoas que elas conseguem uma reação emocional sua ao atacar você. Também é melhor não colocar lenha na fogueira quando vir uma pessoa atacando outra. É o pior momento para ser insensível, e isso geralmente acaba se voltando contra você. As pessoas se lembram de uma traição por muito tempo. É difícil, mas aprender habilidades para usar as redes sociais pode ser valioso para os jovens, especialmente para aqueles que são mais isolados ou sensíveis.

Também é válido considerar um treinamento em redes sociais para os pais. Não permitir que os alunos durmam com o celular no quarto é uma das coisas mais simples e importantes que os pais podem fazer. Verificar os telefones de seus filhos periodicamente e manter uma lista atualizada de contas e senhas também é fundamental. "A maioria dos pais desconhece por completo a vida *on-line* dos filhos", disse Stacey Shells Harvey, CEO da ReGeneration Schools. "Eles vão dizer: 'não, não, não, minha filha não tem nenhuma conta nas redes sociais. Ela não faz nada disso'. Mas, como lido com muitas coisas desse tipo, sei que às vezes esses pais estão errados. 'Sua filha tem uma conta chamada *wildgirl2026*, e você deveria estar ciente das fotos que ela está compartilhando.'"

Ao sugerirmos isso, sabemos que um dos temas deste livro é "caçar borboletas", maneiras de fazer a diferença sem um grande investimento de tempo e recursos, porque há muita coisa que as escolas precisam fazer atualmente. Acreditamos que a educação sobre as redes sociais pode ser feita desse modo e, na verdade, pode economizar energia se você considerar os conflitos que são evitados, já que não surgirão na escola. "Tivemos muitas brigas em nossas escolas neste ano", disse um administrador de alto escalão. "Várias delas ocorriam logo após a escola. Quase sempre eram desencadeadas por um comentário nas redes sociais. E os desentendimentos eram sempre atiçados por outros alunos dando opinião nas redes sociais: 'Vai ter briga hoje de tarde em tal local depois da aula'. Quando isso acontece, é muito difícil para um aluno voltar atrás."

NOTAS

1. Region 10, abril de 2022.
2. CASEL. *2011 – 2021:* 10 years of social and emotional learning in U.S. School Districts. 2021. Disponível em: https://casel.org/cdi-ten-year-report/. Acesso em: 2 jun. 2023.
3. Jubilee Centre for Character and Virtues.
4. Somos muito gratos ao Jubilee Centre for Character Education por esse quadro.
5. Quadro da educação do caráter nas escolas, Jubilee Centre for Character and Virtues.
6. Para nós, a diligência implica autodisciplina diária sobre fazer coisas úteis de forma proativa. A perseverança é muito semelhante, mas implica continuar fazendo algo que valha a pena em face da dificuldade ou do cansaço.
7. Estamos adaptando e expandindo o quadro de virtudes que devem ser ensinadas, capturadas e buscadas, do Jubilee Centre.
8. Esse pode ser um dos aspectos mais importantes da educação do caráter. Se os adultos estiverem ensinando sobre o valor do respeito, mas forem vistos fofocando sobre os outros ou revirando os olhos pela sugestão de um líder, isso obviamente prejudicará a educação do caráter na sua escola. Talvez tenhamos esquecido de mencionar o poder de servir de modelo no capítulo sobre tecnologia: a escola que não permite celulares, mas tem professores conectados a seus telefones se comunicando pelo Slack, por exemplo, precisa reavaliar com atenção a cultura dos adultos que trabalham lá.
9. Giving thanks can make you happier. *Harvard Health Publishing,* 2021. Disponível em: https://www.health.harvard.edu/healthbeat/giving-thanks-can-make-you-happier. Acesso em: 2 jun. 2023.
10. PRATT, M. The science of gratitude: research shows gratitude isn't just a pleasant feeling—being grateful can also support greater health, happiness, and wisdom in ourselves and our communities. *Mindful,* 2022. Disponível em: https://www.mindful.org/the-science-of-gratitude/. Acesso em: 2 jun. 2023.
11. BENARD, B. *Fostering resiliency in kids:* protective factors in the family, school, and community. Washington: Western Center for Drug-Free Schools and Communities, 1991. Disponível em: https://files.eric.ed.gov/fulltext/ED335781.pdf. Acesso em: 2 jun. 2023.
12. SmugMug. New York: USI, c2023. Disponível em: https://uncommonschools.smugmug.com/NewYorkCity/EGC/EGCSEA-Fall-2018/i-zGMDHdj/A. Acesso em: 2 jun. 2023.

5

ESTUDOS DE CASO NO PROCESSO DE RECONEXÃO

Neste capítulo, discutiremos como melhorar alguns aspectos principais no planejamento das escolas, visando às necessidades dos alunos, considerando os desafios apresentados no Capítulo 1. É claro que nem todas as ações servirão para todas as escolas. Além disso, podemos *adaptar*, isto é, fazer algum tipo de mudança, desde um ajuste na ênfase atual da escola até uma reformulação completa. Começaremos com uma história que um colega nos contou sobre rever as atividades extracurriculares pela lente do pertencimento. Em parte, falaremos sobre isso porque algumas de suas adaptações específicas serão relevantes para outras escolas e, também, porque achamos que a reflexão mais ampla – reunir um grupo para repensar, à luz de um contexto novo e diferente, o que foi estabelecido há muito tempo – é uma ferramenta fundamental para as escolas no contexto atual. Nosso objetivo, em outras palavras, é gerar um processo de reflexão estratégica. Sugerimos anteriormente algumas áreas-chave que merecem uma reflexão mais crítica: como planejar atividades extracurriculares, maneiras de usar o tempo e modos diferentes de pensar sobre o que acontece quando o comportamento dos alunos prejudica a cultura escolar. Mas esperamos que este seja apenas o começo e que os exemplos aqui sejam facilmente aplicados a outros temas relevantes.

Vamos começar do começo. Vimos que as atividades de Jean Twenge, que pareciam ter o efeito mais forte para mitigar a solidão, a depressão e a ansiedade em jovens, estão relacionadas a esportes ou serviços religiosos, atividades em grupo que implicam envolvimento humano constante, propósito compartilhado, cooperação e engajamento ativo. Envolvem também ambientes onde os componentes da felicidade de Martin Seligman estão presentes. Os estudantes fazem essas atividades com prazer, é claro, mas também se sentem engajados e encontram significado. São atividades que criam um senso de identidade. E são lugares onde seria estranho as pessoas estarem mexendo no celular. Queremos mais atividades como essas para nossos jovens, ou pelo menos oferecê-las com mais qualidade, e, obviamente, as escolas desempenham um grande papel nisso.

No entanto, o cálculo para fazer atividades extracurriculares mudou. Com os alunos passando mais tempo no telefone, é menos provável que eles frequentem as aulas. O diretor de uma escola nos levou à sala em que um grupo de debate se reunia. Havia apenas cinco ou seis estudantes – não o suficiente para fazerem o que normalmente fazem –, então eles estavam esperando que outros aparecessem. Vários alunos estavam no celular. Talvez estivessem mandando mensagens para chamar os amigos para o encontro, mas talvez só estivessem fazendo o que todos nós fazemos hoje em dia quando precisamos esperar: deslizando o dedo na tela. E isso teve o efeito de fazer com que a sala parecesse ainda mais sem vida. Não havia pessoas suficientes, e as que estavam pareciam não estar totalmente presentes.

Vamos supor que esses cinco ou seis estudantes adorassem participar dos debates e que o grupo desempenhava um papel importante na vida deles, porque podiam passar um tempo com outros estudantes. Alguns talvez se considerassem mesmo "jovens debatedores". Mas provavelmente alguns não retornariam para o próximo encontro depois de esperar, numa sala quase vazia, por uma atividade que nunca aconteceria. Em outras palavras, o clube estava acabando. O diretor havia passado para testemunhar um de seus últimos encontros, ironicamente no momento em que os estudantes mais precisavam.

As atividades extracurriculares oferecidas nas escolas são extremamente importantes. Elas enchem a vida dos jovens com significado, proporcionam novas experiências e, acima de tudo, oferecem conexões, cooperação e uma rica interação com os colegas. No entanto, criar engajamento nas atividades é uma tarefa mais complexa do que simplesmente abrir as portas das salas e deixar que os participantes dos grupos de debates entrem.

Isso nos leva a Charlie Friedman, que dirige a Nashville Classical Charter School, em Nashville, Tennessee, nos Estados Unidos, sobre quem discutimos brevemente no Capítulo 2. Charlie não era o líder escolar que descrevemos anteriormente, percorrendo a escola e observando os últimos momentos do clube de debates. Porém ele sentia muito forte o isolamento de seus alunos e acreditava que as atividades extracurriculares em sua escola poderiam ser melhores. Então, reuniu um grupo de sete colegas em sua sala. Cada um desempenhava diferentes funções na escola, como coordenação do coral, treino de esportes, etc. Havia também os "conectores", professores e professoras aos quais os alunos pareciam se apegar facilmente e que pareciam compreendê-los bem.[1] Charlie pediu que o ajudassem a pensar em como fazer as atividades extracurriculares realmente funcionarem. E ele queria começar com o *porquê*. "Quando a pandemia chegou, tínhamos alunos do 6º ano [como nossos alunos mais velhos] e, quando voltaram, estavam no 8º ano", contou Friedman. Eles não apenas perderam a maior parte do ensino fundamental II, mas a escola, que era nova e estava crescendo, de repente ficou muito maior. "E isso proporcionou uma oportunidade única de recuar e pensar sobre qual era o propósito dos programas extracurriculares." Basicamente, Charlie e seus colegas chegaram nas três conclusões a seguir:

- Primeira: proporcionar aos alunos um senso de identidade e a chance de dizer: "Eu faço parte do coral", "Eu estou no time de basquete", "Sou líder de torcida". Eles dizem que isso é muito importante para um estudante do ensino fundamental II.
- Segunda: oferecer aos alunos a chance de construir uma relação menos formal com um adulto de confiança.
- Terceira: dar aos alunos a chance de se apresentarem. Nem toda criança participava, mas Charlie queria realmente incentivar as pessoas a assistirem apresentações e eventos, para que se sentissem especiais.

Depois de estabelecer os princípios-chave para orientar as decisões, eles se perguntaram, em uma série de reuniões: se esses três pontos fazem sentido, o que isso significa para as atividades extracurriculares? Eles começaram a repensá-las uma por uma, começando por quem as organizava.

> Investimos um pouco mais de dinheiro do que o comum nas bolsas de estudo para treinamento e liderança e realmente tentamos direcionar alguns de nossos professores e conectores mais experientes para liderá-los, mesmo que significasse sacrificar um pouco de sua habilidade de treinamento. Acreditamos que o mais importante era ter mentores confiáveis.

O ideal seria que o treinador de tênis fizesse você se sentir parte de uma equipe e ter vontade de treinar, *além* de falar, por exemplo, sobre as técnicas de empunhadura de *backhand*, saque e voleio. Mas, segundo Charlie e seus colegas, se tivéssemos que escolher, a primeira opção seria mais importante do que a segunda.

Eles pensaram sobre o público, em dois sentidos. Primeiro, se o objetivo era dar aos estudantes a chance de se apresentarem, deveria haver alguém para quem se apresentar. Passar todo o semestre ensaiando uma peça para que apenas 15 pessoas apareçam (todas elas pais de alunos) é muito diferente do que ver os pais, seus colegas e conhecidos na plateia. No dia seguinte, eles diriam "Não sabia que você atuava", ou você diria "Que legal que você veio à peça" e se sentiria em conexão com eles.

Da mesma forma, se o ginásio está meio vazio, a experiência do jogo é muito diferente. O público precisava se sentir solidário e vibrante, tanto em número quanto em comportamento. Enquanto pensavam nisso, o grupo na sala de Friedman começou a falar sobre a ideia de que, embora nem todos pudessem participar, todos poderiam se sentir parte do evento como *membros da plateia*, se eles planejassem da maneira correta. Sabemos que algumas pessoas escolhem fazer certos cursos na faculdade para estarem em contato com grandes programas esportivos; não para jogar, mas para torcer, vibrar com as bandeiras hasteadas e os tambores batendo, se vestir bem ou, até mesmo, pintar o rosto para cantar com o grupo. As pessoas escolhem uma faculdade para fazer isso. A experiência de estar na plateia é importante. Se conseguem criar a experiência do público, os eventos são mais inclusivos para quem assiste e mais significativos para quem se apresenta. Como Friedman nos disse:

> Somos uma escola que faz uso de respostas em coro, gritos de torcida e músicas em sala de aula. Temos um programa de música muito forte. Durante as férias, eu li uma pesquisa sobre os feitos das músicas e da dança como parte de uma conexão humana fundamental e o motivo pelo qual muitas religiões usam essas práticas. É apenas uma chance de fazer coisas com muitas outras pessoas, e seu coração bate um pouco mais rápido. E, assim, saímos das férias de inverno com a ideia de que essas atividades são realmente importantes e que é fundamental que as crianças tenham a chance de torcer e cantar, além de a escola cantar unida. Devemos encontrar formas de fazer isso a todo custo, porque acredito que é, na verdade, o que significa fazer parte de uma comunidade.

Eles levaram um tempo organizando a dinâmica para as arquibancadas de um evento, como um jogo de basquete. Ou seja, eles reformularam o evento começando com o público, e é fascinante pensar em quantas maneiras seria possível pegar essa ideia e dar continuidade a ela. Em eventos esportivos universitários e profissionais, o que importa não é só cantar, mas, geralmente, em vez de se sentarem em grupos de conhecidos ou aleatórios, os estudantes podem ficar juntos e torcer como se fossem uma única voz (a escola Nashville Classical fez isso.). Jogam camisas de presente e têm competições para os fãs durante o intervalo dos jogos (não temos certeza se a Nashville Classical tem um lançador de camisetas, mas vamos conseguir um para eles).

Em eventos esportivos universitários e profissionais, as pessoas se exibem para as câmeras, que são projetadas na tela gigante, para que se sintam parte do jogo. E funciona. A câmera aponta para pessoas num estádio, e elas se levantam e aplaudem ou dançam. Realmente não há razão para que uma escola não possa, de maneira mais simples, mas ainda assim relevante, ter câmeras voltadas ao público para torná-lo parte do evento. Talvez você não tenha uma tela gigante para projetar, mas poderia entrevistar e filmar o público com seu telefone e postar o vídeo (ou fotos) no

Facebook depois. Alguma pessoa da equipe da escola pode filmar, ou os próprios estudantes podem, o que seria outra forma de demonstrar seu papel significativo naquele momento.

Comparecer significa se juntar, e se for assim, significa uma multidão vibrante para apoiar os artistas e uma multidão vibrante à qual pertencer como público. Você pode fazer o mesmo ou uma versão disso em uma peça de teatro escolar. Você pode vender pipoca e distribuir algumas camisetas e entrevistar e filmar, para que as pessoas se sintam parte do jogo. Antigamente, chamavam isso de *espírito escolar*. Talvez achemos essa frase engraçada atualmente. Mas, por outro lado, as pessoas se sentiam muito mais conectadas à sua escola como comunidade.

A escola também se dedicou completamente à ideia de identidade. Para isso, fizeram muitas coisas características dos programas esportivos em escolas maiores (a Nashville Classical é pequena). "Planejamos um dia de lançamento para iniciar a temporada. Todo mundo ganhou uma camiseta para ir à escola. Um professor se vestiu como mascote. Decoramos o armário dos jovens da equipe. Eles também ganharam uma camiseta de aquecimento que usaram para ir à escola em dias de jogo", lembrou Friedman. "Nosso primeiro jogo em casa foi na terça-feira antes do Dia de Ação de Graças, e fizemos questão de divulgá-lo para nossa comunidade. Como muitas pessoas tinham família na cidade ou estavam aproveitando o feriado, a participação acabou sendo muito maior do que o esperado."

Na última partida da temporada, eles fizeram uma "noite do 9º ano" para as equipes feminina, masculina e dos animadores de torcida. "Anunciamos a escola secundária para onde planejavam ir, e cada 8º ano deu uma rosa a um professor ou familiar [olha a gratidão aí]. Queríamos que pais, mães, professores e alunos do 8º ano se sentissem parte de algo maior. Da mesma forma, pais, famílias e outros estudantes também queriam comparecer para comemorar com os alunos. Oferecemos um banquete no final da temporada para todos os atletas de inverno e suas famílias. Distribuímos prêmios, incentivamos irmãos a comparecer, além de outras ações. Mais uma vez, acredito que as pessoas sentiram que faziam parte de algo maior."

Tudo isso representa ritos de passagem para os jovens que praticam esportes. Por que os do teatro e do coral não poderiam ter esses ritos de passagem também? Por que não ter camisetas para *eles*? Poder usar seu uniforme de basquete ou sua camiseta de coral na escola cria identidade. Ter uma camiseta do coral, assim como os atletas têm, constrói identidade. Por que não ter um último evento para os alunos do 9º ano com um momento para expressarem gratidão?

Embora os programas de esporte da escola possam ter a mesma dinâmica de outras atividades em relação à ideia do público, a área de esportes escolares também pode aprender algo com outras atividades. Como observamos no Capítulo 2, as atividades extracurriculares podem ser divididas em dois grupos: aquelas que exigem uma experiência significativa e aquelas que qualquer pessoa pode participar com base em seus interesses e suas afinidades. As escolas precisam investir em ambos e valorizá-los. Para estudantes do início do ensino médio que não passaram anos de suas vidas aprendendo um esporte, o time de basquete talvez não seja uma opção, mas um grupo de debates, um grupo de espanhol ou um grupo de teatro sejam. Os estudantes devem ter comunidades de interesse para participar, independentemente de estarem envolvidos com elas desde o início. Ambos os tipos de programas precisam prosperar: os que refletem um compromisso de longo prazo e os que você pode só querer participar.

Outro desafio para Friedman e seus colegas foi a questão de que nem todos os alunos podem ser atletas. A seletividade é boa e ruim em relação aos esportes. Será que poderiam equilibrar isso, encontrar uma maneira de ampliar o acesso? "Quando o ano começou, realizamos testes por dois meses. Como resultado, havia um grande grupo de alunos que não acabaram fazendo parte do time, mas se sentiram parte. Eles criaram conexões; jogaram com a equipe principal." Alguns desses alunos eram mais jovens e estariam nos times em um ou dois anos, então também era uma forma de plantar as sementes para o futuro. Alguns tinham acabado de passar o mês jogando, porque a temporada para eles durou um mês, em vez de três, mas ainda foi uma temporada. Eles sentiram como era estar no time e criaram conexões e camaradagem.

A solução da Nashville Classical pode não ser a certa para sua escola. No entanto, o processo é um dos temas centrais deste capítulo: o que acreditamos que daria certo na nossa escola? Que perguntas isso nos obriga a fazer? Quais podem ser as soluções?

Queremos fazer uma pausa breve para pensar sobre uma das observações que Friedman e sua equipe fizeram: o fato de que os esportes são, de longe, a atividade extracurricular individual mais popular. Mas o que fazer com os jovens que morrem de vontade de jogar, mas não podem? E quanto aos alunos que não gostam de esportes? Pense em uma perspectiva de pertencimento mais ampla, no bem-estar e na saúde mental dos alunos que não podem jogar e, mesmo querendo participar de uma atividade que lhes proporcione alegria, saúde e bem-estar, precisam desistir. Agora eles são forçados a ficar em casa em seus celulares em vez de ir aos treinos, onde prefeririam estar.

"Eu lembro daquele dia…", disse o pai de um atleta que foi cortado do time de futebol no primeiro ano do ensino médio. "Durante toda a vida, ele treinava três ou quatro vezes por semana, assistia aos jogos na TV. Usava as camisetas dos jogadores favoritos na escola. Não era o único interesse dele, mas representava grande parte da sua identidade. Então, um dia, acabou. O treinador disse "Você quase foi selecionado", mas isso não mudou nada. O menino passou a não usar mais as camisetas na escola. Não faz mais parte da liga juvenil, em que todos os outros estão jogando na escola. De repente, ele não era mais um jogador de futebol.

E se houvesse outro time, que praticasse uma ou duas vezes por semana? E se o técnico participasse por 20 minutos para fazer um exercício ou assistir a uma partida e dizer aos jogadores que estava gostando de vê-los e esperava que todos tentassem entrar no time principal no próximo ano? E se houvesse alguns esportes em que não fosse preciso cortar ninguém? Conhecemos uma escola em que a equipe de *cross-country* principal não era separada da equipe secundária.

As equipes secundárias e de iniciantes estão desaparecendo, tanto na escola quanto na universidade. Mesmo quando existem equipes assim, atletas mais jovens e "promissores" muitas vezes jogam com atletas mais velhos. Uma estudante do segundo ano do ensino médio que tivesse se dedicado com afinco a todos os treinos, por anos, poderia, ainda assim, ser colocada na reserva por ser mais velha e seu momento ter passado. A mensagem é a seguinte: *se você é apenas dedicada e comprometida, esse não é o seu lugar.*

Vencer nos esportes escolares não é pouca coisa. Buscar vencer é uma grande parte do que torna valiosa a experiência de jogar. É o que faz com que tenhamos que cooperar, colaborar e deixar nosso próprio desejo pessoal de lado (eu quero marcar) para ajudar nos objetivos coletivos (mas é melhor passar). Essa é uma experiência de aprendizado poderosa. As lições de se esforçar para alcançar uma meta que lhe interessa são reais, e é por isso que os jovens adoram esportes. Não estamos dizendo que "vencer não importa; o que importa é participar". Estamos dizendo que nem sempre é um ou outro.

Friedman e sua equipe duplicaram o tempo dos testes para que os jovens não classificados pudessem participar das atividades por muito mais tempo. Além disso, tentaram criar funções para eles. "Criamos alguns comitês para ajudar a vender lanches, checar os ingressos, controlar o público, além de outras ações. De certa forma, eles se tornaram um clube de apoiadores. Criamos uma área no ginásio que fica reservada para eles." Essa não precisa ser a solução de todas as escolas. Mas, considerando o que sabemos sobre os imensos benefícios de fazer parte de uma equipe em termos de bem-estar e pertencimento, talvez devêssemos estar pensando de forma mais consciente sobre os alunos que acabam sendo cortados do time. Com toda a certeza, há espaço para mais jovens que desejam fazer parte de algo e estão dispostos a se esforçar por isso.

Já as equipes da Nashville Classical não tiveram muito sucesso. Para ser justo, a escola é pequena, e foi o primeiro ano com alunos do último ano do ensino fundamental. Porém, segundo Friedman, "o número de estudantes que participou nos testes dobrou. Acho que chegamos aonde queríamos".

LIDERANÇA EM PROL DA COMUNIDADE E DO PERTENCIMENTO

A história da reformulação extracurricular na Nashville Classical envolveu um processo. A escola decidiu que reformular um aspecto-chave de sua programação por meio do pertencimento e da conexão exigia pessoas de vários níveis e departamentos. A equipe assumiu a liderança para resolver os problemas (algo que não é comum numa equipe administrativa interfuncional) e tinha ampla liberdade para pensar sobre as questões de novas maneiras. Nem todas as ideias que eles propuseram foram aceitas, mas fizeram o que poderia ser chamado de "trabalho de modelo estratégico". Eles planejaram de forma cuidadosa e consciente uma visão para criar uma experiência extracurricular melhor para os alunos.

Fazer com que a conexão e o pertencimento – e, de forma mais ampla, a cultura da escola – sejam o foco da vida escolar significa envolver-se sistematicamente nesse tipo de modelo estratégico, em especial, em assuntos que não recebem esse nível de atenção. Fazer isso requer reflexão e foco contínuos, além de diferentes decisões de liderança.

Comece com um modelo claro

Charlie e sua equipe começaram discutindo por que adotariam atividades extracurriculares na escola e o que eles acreditavam ser importante para isso. "Quando um grupo de pessoas se reúne por uma causa comum, elas devem começar pensando não sobre o que fazer, nem como fazer, mas por que fazer", escreve Simon Sinek em seu livro *Comece pelo porquê*. "Somos atraídos por líderes e organizações bons em comunicar as coisas em que acreditam. A capacidade de fazer com que nos sintamos parte de algo, especiais, seguros e menos sozinhos é o que nos inspira." Além disso, ser claro sobre o propósito é uma ferramenta eficaz para construir um senso de pertencimento também entre os funcionários da escola.

Em três princípios fundamentais, a equipe da Nashville Classical resumiu os motivos para adotar as atividades extracurriculares. Eles refinaram, discutiram e concordaram com esses princípios. Em seguida, mapearam as coisas: se realmente vamos acreditar nessas ideias, como serão as atividades extracurriculares?

Historicamente, as atividades da maioria das escolas fora da sala de aula não recebem esse nível de atenção. No âmbito escolar, espera-se que a equipe administrativa da escola se reúna para planejar as avaliações, definir os critérios para atribuição de notas e selecionar os conteúdos abordados. Eles se reuniriam para saber como as coisas estavam indo, além de conversar sobre as crianças do 5º ano que não conseguiam multiplicar frações ou liam muito devagar. Discutiriam como resolver essas questões, tanto individuais (tutoria para Sarah) quanto sistemáticas (um sistema de tutoria e um sistema de leitura em voz alta na aula). E, então, voltariam para avaliar os resultados. Os sistemas de tutoria estavam funcionando? Por que sim? Por que não?

Porém, muitas vezes, a cultura da escola recebe menos atenção ainda. Deixamos o plano ou sua implementação ao acaso e às boas intenções. Não fazemos reuniões o suficiente para saber sobre o progresso e fazer pequenos ajustes. Talvez escolhamos as virtudes ou os valores da escola e peçamos aos professores que os enfatizem sempre que possível. Talvez haja um conselho em que pedimos aos professores que falem sobre virtudes, mas deixamos que eles planejem como quiserem. Os procedimentos e as expectativas que queremos para os espaços públicos – como entraremos no prédio da escola, como nos sentaremos no auditório para a reunião matinal – deixamos à mercê de uma norma qualquer.

Vale a pena destacar que Denarius começou com a cultura da sua sala de aula de matemática pensando em uma série de perguntas minuciosas e detalhadas sobre sua própria visão para a sala de aula. Algo como: se eu acredito que cada jovem em minha turma é capaz de excelência, se eu acredito que o cuidado envolve não apenas incentivar cada um a dar o seu melhor todos os dias, além de incentivá-los a fazer sua parte para construir uma cultura mútua, em que extraiam o melhor dos outros, se eu realmente acredito nisso, como deve ser minha sala de aula, então? Como os alunos devem sentar-se? Como devem conversar entre si? O que devem fazer quando uma pessoa está falando? O que devem fazer quando eu faço uma pergunta e eles não têm certeza da resposta?

Precisamos dizer que todas as respostas e os sistemas que ele construiu posteriormente sobre esses questionamentos estão em constante reflexão e mudança?[2]

A chegada funciona da mesma forma que na escola de Shannon Benson, porque a escola começou com o porquê. Queremos que cada aluno se sinta visto, conhecido e acolhido e queremos lembrá-los com gentileza de que estão ingressando em uma escola onde as expectativas são um pouco maiores do que em outros lugares do mundo. Em seguida, eles planejaram os detalhes de como seria: esperava-se que os estudantes cumprimentassem o adulto na porta ao entrarem na escola. Eles apertariam as mãos ou talvez dariam um toque (geralmente a critério de quem os estava recebendo) e fariam um breve contato visual. Haveria dois funcionários presentes; portanto, se um saísse (um aluno precisa de algo; surge a oportunidade de conversar com os pais no carro), o ritual permaneceria intacto. Eles planejaram alguns desses detalhes desde o início e descobriram outros à medida que avançavam, realizando reuniões regulares para discutir aspectos da cultura da escola: como está sendo a chegada? O que está funcionando bem? O que poderia ser melhor? Onde estão as oportunidades?

O café da manhã na escola Stacey Shells Harvey funciona porque há um procedimento para escrever as perguntas (horário rotativo), quem as analisará e como a discussão será promovida. Mas, novamente, há um ciclo de *feedback* constante. Algumas das primeiras perguntas que os professores escreveram não eram ideais, então a escola percebeu que precisava adicionar uma avaliação administrativa das perguntas apenas para ter certeza. E, embora os professores tenham sido ensinados a usar os *Hábitos de discussão* na faculdade, surgiram lembretes e ajustes para o novo ambiente no processo de perguntar: como está indo o café da manhã? O que está funcionando bem? O que poderia ser melhor? Onde estão as oportunidades?

Confira a seguir os temas:

1. Uma cultura deve ter um modelo, uma descrição clara do que queremos e o motivo. Criar cultura não é apenas evitar que problemas aconteçam; é necessária uma visão detalhada do que deve acontecer.
2. Mesmo depois de planejada e implementada, deve haver um ciclo de *feedback* e reflexões constantes.
3. Para isso, você precisa de uma equipe consistente e de um horário regular para reuniões, além de se perguntar sempre como está indo.

A equipe extracurricular de Charlie se reunia regularmente. Eles planejaram as mudanças que queriam e, quando a implementação começou, sugeriram adaptações, como ajustes para o ano, observações sobre mudanças mais estruturais para o próximo ano, etc. Em *Switch: como mudar as coisas quando a mudança é difícil*, Chip e Dan Heath descrevem uma falácia lógica comum: presumimos que o tamanho de uma solução deve corresponder ao tamanho do problema. Mas isso não é verdade. Eu poderia ter um grande problema e resolvê-lo com uma pequena solução.

Na verdade, isso acontece o tempo todo nas escolas. Em um ambiente complexo, uma pequena alteração pode iniciar uma onda de mudanças.

Jen Brimming e seus colegas descobriram isso na *Marine Academy*, em Plymouth, na Inglaterra. A cultura da sala de aula e da escola em geral parecia muito silenciosa e com pouca energia. Os professores não tinham certeza se os alunos estavam felizes com o aprendizado. Porém ao adotar duas pequenas ferramentas, as técnicas *Virem e conversem* e *Todos juntos*, como você pode ver nos vídeos, tudo muda. Os alunos ficam engajados e entusiasmados, e as salas de aula ganham vida. "Grandes problemas raramente são resolvidos com soluções grandes", afirmam eles. "Em vez disso, geralmente são resolvidos por uma sequência de pequenas soluções, às vezes ao longo de semanas, às vezes ao longo de décadas."

Do nosso ponto de vista, esse é o truque. Mapeie um plano e, em seguida, continue a reunião para examinar, discutir e avaliar. Busque constantemente pequenas melhorias a cada semana. Isso pode parecer simples, mas a implicação é que as estruturas das organizações precisam ser diferentes.

UMA CULTURA DE CONEXÃO E PERTENCIMENTO EXIGE ATENÇÃO CONSTANTE

Antes de Stacey Shells Harvey liderar a ReGeneration School, ela era diretora da Rochester Prep, em Rochester, Nova York, nos Estados Unidos, e a cultura da escola era uma de suas prioridades. Ela estava muito focada em garantir a excelência de ensino para seus alunos, mas também queria uma cultura forte que promovesse o pertencimento. Então, ela se reunia com dois grupos de aprendizagem semanalmente. Um era focado em assuntos escolares, formado pelos responsáveis de cada disciplina, para discutir o currículo, o ensino e as avaliações. Eles analisavam os dados e discutiam se eram necessários tutoriais ou ajuda extra para alguns estudantes. Formavam uma equipe. Compartilhavam o trabalho de implementação e se responsabilizavam mutuamente.

Mas ela fez o mesmo com o grupo cultural, que incluía um grupo diferente de funcionários: os líderes de cada um dos quatro anos da escola (do 5º ao 8º ano) e o orientador educacional. O grupo também se reunia semanalmente para discutir todos os aspectos de construção da cultura: a sensação geral das salas de aula ou do refeitório do ponto de vista cultural, quais estudantes poderiam estar com dificuldades ou problemas de comportamento, como deveria ser a cultura visual nos corredores e, especialmente, sobre o que eles falariam na reunião geral para toda a escola daquela semana. Isso exigia planejamento, porque os padrões de Harvey são altos! Os *slides* deveriam ser nítidos e, se houvesse música, tinha que ser a certa. A apresentação precisou ser ensaiada. Essas ações exigiam liderança colaborativa, trabalho em equipe constante, foco e acompanhamento.

Uma equipe cultural exclusiva, responsável por diferentes aspectos da escola, que se reuniria periodicamente para falar sobre coisas como pertencimento, conexão e comunidade, seria o cenário ideal. Uma semana poderia ser sobre a chegada, outra sobre o café da manhã, e outra sobre os corredores – todos os mecanismos que descrevemos no Capítulo 4.

COMO SE PREPARAR PARA OS PROBLEMAS DE COMPORTAMENTO

Não importa o quão bem projetemos a cultura, não importa o quão fortes sejam as normas do grupo, os alunos terão problemas de comportamento. Alguns estudantes adotarão comportamentos negativos ou violarão as regras, especialmente os adolescentes, porque são mais propensos a testar limites e a não considerar as consequências de suas ações.

Isso não é um julgamento sobre nenhum grupo específico de jovens – a maioria de nós infringiu regras quando éramos jovens. Não expressa falta de confiança neles, mas uma compreensão do mundo em que eles (e nós) vivem, onde algumas pessoas serão gentis, atenciosas e prestativas, e outras serão descuidadas, individualistas ou cruéis. E as instituições que construímos tentam ajudar mais pessoas a fazerem o certo. O fato de cada sociedade no planeta ter normas sobre como as pessoas devem se comportar, e leis que definem o que acontece quando elas não o fazem, não é o resultado de convenções arbitrárias, mas de uma vasta experiência acumulada com a natureza humana.

Nas escolas, nosso trabalho é criar um clima em que as regras sejam justas e seus benefícios sejam significativos e evidentes para o maior número possível de pessoas. Nosso trabalho é criar um clima em que as normas compartilhadas de comportamento positivo e construtivo estejam tão bem estabelecidas que as pessoas queiram dar o melhor de si e tenham menos probabilidade de considerar comportamentos negativos. Então, apesar disso, temos que estar prontos para os *problemas de comportamento* – momentos em que normas ou regras são violadas, com consequências ruins para os infratores e para outras pessoas da comunidade. Quando isso acontece, precisamos estar preparados para ensinar aos jovens alternativas a comportamentos inconsequentes, cruéis ou egoístas, prontos para ajudá-los a enxergar a melhor versão de si mesmos e entender o quanto eles têm a ganhar ao se aproximarem dessa versão.

Se sabemos que isso será exigido de nós, devemos estar preparados para isso, mas nosso sentimento é que, geralmente, esse não é o caso. Ter um plano para responder de forma eficaz aos problemas (comportamentos contraproducentes que perturbam o ambiente de aprendizagem e corroem a cultura) é um aspecto fundamental na criação de um ambiente em que os alunos se sintam seguros, apoiados e conectados. É difícil sentir pertencimento em relação a um lugar onde você sente ansiedade enquanto está nos corredores ou nos banheiros, onde sente que alguns de seus colegas estão rindo das suas dificuldades ou zombando de suas aspirações.

Ou seja, as escolas devem atender os estudantes – tanto os que precisam melhorar quanto os que sofrem as consequências disciplinares – e ter um plano claro sobre o que fazer em caso de problemas de comportamento: quem é a pessoa que deve tentar resolver? Como ela fará isso?

Acreditamos que, como qualquer trabalho complexo e desafiador, isso precisa de um capitão e de uma equipe: um líder e um grupo de pessoas que se reúnam regularmente para avaliar o processo e saber como estão as coisas, o que está funcionando bem, o que poderia ser melhor e onde estão as oportunidades.

Chamamos a pessoa responsável por lidar com o comportamento disruptivo nas escolas de "diretor de estudantes". Em outros lugares, a função tem outros nomes. No Reino Unido, muitas vezes é chamada de "pastoral". Em muitas escolas nos Estados Unidos, a função não tem um nome específico, e isso, às vezes, pode refletir uma falta de clareza sobre o que deve acontecer quando um aluno perturba significativamente o ambiente de aprendizagem ou viola uma regra que protege a segurança ou o aprendizado dos colegas. Às vezes, esse aluno é encaminhado para uma diretora-assistente ou para a própria diretora, e outras vezes para um professor, ou mesmo para um assistente social. Em algumas ocasiões, o aluno não é enviado para lugar nenhum.

Diríamos que "às vezes" não é suficiente. Se não houver um "sempre" – um processo consistente de como as coisas devem funcionar –, elas acabam desmoronando. Os jovens mais complicados, que já pressionam os sistemas da escola, explorarão rapidamente a ambiguidade. Não saberemos o que aconteceu depois desta manhã. Não saberemos se o que aconteceu na aula de uma professora nesta manhã também aconteceu ontem na aula de outro professor. Além disso, não poderemos colocar recursos em um local consistente para que, quando um comportamento negativo ocorrer, possamos garantir que a pessoa que responder tenha os recursos para fazer o que deveria ser nosso trabalho principal: ensinar.

O papel do diretor de estudantes geralmente é o papel mais difícil na escola (falamos por experiência própria!). Além disso, um problema comum é que, quando *há* uma pessoa designada para a função, muitas vezes ela é instruída a "lidar com" os comportamentos. Muito raramente, elas recebem treinamento e ajuda sólidos. O resultado é uma confiança excessiva nas consequências disciplinares. Não nos interpretem mal; as consequências por mau comportamento geralmente fazem parte do processo de aprendizagem, especialmente se combinadas com ensino e mudança de atitude. Porém, é mais fácil usá-las do que ensinar, e elas criam a ideia de uma prova imediata de que a escola "fez alguma coisa".

Muitas vezes, é importante tomar uma atitude. Punir e estabelecer limites é importante. As consequências disciplinares podem ajudar no aprendizado e na mudança de comportamento. No entanto, sabemos que elas não têm um efeito imediato e, às vezes, podem piorar o comportamento do aluno. Sabemos que "fazer alguma coisa" pode ser uma solução de curto prazo, porém não faz com que os alunos aprendam a mudar. Além disso, é menos provável que resulte em aprendizado entre os estudantes que mais precisam de mudança.

As consequências disciplinares são uma ferramenta importante para as escolas planejarem e usarem com sabedoria – isso também é um trabalho técnico e exigente –, mas elas não têm o poder de ensinar. E o ensino é, no fim, tarefa da escola. Portanto, a questão é: quais ferramentas podem ser combinadas (ou servir de alternativa) às consequências disciplinares, para lidarmos com as questões comportamentais dos alunos e de forma mais voltada a educar?

Antes de responder, vamos refletir: isso é realmente importante? O fracasso em planejar e projetar sistemas pare resolver os problemas de comportamento é realmente um grande problema nas escolas? Já não existem muitas suspensões? Não é por isso que os céticos inventaram o termo "carcerária" para descrever algumas escolas?

Problemas de comportamento são realmente um problema?

Uma pesquisa de 2019 (ou seja, antes da pandemia) do Fordham Institute capturou a extensão dos problemas de comportamento nos Estados Unidos. Os autores David Griffith e Adam Tyner entrevistaram mais de 1.200 professores de todos os estratos da escola pública e fizeram perguntas sobre o ambiente comportamental em suas escolas. Griffith e Tyner separaram os dados de acordo com as características da escola e do professor.

Eles descobriram que dois terços dos professores trabalhavam em escolas onde as políticas disciplinares eram "aplicadas de forma inconsistente", e mais de três quartos (77%) acreditavam que "[...] a maioria dos estudantes sofre em razão de alguns alunos que sempre têm problemas".

É evidente que os problemas escolares, como todo o resto, não estão distribuídos uniformemente na sociedade, e os autores dividiram seus resultados de acordo com as taxas de pobreza nas escolas. Nas escolas com taxa alta de pobreza, aquelas com mais de 75% dos estudantes que têm direito a almoço gratuito ou a preços reduzidos, mais da metade dos professores relataram que lidavam com o desrespeito verbal dos estudantes *diariamente* ou *semanalmente*. Mais da metade relatou que as brigas físicas ocorriam mais de uma vez por mês. Cerca de 58% dos professores de escolas com taxa alta de pobreza disseram que "os problemas de comportamento contribuíram para um ambiente desordenado e inseguro que dificultou o aprendizado de muitos estudantes". Quando você considera que escolas eficazes são talvez o meio mais importante da sociedade para garantir a igualdade de oportunidades e a mobilidade social, esses dados representam um ônus enorme e pesado demais sobre famílias em situação de pobreza.

Salientamos que esses dados são anteriores à pandemia e à onda de relatos de que o comportamento havia piorado significativamente como consequência.

Para aqueles que podem estar se perguntando, os autores também desagregaram os resultados por etnia do professor e encontraram poucas diferenças: sobre a questão de saber se o comportamento dos alunos "contribuiu para um ambiente desordenado e inseguro que dificultou o aprendizado de muitos estudantes", por exemplo, professores negros disseram sim, mais ou menos na mesma proporção que professores brancos: 60% para professores negros e 57% para professores brancos. Em outras palavras, o problema não é professores brancos vendo como perigosos e desafiadores comportamentos inofensivos e brincalhões de crianças negras.

O problema é que quase todo aluno em uma escola em que a pobreza impera é obrigado a passar uma parte significativa dos seus anos escolares em salas de aula desorganizadas, onde os comportamentos dificultam o aprendizado e onde a ansiedade e o estresse tornam a ideia de gostar da escola e se sentir conectado a ela um sonho distante.

Os adultos próximos ao problema veem isso de forma clara e recorrente. Como disse uma professora no ano anterior, "os alunos entenderam que não haveria consequências para suas ações. As aulas costumavam ser interrompidas por mau comportamento, e muitos alunos diziam temer por sua segurança, mas nada acontecia".

A ideia de que os próprios estudantes se sentem inseguros na maior parte do tempo na escola foi demonstrada em um estudo do United Negro College Fund, que relatou que menos da metade dos estudantes afro-americanos (43%) se sentem seguros na escola[3] (os números não foram desagregados, para mostrar o impacto desigual em estudantes negros de baixa renda). Pense por um momento sobre o significado dessa descoberta: sentir-se inseguro é *normal*, e é assim que o estudante negro típico se sente na escola. A pesquisa do United Negro College Fund também foi realizada antes da pandemia.

Não é de surpreender que haja efeitos paralelos em escolas como essa. Pouco menos de um em cada sete professores da pesquisa do Fordham Institute relatou ter sido agredido por um estudante. Os professores deixam as escolas indisciplinadas e desordenadas, e essas escolas – aquelas que mais precisam dos melhores professores – acabam ficando com as últimas opções, além de alta rotatividade. Mas não é que os professores saem de uma escola específica em que não podem fazer seu trabalho ou não se sentem seguros. Eles deixam a profissão. Um relatório da organização de pesquisa educacional The New Teacher Project (TNTP) descobriu que metade dos novos professores em escolas de alta pobreza haviam deixado a profissão após três anos. Às vezes, falamos sobre o problema de recrutar um número suficiente de professores. O maior problema é mantê-los e talvez alocar seus conhecimentos onde é mais urgente, mas as condições de trabalho precárias fazem a rotatividade de professores impactar negativamente o ambiente escolar e equivalem a mais um ônus pesado sobre as vidas e as oportunidades das pessoas que vivem na pobreza.

As descobertas citadas também apareceram numa pesquisa nos Estados Unidos realizada pela *Phi Delta Kappan* com pais e professores de escolas públicas. Na pesquisa, 60% dos professores acreditavam que a sua escola não era rígida o suficiente. Cerca de 51% dos pais concordaram, em comparação com 4% que disseram que era muito rígida. As descobertas também foram complexas. Por exemplo, a maioria dos pais e professores não confia na escola para lidar com a questão da disciplina, mesmo quando querem que ela faça mais. Isso sugere que as escolas geralmente não criam sistemas integrados para lidar com os problemas de comportamento dos alunos.

Embora os dados também demonstrem que é difícil falar pelos professores ou pelos pais – que têm um conjunto de opiniões complexas e díspares, mesmo dentro de uma única escola –, fica claro que as escolas falharam em construir um ambiente de aprendizagem e pertencimento. Isso tem afetado de maneira desigual os estudantes que mais precisam.

A ideia desta seção até agora é que a cultura precisa de planejamento intencional e gestão, como a abordagem de Charlie Friedman e sua equipe no estudo de programas extracurriculares, e que essa falta é mais evidente na abordagem de problemas de comportamento. A falta de clareza sobre a abordagem (como e por que as coisas acontecem) – uma abordagem baseada em crenças fundamentais, planejada em detalhes e constantemente discutida – é um grande fator para produzir um ambiente sem as condições necessárias de aprendizagem e sucesso socioemocional para muitos alunos.

COMO SE PREPARAR PARA OS PROBLEMAS DE COMPORTAMENTO, PARTE 1: PARA ENSINAR BEM, VOCÊ PRECISA DE UM CURRÍCULO

Acreditamos que, em relação à função do diretor de estudantes e a como lidar com os problemas de comportamento, a escola deve se preocupar, principalmente, em ensinar. Isso não exclui a ideia de que más ações tenham consequências, mas o ideal seria complementá-las e melhorá-las, tornando-as mais eficazes para a mudança de comportamento. Digamos que o aluno teve um comportamento inadequado na internet, como ofender algum colega. Além de impor uma consequência, você pode pedir que ele escreva sobre como usar as redes sociais de forma positiva, busque exemplos e use essas informações para refletir sobre suas ações. Feita da forma correta, essa tarefa pode servir como consequência por si só em alguns casos.

Observação importante: se esperamos que os diretores de estudantes eduquem os alunos como forma de resolver os problemas de comportamento, uma das primeiras coisas de que precisarão é um currículo, um conjunto de aulas elaboradas e planejadas com cuidado para estruturar e enriquecer o conteúdo. Ter um currículo não só aumenta a qualidade das aulas, mas também economiza mão de obra. Não vai ser necessário inventar uma atividade a cada nova situação, no calor da hora (e enquanto lida com um jovem que está com as emoções à flor da pele).

Entre ensinar de forma improvisada quando se está com muitas tarefas a cumprir e não se preparou de antemão, por um lado, e aplicar uma consequência que exige pouca reflexão, mas que provavelmente resulta em pouco aprendizado, por outro, uma pessoa racional provavelmente vai escolher a última opção. E mesmo que essa consequência seja uma resposta apropriada, ela será muito mais eficaz se combinada com um ensino adequado.

Ao analisar o papel do diretor de estudantes (ou o nome que você quiser dar à função), o que estamos descrevendo é um trabalho "previsivelmente imprevisível". O diretor sabe que algum jovem tomará uma decisão errada nas redes sociais ou se comportará de maneira rude, humilhando os colegas ou professores, ou copiará o trabalho de outra pessoa. Eles sabem que essas coisas acontecerão, porque esse tipo de coisa sempre acontece quando os jovens aprendem a abrir caminho no mundo. Eles testam várias estratégias para descobrir quem eles querem ser em diferentes contextos. Essa parte é totalmente previsível. Mas o diretor de estudantes não sabe quais alunos vão fazer isso, quando e onde. Essa parte é imprevisível.

Se, no entanto, a maioria dos comportamentos é previsível, a oportunidade está na preparação prévia.

Considere algo tão simples quanto escrever uma carta de desculpas a outro aluno – digamos, depois de ter jogado uma bola de basquete nele de propósito durante o jogo. Qual seria o resultado se você pedisse a alguns estudantes para escreverem essa carta? Você teria muitas opções. Alguns jovens escreveriam cartas sinceras, usando uma linguagem direta e responsável. Você leria frases que começariam com a palavra "eu", como "Eu peço desculpas por jogar a bola de basquete em você" ou "Eu joguei a bola de basquete em você hoje e queria pedir desculpas". Eles demonstrariam ter consciência do mau comportamento e como isso afetou outra pessoa: "Eu sei que deve ter doído, e provavelmente você ficou com vergonha, com todo mundo assistindo". Alguns podem afirmar sua gratidão e respeito pela outra pessoa: "Eu quero que você saiba que considero você meu amigo". Outros podem expressar o desejo de fazer as pazes: "Talvez a gente possa jogar de novo amanhã no recreio".

Nós quatro lemos cartas com essas frases, em que a capacidade de um aluno assumir suas ações e reconstruir a confiança com um colega conquistou nosso respeito. Nós dissemos a ele o quanto valorizamos seu caráter e sua maturidade, apesar do erro inicial. Mais importante do que nosso reconhecimento, porém, é que esse jovem tem muito mais chances de construir boas relações como resultado da integridade, da compaixão e da empatia. Por isso, desejamos que todo jovem tenha a habilidade de escrever um pedido de desculpas genuíno.

Mas eles não têm.

Você receberia também, na amostra, cartas vagas, em que a pessoa não se desculpa *por* algo: "Jason, sinto muito pelo que aconteceu no parquinho. David". Você receberia cartas em que o aluno não assume a responsabilidade: "Que pena que a bola pegou em você". Receberia cartas que sutilmente (ou não tão sutilmente) culpariam o destinatário: "Às vezes você age como se achasse que é melhor do que eu, mas isso não é desculpa para atirar uma bola de basquete". Receberia cartas com as quais seria improvável reconstruir a relação entre os estudantes: "Da próxima vez, vou fazer pior".

Se é você quem lida com o jovem que atirou a bola de basquete (e talvez com um amigo dele envolvido na confusão), tem muito trabalho pela frente para ensinar a arte de pedir desculpas, a reflexão e o autocontrole emocional desse ato. Vai ser necessário muito tempo explicando o que é um bom pedido de desculpas e por que é importante. Vai ser preciso redigir e reformular algumas cartas. Do contrário, se você enviar, mesmo assim, essas cartas ruins, que não resolvem muita coisa, você estará mostrando de forma tácita que fazer as pazes é fácil. Você estará envolvido com a tarefa de ensinar dois jovens com os nervos à flor da pele a pedirem desculpas enquanto você está fazendo outras coisas. Talvez haja outros estudantes em sua sala, e um deles esteja chorando. Pode ser que precise dar atenção a uma aluna que não parece estar bem no dia. Ou que um pai tenha acabado de aparecer para pedir o celular da filha, que você confiscou ontem (a propósito, bom trabalho, como falamos no Capítulo 2).

Ter um currículo implica ter um plano de ensino, ou uma série de planos de aula, sobre pedir desculpas. Você caminharia até o seu armário e pegaria o plano. Seria rigoroso e desafiador, mas também interessante.

Talvez começasse com uma reflexão geral sobre o ato de se desculpar, mais ou menos assim:

Todos cometemos erros, mas como você responde aos erros pode fazer uma grande diferença em como as outras pessoas percebem você e o que aconteceu. Geralmente, pedir desculpas dizendo "me desculpe" é um primeiro passo.

Quando você se desculpa, está dizendo a alguém que sente muito pela dor que causou, mesmo que não tenha causado de propósito. Você está mostrando que tem maturidade para entender o ponto de vista da outra pessoa. Pedir desculpas também costuma fazer você se sentir melhor, porque mostra que está tentando corrigir as coisas. Novamente, isso é um sinal de maturidade.

Quando você diz "Me desculpe", ajuda a pessoa a reorientar sua atenção para não identificar quem foi o culpado. Agora, vocês podem trabalhar juntos para melhorar a situação. Isso pode ajudar a manter e até mesmo fortalecer seu relacionamento com outras pessoas.

Pare e anote alguns dos benefícios do ato de se desculpar quando você faz algo errado.

_____
_____
_____
_____
_____
_____
_____

Outra possibilidade seria pedir aos alunos que analisassem alguns exemplos de pedidos de desculpas. Assim:

Para funcionar, o pedido de desculpas deve ser honesto e direto, além de mostrar que você reconhece ter feito algo que impactou negativamente outras pessoas. Você não deve culpar outra pessoa nem tentar justificar suas ações.

"Me desculpe pelo que eu disse."

"Perdi seu livro, me desculpe."

"Eu não deveria ter xingado você. Me desculpe."

"Me desculpe se magoei você."

"Me desculpe por ter gritado com você."

"Desculpe por ter batido em você quando eu estava bravo. Foi errado. Não vou fazer mais isso."

Pare e anote: por que esses pedidos de desculpas funcionam? O que eles têm em comum?

_____
_____
_____
_____
_____
_____
_____

Talvez eles possam refletir por escrito sobre as desculpas que já receberam na vida:

Responda às seguintes perguntas (com frases completas).

1. Descreva uma ocasião em que alguém pediu desculpas a você. Como isso fez você se sentir? Por quê?

2. Quando foi a última vez que pediu desculpas a outra pessoa? Por que você se desculpou e como se sentiu depois?

3. Quando acha mais difícil pedir desculpas aos outros? Usando o que você aprendeu na primeira reflexão, quais seriam os motivos para pedir desculpa a alguém?

Em seguida, eles poderiam aplicar o conhecimento adquirido até agora em eventuais situações futuras:

Explique o que você pode fazer e dizer para se desculpar nas situações a seguir:

- *Você esbarra acidentalmente numa colega no corredor. As coisas dela caem no chão, e há várias pessoas ao redor. Você murmura "Ah, desculpa", mas não ajuda a colega. Mais tarde, você a vê na aula.*
- *Você prometeu à sua mãe que chegaria em casa a tempo, mas não chegou, porque estava conversando com um amigo e perdeu o primeiro ônibus. Ela tinha feito o jantar, mas a comida já estava fria. Agora, ela está assistindo TV sozinha no sofá.*
- *Você estava bravo com alguma coisa e de mau humor na aula. Não participou de nada e ficava só olhando pela janela. Então, revirou os olhos e disse "Que chatice!". Você disse isso a uma amiga, mas sabe que a professora ouviu. Pouco antes do fim da aula, você está no corredor e a vê conversando com outro professor.*

Talvez os alunos escrevam a carta de desculpas. Seria possível dar a eles uma lista do que fazer e do que não fazer, como um lembrete útil. Se estivessem com dificuldades, teriam um exemplo que poderiam ler e copiar. Como em qualquer boa aula, você pode terminar com uma atividade de encerramento, como uma redação, para os alunos mostrarem que entenderam e, quem sabe, dizerem como poderiam agir em uma situação semelhante.

É possível usar algumas ou todas essas ferramentas, dependendo da situação. Talvez o aluno que atirou a bola de basquete entenda imediatamente, seja sincero e esteja com tudo pronto para escrever, sem precisar refletir muito. Mas pode ser que ele esteja apenas seguindo as instruções e não ache que deveria se desculpar. Nesse caso, realizaria atividades *diferentes* da sequência de tarefas que você preparou. Ou talvez os dois participantes do incidente tenham sido mandados a você, e cada um deve um pedido de desculpas ao outro, mas eles estão em diferentes estados de disposição e reflexão. Nesse caso, o ideal seria haver tarefas diferentes para cada um.

O bom seria que eles tivessem muito trabalho com as tarefas, a ponto de que outras consequências não fossem necessárias. Bastaria você fazer uma cópia para enviar aos pais, para que eles soubessem da situação e da atividade de autorreflexão. Talvez você peça à criança que os pais assinem e devolvam a carta. Em seguida, você coloca o trabalho do aluno em um arquivo. Nunca mais veria um dos estudantes em sua sala, mas o outro estaria envolvido em um incidente semelhante duas semanas depois. Você pega o que o aluno escreveu da primeira vez e pede a ele que reflita sobre como os dois episódios estão conectados e por que ele está ali na sala de novo.

Ensinar sobre comportamento, de verdade, exige conteúdo e preparação. Se quisermos realmente resolver os problemas no ensino, essa é uma lacuna que teremos que resolver. Independentemente do ambiente, o ensino não será eficaz sem atividades relevantes e organizadas de forma útil. Isso significa ter um currículo, que, por sua vez, significa ter planejamento e recursos: uma equipe de pessoas, algumas semanas remuneradas durante o verão para preparar as aulas ou uma pessoa nova na equipe para desenvolver atividades específicas para os incidentes, arquivá-las, reutilizá-las e adaptá-las para outras ocasiões.

Pode parecer muito trabalho, mas, com a chance cada vez maior de os jovens terem dificuldades com as habilidades necessárias em situações sociais desafiadoras, é mais importante do que nunca fazer o trabalho preventivo.

ATIVIDADES NA PRÁTICA

Nossa equipe reconheceu a necessidade de um currículo que guiasse o diretor de estudantes em 2018[4] e desenvolveu uma versão piloto[5] com cerca de 70 aulas para alunos do ensino fundamental II.[6] As aulas eram sobre uma ampla variedade de temas frequentes que levam os estudantes à sala da direção. Estamos testando isso há alguns anos e achamos que os resultados são promissores.

A seguir, por exemplo, está a resposta de um aluno durante nossa versão do exercício de desculpas descrito anteriormente.

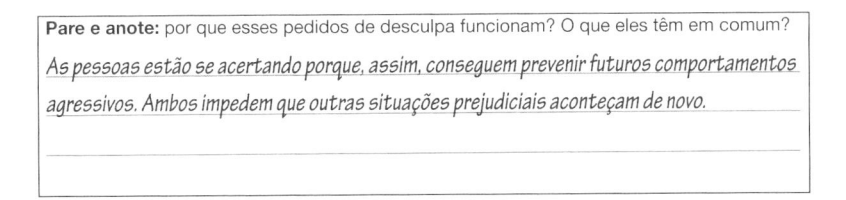

> **Pare e anote:** por que esses pedidos de desculpa funcionam? O que eles têm em comum?
>
> *As pessoas estão se acertando porque, assim, conseguem prevenir futuros comportamentos agressivos. Ambos impedem que outras situações prejudiciais aconteçam de novo.*

A seguir, está um trabalho típico que uma jovem fez antes de refletir sobre sua escolha equivocada nas redes sociais (as aulas geralmente terminam com uma série de reflexões sobre o tema: "Em retrospectiva, o que você teria feito de diferente nessa situação?" e "O que você vai fazer de diferente na próxima vez?").

Cyberbullying, redes sociais e a comunidade

Instruções: imagine que um grupo de pessoas pediu que você falasse por cinco minutos sobre como usar as redes sociais de forma responsável. Faça uma primeira versão dos seus principais argumentos. Use pelo menos duas evidências de apoio para cada um dos seus argumentos.

Argumento 1	Argumento 2	Argumento 3
É possível usar as redes sociais de forma responsável cuidando o que você posta.	*Cuidar o que você fala para outras pessoas na internet.*	*Não usar sua página para espalhar negatividade.*

Seu texto de argumentação:

Usar as redes sociais de forma responsável é muito importante, e há muitas formas de fazer isso, como cuidar o que você posta, ter atenção com o que fala para outras pessoas na internet, não usar sua página para espalhar negatividade. Cuidar o que posta é ter responsabilidade nas redes sociais, porque você está sendo responsável sobre o que posta, e ter atenção com o que diz para outras pessoas na internet é ser responsável, porque é o contrário de dizer coisas ruins, o que é irresponsável.

Ao testar nossa versão, descobrimos que ela pode ser usada de três maneiras. Primeiro, para ensinar valores e virtudes de prevenção em um ambiente de orientação ou na sala de aula, conforme descrito no Capítulo 4. Confira a seguir, por exemplo, uma parte da nossa atividade sobre gratidão. Ela é eficaz no ensino proativo de virtudes e na reação a situações específicas em que os alunos apresentam problemas de comportamento.

Aplicação dos termos

1. Nomeie uma pessoa na escola por quem você tem gratidão porque fez algo por você. Explique o motivo.
   _____
   _____

2. É possível sentir que você tem direito a algo mais e, mesmo assim, sentir gratidão? Por quê?
   _____
   _____

3. Uma pessoa pode ter gratidão por si própria por algo que fez? Por quê?
   _____
   _____

Além disso, a atividade pode ser usada no que chamaríamos de ambientes terapêuticos: exercícios em pequenos grupos para estudantes com lacunas em habilidades específicas, como controlar a raiva ou responder à pressão dos colegas. Como o ensino proativo, esses ambientes são projetados para desenvolver habilidades e evitar possíveis incidentes. A diferença é que o ambiente terapêutico seria usado com indivíduos ou grupos-alvo de estudantes que poderiam ter problemas especiais.

Finalmente, descobrimos que isso é útil na configuração que descrevemos aqui: agir em relação aos problemas de comportamento. O trabalho escrito pelos alunos também é útil como forma de compartilhar com professores os comportamentos que estão atrapalhando a aula. Em muitos casos, um desafio é o professor saber que algo aconteceu e quais medidas foram tomadas. Uma aluna pode estar tentando refletir sobre um incidente, mas o professor não está sabendo. A percepção pode ser: "Ela voltou para a aula uma hora depois, como se nada tivesse acontecido". Essa é uma receita para mais tensão. Agora, um diretor de estudantes (ou a própria aluna) pode compartilhar a atividade com os professores, para que entendam o nível de resposta.

As escolas também valorizaram um dos temas do currículo: sua ênfase em ensinar comportamentos melhores. Não basta dizer a um jovem que não faça algo. Uma intervenção eficaz significa ajudá-lo a identificar e desenvolver a capacidade de ter outro comportamento, um comportamento melhor. É difícil pensar, na hora certa, em um comportamento para substituir o inadequado, o que é mais uma vantagem de ter um currículo.

Temos também uma atividade de encerramento em todas as nossas aulas. Isso garantiu que os diretores de estudantes avaliassem o que os alunos aprenderam como resultado do trabalho conjunto. Usar a atividade de encerramento, além das tarefas, permitiu que ambas pudessem ser tratadas de forma responsiva e proativa. Ou seja, se estamos usando uma atividade terapêutica com um grupo de estudantes para afastá-los de incidentes, pois são de alto risco, não perguntamos "Como tudo isso se aplica ao que vocês fizeram hoje?". No entanto, se estamos reagindo a um incidente, precisamos fazer essa pergunta.

Nome: _____ **Data**: _____
Atividade de encerramento

Instruções: responda às seguintes perguntas com base no que você acabou de aprender.

1. O que você aprendeu com a última atividade?
_____
_____
_____

2. Como isso ajuda você a se tornar a pessoa que deseja ser?
_____
_____
_____

3. ☐ Se seu diretor ou diretora marcou esta caixa, discuta como a atividade se relaciona com o que você fez hoje.
_____
_____

Assinatura do aluno: _____
Assinatura dos pais (se for necessário): _____

Mencionamos isso não para parabenizar nosso trabalho – é um trabalho em andamento e exigirá atenção e aprimoramento constantes –, mas para que você tenha um modelo para desenvolver materiais, aulas e o que, em última análise, se tornará um plano de ensino para lidar com os problemas de comportamento.[7]

COMO SE PREPARAR PARA OS PROBLEMAS DE COMPORTAMENTO, PARTE 2: OS PROFESSORES PRECISAM DE TREINAMENTO

Se esperamos que as pessoas na função de diretor de estudantes ensinem como resolver os problemas de comportamento, a segunda coisa que elas precisarão é de um modelo claro de como devem ensinar nesse ambiente, de forma ideal, um que se baseie em nosso conhecimento de ensino eficaz em sala de aula.

Gostaríamos de ter uma proporção alta durante as aulas, por exemplo. Para aqueles que não estão familiarizados com essa terminologia,[8] isso significa que gostaríamos que os estudantes fizessem a maior parte do trabalho cognitivo. "A memória é o resíduo do pensamento", diz o psicólogo cognitivo Daniel Willingham. Pensar com afinco resulta em aprendizado. Estar na sala do diretor de estudantes deve servir para pensar, ler e escrever, assim como em qualquer outro espaço da escola onde queremos potencializar o aprendizado.

No final de um ciclo de aprendizado, gostaríamos de verificar a compreensão, ter certeza do que o aluno aprendeu.

Nós nos propusemos a criar um modelo usando as câmeras que normalmente usamos para treinar os professores. Nós as aplicamos aos diretores de estudantes. Seguimos eles o dia todo e fizemos anotações. Em seguida, identificamos princípios de como deveriam ser as seções de ensino, um conjunto para a "orientação estudantil individual" e outro para a "orientação estudantil coletiva".

A orientação estudantil individual se refere a conversas e interações individuais com os alunos, nas quais discutimos suas escolhas comportamentais e os resultados e tentamos ensinar-lhes formas de agir mais produtivas ou habilidades mais robustas. A orientação estudantil coletiva é uma função muito importante dos diretores de estudantes: circular pela escola e interagir com os estudantes e outras pessoas para reforçar valores positivos e estabelecer normas fortes.

ORIENTAÇÃO ESTUDANTIL INDIVIDUAL EM SEIS ETAPAS

A seguir, você encontra os princípios para um ensino eficaz que discutimos com os diretores de estudantes durante as oficinas de treinamento, organizados em seis etapas.

Orientação estudantil individual, etapa 1: avalie a disposição. Qualquer conversa começa com uma conexão viável. O aluno deve ser capaz de ouvir e discutir as escolhas comportamentais de forma respeitosa e produtiva. Manter a calma, falar mais devagar e usar um tom de voz baixo pode ajudar, assim como enfatizar o propósito, em vez de o poder, algo como "Quero ouvir sua versão da história e prometo ouvir com atenção" ou "Quero ouvir a sua versão da história e prometo ouvir com atenção, mas você também terá que ouvir e falar comigo com o mesmo tom de voz calmo". Se o aluno não estiver disposto, melhor parar por aqui.

Orientação estudantil individual, etapa 2: reúna informações. Fale com o professor ou os alunos para saber o que aconteceu em detalhes. Tenha calma e clareza e faça perguntas complementares, se necessário: "Eu sei que você disse que ela estava provocando Michaela. Pode ser um pouco mais específico para que eu converse com ela e, se necessário, com os pais? O que exatamente ela fez e disse?". O ideal é pedir que eles escrevam suas versões dos eventos, para que você possa consultá-las com cuidado. Isso também vai proporcionar um tempo para que se acalmem e processem possíveis frustrações.

Orientação estudantil individual, etapa 3: ensine. Tente desenvolver o conhecimento dos alunos. "Vamos falar sobre como controlar impulsos na sala de aula. Primeiro, quero ter certeza de que você sabe o que é um impulso e o que significa controlar os impulsos. Quem sabe eu até fale um pouco sobre uma região do cérebro chamada amígdala."

Escrever é uma ferramenta poderosa para pensar e refletir. Se houver alguma dúvida, peça ao aluno que descreva o incidente. Isso fará com que ele tenha que refletir sobre o que houve, pensar mais e articular uma resposta por escrito. Faça perguntas que esclareçam as coisas e peça que eles revisem o que escreveram, de forma que resumam a sequência de eventos, que você poderá consultar posteriormente. Faça perguntas complementares para tentar obter respostas mais específicas. "O que você quer dizer com 'Ela foi rude'? Quando você diz que foi desrespeitosa com você, o que ela fez exatamente? Como você sabe que ela quis dizer isso dessa maneira?"

Você também pode pedir que eles escrevam em resposta à história: "Agora, vou contar a história de outra perspectiva. Quero que você faça anotações sobre o que a professora Hopkins disse, porque vou pedir que você escreva algo em resposta a essa história".

Se não houver conversa sobre o que aconteceu, faça com que o aluno se concentre em escrever e pensar sobre o que pode aprender com a situação. Se possível, ajude-o a identificar um comportamento melhor para substituir o inadequado e como eles poderiam tê-lo usado: "David, a ciência é clara em relação a esse ponto. Se desacelerar por um segundo, você aumenta as chances de não fazer algo impulsivo. Respirar fundo quando ficar com raiva pode fazer uma grande diferença".

Verifique a compreensão do aluno no final. Considere um pedido de desculpas ou dê uma consequência disciplinar para fazer as pazes.

Responsabilidade: **uma palavra importante**

No vídeo *Rosilyn Currie*: *Responsabilidade*, é possível ouvir, por alguns minutos, uma conversa entre a especialista em apoio estudantil Rosilyn Currie e uma aluna da Believe Memphis Academy. A interação é baseada em uma aula do currículo que descrevemos anteriormente. O aluno, do 5º ano, não estava fazendo as tarefas e tentava distrair os colegas de classe.

A sessão começa com uma definição de dois termos-chave: *responsabilidade* e *negligência*. Em seguida, Rosilyn pede que o aluno reflita sobre esses termos na sua experiência pessoal, dentro e fora da escola. Eles discutem a responsabilidade dele por seu cachorro. Falam sobre o fato de que, às vezes, ambos são negligentes ao retirar o lixo. Observe a quantidade de leitura e escrita envolvida (reduzimos um pouco os intervalos quando ele estava escrevendo em silêncio) e como Rosilyn apoia o aluno durante a leitura de forma incansável e hábil.

Observe também o comportamento calmo da professora. O objetivo é ajudar o aluno a aprender, então ela quer que ele se concentre no pensamento, e não nas emoções intensas – nem as dele nem as dela. É fácil presumir que, após um mau comportamento, fazer com que o aluno se sinta mal faz parte do processo, mas nosso propósito, como o trabalho dela nos lembra, é mudar o comportamento. Ela quer que seu aluno entenda a importância da responsabilidade e de suas responsabilidades na escola, incluindo se empenhar nas atividades.

Falando em se empenhar, observe que é exatamente isso que ele está fazendo. Escrevendo o tempo todo. Lendo. Aprendendo novas palavras e aplicando-as. Embora não tenhamos tido a sorte de gravá-la, a sessão terminou com o aluno escrevendo um lembrete para si mesmo sobre a mudança de seu próprio comportamento e pedindo desculpas ao professor, que o recebeu de volta na aula. A escola notou a mudança na postura dos estudantes que estavam tendo esse tipo de aula. Esperamos que tenha algo a ver com as vantagens de ter um currículo. Temos certeza de que tem algo a ver com o trabalho dedicado da equipe da escola, como a diretora de estudantes desse caso.

Orientação estudantil individual, etapa 4: encoraje os alunos. Lembre a eles que, embora não aprove o comportamento nesse caso, você acredita *neles* e que cometer erros é comum à medida que as pessoas aprendem e crescem. Fale sobre aspirações para conectar o comportamento às metas. "Eu sei que você disse que queria ser bombeiro. Quero que pense por um minuto por que um dia você será um bombeiro melhor se for capaz de controlar seus impulsos." Um dos objetivos de uma consequência é fazer as pazes, para que os adultos não guardem rancor. Você deve deixar claro que o aluno tem o seu respeito.

Orientação estudantil individual, etapa 5: feche o ciclo. Informe ao professor, aos pais e à equipe da escola (se necessário) sobre as atividades que os alunos fizeram. Se o incidente envolveu ser tirado da sala de aula, transfira a autoridade para o professor, permitindo que ele aceite o retorno do aluno à aula e facilitando a conversa. "David trabalhou muito, por quase uma hora, refletiu sobre seu comportamento em relação aos colegas e escreveu um pedido de desculpas a Whitney. Ele pode voltar?" Converse com antecedência com o professor e resolva eventuais problemas persistentes, para que a conversa com o aluno não tome rumos inesperados.

Orientação estudantil individual, etapa 6: acompanhamento. Ao final do dia, pergunte como foram as coisas. Pergunte também ao professor. Confirme se o aluno sabe que você perguntou ao professor. Informe a família que você fez o acompanhamento e informe como as coisas correram, especialmente se houve alguma melhora. Isso demonstra seu interesse pelo aluno e por seu sucesso a longo prazo, em vez de ter apenas interesse em um único evento. Também ajuda o aluno a avançar, deixando claro que você está querendo saber dele e fará o acompanhamento para verificar a mudança de comportamento a longo prazo.

Como fazer uma transição suave de volta à aula

Um aspecto comumente esquecido em relação a um problema de comportamento é garantir uma transição tranquila e eficaz do aluno de volta à aula. Às vezes, o estudante volta à aula, e as condições do retorno aumentam a probabilidade de novos incidentes. Talvez o professor ainda esteja zangado ou não queira que o aluno volte. O aluno pode estar um pouco perdido com o conteúdo. Talvez os colegas riam dele ou o provoquem. Talvez ele pense em aproveitar o momento para fazer uma gracinha e ganhar credibilidade dos colegas. Todos esses aspectos podem complicar uma intervenção eficaz.

Uma das melhores medidas para o diretor de estudantes é levar o aluno de volta às aulas e garantir que ele se acomode bem. Você pode assistir a Jami Dean, ex-diretora de estudantes da Williamsburg Collegiate Charter School, no Brooklyn, Nova York, Estados Unidos, no vídeo *Jami Dean: De volta à aula*.

Observe que, pouco antes de entrarem na sala de aula juntos, Jami relembra o que o aluno deve fazer: "Entre e vá direto para a sua cadeira. Com seriedade (um valor escolar). E comece a fazer as atividades". Jami se esforça para ser clara e emocionalmente constante. Quer que ele se concentre não em seus sentimentos, mas no que fará sua transição funcionar bem.

Quando a porta se abre, Jami segue o aluno até a entrada. Observe que a professora não parece nem um pouco surpresa. Jami avisou; ela está esperando por ele. O aluno faz o que foi pedido e vai direto para sua cadeira. Note que Jami não está andando com ele neste momento. Está dando um pouco de espaço e tentando evitar chamar muita atenção para si mesma. Ela começa a olhar ao redor da sala de aula e interagir com outros alunos, "enviando brilho" (Capítulo 3) com um grande sorriso para um aluno logo depois de entrar na sala. Isso também é importante. Sua presença é positiva e transmite apoio. Ela não entra na sala carrancuda.

O aluno se senta e começa a trabalhar com os materiais fornecidos pela professora. Esse intercâmbio contínuo, de diretor de estudantes para professora, é importante e reflete um excelente trabalho em equipe. Novamente, isso é facilitado pelo fato de Jami ter avisado à colega, para que ela estivesse pronta. E, claro, mostra que a professora confia em Jami e sabe que ela está lá para apoiá-la. Uma transição tranquila é uma vitória para todos.

Jami agora está próxima ao aluno, mas alguns passos atrás. Ela quer ver se ele consegue recomeçar e ajudá-lo, se necessário, mas está tentando respeitar a sua privacidade. Ela olha ao redor como se pudesse estar lá por algum outro motivo. Espera à distância por um momento, vendo se ele vai começar a trabalhar de forma imediata. Quando fica claro que ele começou, ela lhe dá reforço positivo.

Com o bom começo, Jami agora se afasta um pouco para ver como estão outros estudantes – ela está exercendo a orientação estudantil coletiva –, incentivando um grupo que está engajado positivamente, lembrando um aluno de ajeitar sua camisa. Isso comunica sua confiança ao aluno que ela ajudou na transição de volta à aula e lhe dá um pouco mais de privacidade, criando a sensação de que talvez ela esteja ali apenas para ver como estão as coisas. Claro, essa sensação é muito mais convincente se ela visita a sala de aula às vezes.

É um pequeno momento do dia de Jami – leva cerca de dois minutos. Mas imagine como o dia será muito melhor para o aluno, para a sua professora e para a própria Jami, agora que a aula pode ser retomada tranquilamente.

Como mostra o vídeo de Jami Dean, é fundamental que as pessoas que lidam com alunos após os problemas comportamentais estejam disponíveis. O trabalho deve ser moldar e falar pela cultura na escola e construir relações corretas e multifacetadas com os alunos. É importante não agir como um vilão de um filme, cuja entrada na sala faz com que todos saibam que algo ruim está prestes a acontecer. Os diretores de estudantes devem celebrar a cultura positiva também. Ao fazer isso, podem se conectar e ensinar os alunos quando eles erram. Chamamos essa parte do trabalho de "orientação estudantil coletiva", que também exige clareza em relação ao propósito, planejamento cuidadoso e reflexão constantes.

Aqui estão os princípios:

Mostre sua presença. Circule pelas salas de aula e pela escola, interagindo com os alunos, demonstrando gratidão pelo engajamento positivo e construindo conexões. Essa também é uma oportunidade de ensinar os alunos a serem produtivos e positivos em sala de aula antes que algo ruim aconteça.

Colete dados. Um dos melhores motivos para estar presente nas salas de aula é coletar dados. Você pode procurar informações como qual cultura de sala de aula parece mais forte. Essas aulas são um ótimo lugar para um professor com dificuldades. Você pode ficar na parte de trás e observar, talvez guiando os olhos do professor: veja como as instruções do professor são nítidas e claras (sem palavras estranhas). Viu como o professor sorri ao lembrar aos alunos das expectativas? Essa é uma ótima maneira de lembrar aos nossos estudantes que as regras existem porque nos preocupamos com eles. Você também pode identificar os professores cujas salas de aula são um pouco difíceis. Talvez possa mostrar como agir em algumas situações. Se não se sentir confortável com isso, observe quais crianças têm mais dificuldade em se concentrar, quais parecem engajadas numa aula, mas não em outra, e quais parecem olhar para você como se estivessem esperando uma conexão com um adulto.

Mostre os valores da escola. Aonde quer que você vá, existe a oportunidade de defender os valores da escola. Para isso, você precisa observar momentos em que as virtudes são exemplificadas e destacadas. "Obrigado por ajudar James a limpar a mesa depois do almoço. Você está sempre ajudando, Jordan." Isso significa que você pode fazer pequenas correções e encontrar oportunidades para ensinar habilidades sociais. "Você está gritando com Josefa! Sei que vocês são amigos, então fale com ela num tom mais baixo. Assim…" Sirva de modelo. Até coisas pequenas, como sempre dizer *por favor*, *obrigado* e *bom dia*; pequenas cortesias, como aprendemos no Capítulo 1, são os principais sinais de pertencimento. Na verdade, você pode ser o próprio sinal, que caminha, fala e pertence.

Crie relações. Isso é fundamental para todos os princípios que descrevemos. Mas, para facilitar, temos uma lista de ações e **frases para ajudar os alunos a se sentirem vistos, valorizados, seguros e conectados**.

- **Não verbais**
  - Sorria, aponte, pisque, envie mágica.
  - Use "toque aqui", soquinho, toque gentil no ombro.
- **Faça com que os alunos se sintam percebidos**
  - "O que você está lendo?"
  - Deixe recados ou desenhe carinhas sorridentes num papelzinho ou em trabalhos de turma.
  - Faça o acompanhamento para perguntar sobre algo que eles fizeram ou mencionaram anteriormente: "Como ficou aquele projeto científico?".
  - Elogie os alunos em reuniões gerais e com os professores. "Professora Jenkins, as notas de Jabari estão ótimas!"
  - Converse com os alunos na hora do almoço/ao final da aula, especialmente sobre as questões escolares.
  - Use ou invente nomes/apelidos.

- **Reforce os valores e as virtudes**
  - "Estou muito feliz por você ter…"
  - "Agradeço por você ter trabalhado com dedicação nisso."
  - "Você fez um bom trabalho quando…. Continue assim."
  - "Foi impressionante quando você…"
  - Reconheça o trabalho do aluno.
  - Faça ligações e mande mensagens positivas para a casa dos alunos – melhor ainda se mandar uma foto.

ENCERRAMENTO: ORIENTAÇÃO PARA CONSTRUIR CONEXÃO E PERTENCIMENTO

Nesta série de imagens, vemos Jamal McCullough, diretor de estudantes da North Star Academy Downtown Middle School, em Newark, Nova Jersey, nos Estados Unidos, ilustrando um pensamento que já mencionamos várias vezes: a sala de aula é o principal local para cultivar a cultura da conexão e do pertencimento. Dessa forma, as escolas devem organizar seu pessoal e seus recursos para estarem alinhadas com esses valores.

Em seu papel como diretor de estudantes, Jamal é responsável por projetar, incorporar e defender todos os aspectos da cultura de sua escola. Qualquer pessoa que tenha desempenhado essa função ou uma função parecida sabe como ela é complexa, pois abrange muitos setores, desde o ensino de comportamentos melhores até a coleta de dados, a comunicação com os pais e outras partes interessadas, o preenchimento de relatórios e o monitoramento das transições escolares. Geralmente, Jamal cumpre todas essas funções, mas tenta priorizar o tempo nas salas de aula acima de tudo, pois é o espaço mais importante da escola para cultivar uma cultura de conexão e pertencimento.

Nesse dia em particular, Jamal está observando as salas de aula por hábito, mas também para acompanhar um aluno que foi enviado à sua sala no dia anterior. Cada uma dessas imagens conta uma história de conexão e pertencimento.

Na primeira imagem, vemos Jamal sentado *com* os estudantes. Ele está ouvindo atentamente enquanto um estudante explica como chegou à resposta. Está muito envolvido, fingindo ser uma espécie de estudante mais avançado, mais experiente e um modelo de comportamento.

Depois disso, a professora pediu um *Virem e conversem* e, como havia um número ímpar de alunos, Jamal aproveitou a oportunidade para fazer dupla com um deles. Considere a mensagem que esse aluno está recebendo: o diretor de estudantes me vê e se preocupa com as minhas tarefas. Na verdade, pense em quantos estudantes nunca conseguem interagir com o diretor até serem enviados à sua sala. O aluno pode passar um tempo com o diretor sem ter tido um problema de comportamento. Isso é importante para estabelecer uma comunidade escolar em que os alunos sintam conexão e pertencimento.

Dean McCullough sabe. Ellanise sabe.

Na segunda imagem, Jamal está sentado com um grupo de alunos, e a professora acabou de fazer uma pergunta. Jamal levanta a mão, como forma de demonstrar envolvimento positivo na sala de aula. A professora brinca com Jamal nesse momento, dizendo: "Dean McCullough sabe a resposta!". É um momento encantador, cheio de sinais de pertencimento e conexão, para os adultos e para os alunos. A professora recebe sinais de apoio, aliança e confiança. Há uma parceria, e Jamal quer que ela saiba que está ali para apoiá-la, não para saber se ela consegue administrar sua sala de aula. Os alunos também podem sentir os sinais. A parceria que veem entre diretor de estudantes e professora é um espelho de como as pessoas trabalham juntas na comunidade e comunica o nível de empenho para que os alunos tenham sucesso.

Na imagem final, vemos Jamal agachado e conversando tranquilamente com um aluno que foi enviado à sua sala no dia anterior. Para encorajá-lo, ele diz: "Você é um estudante, e é aqui que a mágica acontece, nesta sala de aula, certo?". Então ele pergunta: "Você precisa de alguma coisa?". Mensagem: o objetivo de Jamal no dia anterior não era dar uma consequência disciplinar ou seguir um modelo de punição. Era para ajudá-lo a aprender. A visita do diretor de estudantes à sala comunica que esse engajamento é o propósito.

As indicações de conexão e pertencimento nessa breve troca também são importantes. A mensagem que o aluno recebe é: as expectativas são grandes, mas vou ajudar você. Não há nada mais importante do que você estar aqui, e eu estou aqui para que receba a educação que merece.

Observar o trabalho de Jamal na sala de aula nos dá a oportunidade de concluir que os diretores de estudantes nem sempre são uma prioridade nas escolas. Algumas escolas não os têm, e outras têm apenas um, que tem dificuldade em sair da sua sala. Se as escolas estão verdadeiramente empenhadas em construir culturas propositivas baseadas na conexão e no pertencimento, elas devem ter os recursos, principalmente uma boa equipe. Criar conexão e pertencimento significa reconhecer que as escolas são, antes de tudo, culturas. Se isso é verdade, então elas precisam de uma equipe que seja sua defensora, que acorde todos os dias pensando em construir e preservar uma cultura verdadeira, significativa e rigorosa para todos os alunos. Elas precisam garantir que todos os alunos recebam o apoio de que necessitam para se conectar a ela.

NOTAS

1. O grupo consistia em Marisa Frank, Xavier Shackelford, Hasan Clayton, Trent Carlson, Kristin Barnhart, Marina Carlucci e Jasmine Parker. Charlie agradece imensamente a eles: "O trabalho e a sabedoria foram totalmente deles".
2. Em uma das últimas edições do livro, Denarius observou como sua linguagem preferida para rastreamento de indicações evoluiu, de modo que ele estava usando cada vez mais a frase "Quero ver os olhares para…".
3. ANDERSON, B. L. *A seat at the table:* African American Youth's Perceptions of K-12 Education. Washington: UNCF, 2018. Disponível em: https://www.uncf.org/wp-content/uploads/reports/Advocacy_ASATTBro_4-18F_Digital.pdf. Acesso em: 2 jun. 2023.
4. Agradecemos à Kern Family Foundation por apoiar o desenvolvimento desse currículo.

5. Leia mais aqui: Dean of students curriculum. *Teach Like a Champion,* c2022. Disponível em: https://teachlikeachampion.com/dean-of-students-curriculum/. Acesso em: 2 jun. 2023.
6. Em breve, queremos incluir o ensino médio e, talvez, o ensino fundamental.
7. Se quiser saber mais sobre o nosso modelo, acesse o *site* (em inglês) https://teachlikeachampion.com/dean-of-students-curriculum/.
8. Leia em: LEMOV, D. *Aula nota 10 3.0*: 63 técnicas para melhorar a gestão da sala de aula. 3. ed. Porto Alegre: Penso, 2023.

POSFÁCIO
COMO ESCOLHEMOS

Em maio de 2022, Tom Kane, professor na área da educação, economista e diretor do Center for Education Policy Research de Harvard, escreveu na revista *Atlantic* sobre os achados de um estudo que ajudou a liderar. Seus colegas e ele analisaram os resultados dos testes de 2,1 milhões de estudantes de 10 mil escolas em 49 estados dos Estados Unidos, comparando o progresso anual desses estudantes antes da pandemia com o progresso durante a pandemia.

Os resultados foram consistentes com a maioria dos outros estudos relevantes: a pandemia teve um impacto devastador no aprendizado dos alunos, e seu efeito desigual sobre os que já viviam na pobreza criou uma injustiça ainda maior. No total, em escolas de baixa pobreza, os estudantes perderam 13 semanas de aprendizado e, em escolas de alta pobreza, 22 semanas.

As conclusões do estudo de Kane estavam de acordo com outras pesquisas, mas a contextualização dos números e as propostas de intervenção para resolver o problema foram diferentes. Semanas de aulas perdidas (13 ou 22) eram apenas números, até que se entendesse como recuperar o atraso. Dado o seu cargo, Kane tinha uma boa noção disso. Definir dois períodos de matemática consecutivos durante o ano escolar gerou ganhos equivalentes a cerca de 10 semanas de ensino presencial, observou Kane. Mesmo assim, não resolveria a lacuna que a pandemia gerou no ensino de matemática (com base no que, em muitos casos, foi um progresso insuficiente). E essa foi a boa notícia. Os dados sobre dois períodos de aula de leitura foram ainda mais assustadores.[1]

A tutoria intensiva é outra solução comumente proposta. Em geral, é a resposta mais agressiva, mas suas desvantagens são o custo alto e a complexidade de implementação. Um ano de tutoria intensiva em pequenos grupos, observou Kane, é "uma das poucas intervenções cujo benefício chega perto do aprendizado ideal" de 22 semanas. Ele oferece um benefício de cerca de 19 semanas de instrução. Isso significa que um tutor treinado trabalhando com estudantes em grupos de um a quatro por vez, três vezes por semana, durante todo o ano, consegue apenas parcialmente o equivalente a 22 semanas de aprendizado.

Kane continua: "o desafio em relação à tutoria é como oferecê-la em grande escala aos estudantes". Mesmo o plano mais ambicioso até o momento, o do Tennessee, nos Estados Unidos, atenderia apenas a um em cada 12 estudantes do estado em anos específicos. Isso exigiria a contratação e o treinamento de milhares de tutores qualificados. É uma proposta impressionante e ambiciosa, mas, nessa escala, a logística chega a assustar. Queremos deixar claro que *não estamos indo contra a tutoria intensiva*. Nossa alegação é que a tutoria, mesmo feita de forma perfeita, não resolveria a lacuna do atraso de aprendizado, o que dá a dimensão da complexidade do problema. Como observa Kane: "muito poucas intervenções já demonstraram produzir benefícios equivalentes a 22 semanas de ensino presencial extra". Ele conclui: "Dadas a magnitude e a amplitude das perdas, os educadores não devem ver a tutoria como a única resposta para o problema".

Não conhecemos uma única intervenção que seja robusta o suficiente. Vamos precisar de várias delas.

E, como tentamos mostrar neste livro, uma das intervenções mais produtivas é justamente ter uma sala de aula mais eficiente. A combinação de um ensino e um currículo escolar melhores para toda a escola, além de tutorias e outras intervenções, pode funcionar. No mundo real, para que isso aconteça, são necessárias centenas de decisões e iniciativas bem executadas: melhor desenvolvimento profissional, mais flexibilidade nas decisões de contratação, entre outras ações, tudo feito com rapidez e melhor desempenho em escolas que geralmente têm mais dificuldade em contratar pessoal e implementar um currículo com eficácia.

Como sociedade, temos trabalhado nisso há algum tempo, tendo resultados modestos. Então, é ambicioso pensar que poderíamos fazer progressos significativamente melhores, a menos que eliminássemos todas as barreiras possíveis. Isso é válido para todas as soluções que discutimos neste livro e para aquelas que não discutimos, mas que você pode estar considerando. Cada minuto focado para implementar o trabalho essencial da escola de forma mais eficaz, com foco total, traz benefícios. Cada minuto desviado representa um prejuízo.

Isso nos leva à história de uma colega, diretora de uma escola primária do subúrbio. Nos últimos tempos, ela foi surpreendida pela quantidade de problemas de comportamento no ônibus que precisavam ser resolvidos. Muitas vezes, os alunos eram encantadores em outros ambientes, mas cruéis no ônibus. Às vezes, alunos mais velhos falavam sobre assuntos não apropriados para crianças de seis anos, ou usavam um linguajar não apropriado. Mas a questão não era só essa; era também o tempo que ela passava lidando com os comportamentos no ônibus e que poderia estar dedicando ao currículo escolar e ao ensino, na formação de outros professores. "Continuei pensando: 'Não estou fazendo o que é mais importante, porque gasto meu tempo todas as manhãs com problemas menores relativos ao ônibus'. Eu nunca toleraria *bullying*, então não podia simplesmente ignorar os problemas que ocorriam no ônibus, mas tinha certeza de que poderia resolvê-los e usar meu tempo de forma mais produtiva."

A primeira medida foi designar assentos para cada aluno no ônibus escolar. Ela anunciou a mudança aos pais, e a resposta foi indignação. Ou melhor, a grande maioria dos pais concordou com a resolução, mas um grupo minoritário discordou completamente. Mas isso bastou. "Passei a tarde inteira no telefone com os pais. Primeiro diziam que eu não tinha o direito de dizer a seus filhos onde deveriam sentar-se no ônibus, que eu estava abusando da minha autoridade. Queriam que eu dissesse que não precisavam seguir as regras criadas para todos. Disseram, por fim, que pediriam a seus filhos para não obedecerem às regras, apesar da minha decisão. Um dos pais, o mais difícil deles (que era advogado), ameaçou me processar e processar o distrito. Então, tive que chamar meu superintendente. Houve uma série de reuniões com nossos advogados para discutir o que eu poderia ou não dizer aos pais."

Ela acabou usando o tempo em que poderia melhorar o ensino e a aprendizagem falando no telefone com os pais que não concordavam com a resolução. Não teve muito tempo para fazer o que achava mais importante e acabou percebendo que lidar com alguns pais tomaria muito do seu tempo.

Ela se perguntou se, no geral, tinha valido a pena. O fato de que algumas poucas pessoas conseguiam tomar seu tempo e afastá-la das necessidades de muitas outras pessoas era sério. Uma geração atrás, provavelmente poucos pais se importariam com a questão do ônibus. Nesse caso, ligariam para a escola expressando sua discordância e depois aceitariam a decisão da direção. "Fazer parte da escola é aceitar as regras", eles diriam aos seus filhos. Hoje em dia, quase tudo é um problema para alguém e, na câmara de ressonância das mídias sociais, é fácil se indignar e incitar um pequeno grupo. As pessoas confiam menos nas escolas para as decisões e – refletindo o aumento do individualismo – sentem-se menos obrigadas a aceitar o que é do interesse do grupo se não concordarem. Essa é uma equação complexa para as escolas.

Queremos deixar claro que nossos comentários não devem ser interpretados como uma crítica a nenhum lado específico do espectro político. Na verdade, trata-se de uma mudança mais ampla. *Todas as posições* do espectro político têm mais chances de discordar de forma mais veemente às custas da escola, e o mesmo acontece com muitas outras pessoas que não estão inseridas em discussões políticas, mas que não querem abrir mão de questões importantes. E, claro, não estamos imunes a isso. Se formos mais a fundo, cada um de nós terá suas próprias questões (provavelmente diferentes) para chamar a atenção da diretoria escolar.

Em outras palavras, estamos descrevendo uma tendência social mais ampla, que ainda não abordamos como setor. A discordância dentro e sobre as escolas tem um custo muito alto, é mais frequente e tem mais exposição. É cada vez mais improvável que isso seja resolvido em breve. As escolas deixam de focar no seu trabalho principal – leitura, ciências, matemática, música –, o que já é muito complexo. E a questão é: o tempo gasto com discussão é o tempo que poderia ser usado para outras tarefas. Ter um mínimo de consenso é bom, mas, em excesso, torna as escolas muito menos eficazes para todos.

Mais uma vez, não nos entenda mal. As escolas são instituições democráticas. Devem ouvir e responder aos cidadãos e à sociedade a que servem. Muitas vezes, ouvir pode torná-las melhores e mais responsivas. É uma questão de encontrar um balanço em uma sociedade fragmentada – uma divisão que, possivelmente, não será temporária, mas permanecerá assim à medida que as redes sociais nos polarizam e nos encorajam a emitir opiniões. Qual é o nível aceitável de discordância e o que fazemos quando há tanta oposição, dificultando ainda mais o propósito social da instituição?

Existem muitos desafios complexos a serem enfrentados na administração de uma escola e, para alguns deles, o custo de resolvê-los pode ser proibitivo. A era das redes sociais e a cultura de indignação que elas fomentam criaram uma nova camada de problemas de ação coletiva para as escolas, exatamente no momento em que precisam pensar em leitura, ciência, ambientes de aprendizagem organizados e produtivos e culturas inclusivas de pertencimento.

Por isso, acreditamos que ampliar a escolha das escolas precisa fazer parte da discussão.

A importância de permitir que os pais escolham escolas com base em sua qualidade é algo em que nós quatro acreditamos. Embora trabalhemos com escolas de tipos diferentes – distritais, conveniadas (ou *charter*), privadas, públicas, rurais, urbanas e suburbanas, nos Estados Unidos e em outros países –, e nosso objetivo seja ajudar cada professor a ter sucesso e cada aluno a prosperar, não importa a escola, muitos leitores sabem que nós já trabalhamos em conveniadas (*charter*), que têm como premissa a escolha da escola.[2]

Fizemos isso porque acreditamos que todas as famílias devem ter acesso a escolas excelentes: seguras, felizes e com desempenho acadêmico significativamente melhor.[3]

Mas percebemos os potenciais benefícios da ideia de os pais (e professores) poderem escolher escolas também com base *nas suas crenças*. Não víamos isso tão claramente antes. Claro que não podemos escolher tudo, mas há decisões importantes com as quais podemos não concordar. Às vezes, os benefícios de poder discordar (de maneira coerente) nos ajuda a *fazer*, em vez de apenas *discutir*.

Será que nos ajudaria a tomar decisões mais importantes se cada escola compartilhasse seus princípios fundamentais de ensino e de cultura e valores escolares, e os pais e professores pudessem escolher?

A Escola A poderia dizer: valorizamos a gratidão, a consideração e a civilidade em um ambiente com maior interação humana e menos dependência da tecnologia.

A Escola B poderia dizer: valorizamos a autonomia dos alunos e preferimos impor menos regras, para que eles possam tomar decisões próprias em relação ao comportamento e ao uso de tecnologia.

Não é segredo qual escola escolheríamos, mas sabemos que outros pais escolheriam de forma diferente. Respeitamos isso. Eles estão decidindo pelo bem dos seus filhos. Não ter a possibilidade de escolher prejudica todos, pois perder tempo discutindo e tentando entrar em consenso, em vez de implementar soluções, baixa a qualidade da escola. Portanto, a possibilidade de escolha proporciona grandes benefícios aos pais, aos professores, às escolas e talvez à sociedade.

Primeiramente, os pais teriam mais chances de encontrar uma escola alinhada com seus valores. Um pouco do contrato social com o qual concordamos ficaria mais explícito. Um acordo sobre o propósito e os métodos no mais alto nível significa um grande avanço para resolver a questão da "confiança nas instituições". Ainda será necessário chegar a um consenso (não podemos ter uma escola para cada questão específica; as pessoas ainda vão discordar e fazer concessões), mas reduzimos a proporção de tempo que todas as escolas passam convencendo as partes interessadas de que a direção escolhida é a que vale.

Quando a liderança de uma escola faz uma promessa, ela é pública e transparente. Quando pais que não concordam ligam e dizem "Você não tem o direito de tirar o telefone do meu filho", a resposta é simples (ou pelo menos mais simples): "Entendemos as suas preocupações, mas tentamos deixar claro que a escola oferece um ambiente de aprendizado com menos tempo de tela. Isso está de acordo com o que prometemos a outros pais na escola e, portanto, essa é a nossa decisão".

É mais fácil defender a posição da escola quando você pode se referir a um acordo feito antes. Também é mais fácil para as famílias responsabilizar a escola por cumprir o que ela prometeu. Eles podem citar a promessa. "Você disse que se preocupava com a autonomia dos estudantes, então por que todas essas regras?" Caso contrário, eles podem escolher outra opção.

Isso também vale para a equipe da escola. Um dos maiores benefícios de se escolher a escola é que isso permite – e talvez exija – que os professores possam escolhê-la.

Imagine nossa colega se esforçando para colocar ordem nos ônibus. Digamos que ela não precise mais discutir com os pais que discordaram da sua resolução. Eles optaram por matricular seus filhos em uma escola que combina com a visão da professora ou entendem que a decisão dela está de acordo com o que a escola se comprometeu. Agora, finalmente, com tempo para se dedicar em melhorar o ensino e o aprendizado, ela opta por intensificar as atividades de escrita na sala de aula.

Em cada aula, todos os dias, os alunos devem escrever pelo menos uma frase bem elaborada para explicar uma ideia importante abordada na aula. Ela avisa seus colegas professores, mas nem todos gostam. O professor J. acha que inserir escrita em todo o currículo escolar é um modismo. Ele ensina matemática há 20 anos e não gosta de modismos. Nas sessões de desenvolvimento profissional, ele cruza os braços e mal se envolve com as discussões. Não cumpre os esforços para usar a escrita em sala de aula. "Tenho minha própria versão para as atividades de escrita", ele diz. O professor J. sabe que pode esperar até que a situação se resolva por si só.

Ao dizer isso, ele pisca para sua colega, a professora K., que está no segundo ano como professora e não tinha certeza do que pensava sobre a ideia de escrever. O professor J. explica, após a reunião do corpo docente, que falar sobre desenvolvimento profissional é uma perda de tempo, que ela realmente não precisa fazer isso. Sem mais nem menos, a escola está com problemas para implementar até mesmo uma ideia simples com fidelidade e consistência.

Todo mundo sai perdendo nesse cenário.

Imagine se, quando o professor J. se candidatou para o trabalho, a escola tivesse dito: "Temos três pilares na escola, e um deles é escrever. Só aceite este emprego se você concordar com isso". Nesse caso, o professor J. teria antevisto sua discordância com os valores da escola e poderia dar aula em algum lugar onde ficaria livre para fazer o que ama.

Quem, afinal, quer passar seu tempo trabalhando para uma organização com a qual está em conflito, cruzando os braços em reuniões e resistindo passivamente às iniciativas? Isso não parece bom para a conexão e o pertencimento entre professores. Conforme discutido no Capítulo 1, o sentimento de estar em uma missão, descobriu Martin Seligman, é fundamental para a felicidade.

É muito melhor saber desde o início. Sim, é mais fácil e justo para a escola responsabilizar o professor J., mas talvez menos necessário. Com uma sala cheia de professores que gostam das atividades de escrita, as normas na sala de professores (tão importantes quanto as da sala de aula) terão tudo a ver com ação, com objetivos compartilhados.

Quando não permitimos (e incentivamos) que os professores façam escolhas conscientes com base em princípios, corremos o risco de ter uma cultura "de braços cruzados" e iniciativas sem engajamento. Algumas escolas logo percebem que, sob essas condições, elas não conseguem implementar ações com fidelidade. Sempre empurrarão a pedra ladeira acima. Então, em muitos casos, param de tentar.

O resultado é que muitas escolas são uma mistura confusa de ideias mal executadas. E um custo *disso* é que não aprendemos muito.

Se dois educadores discordassem sobre as escolas focarem intensivamente na escrita, eles talvez travassem uma batalha ideológica sem fim. Poderiam escrever, argumentar e postar no Twitter sobre quem está certo e quem está errado. Essa batalha talvez durasse anos. Na verdade, isso já aconteceu com inúmeras questões e, anos depois, ainda não aprofundamos essas ideias e não sabemos como elas funcionam.

Mas se um administrasse uma escola com enfoque intensivo na escrita, e o outro administrasse uma escola com enfoque em outra coisa, em cinco anos teríamos uma ideia muito clara de quem estava certo, em que circunstâncias e o que causou esse sucesso. Aprenderíamos muito.

Em outras palavras, quando as organizações não escolhem de forma explícita, é difícil implementar e depois testar e aprender com as ideias. Isso prejudica o esforço maior do aprendizado.

Optamos, em vez disso, por escolher e implementar com fidelidade e intenção, para ver o que aprendemos. Se, no fim, você tinha razão, e nós estávamos errados, tudo bem – na verdade, ainda melhor. Se descobrirmos que estamos ambos certos para certas crianças em determinadas condições, excelente. Estaremos mais sábios.

Qualquer resultado que nos faça mais sábios sobre como servir nossos jovens, especialmente em um momento de necessidade, é melhor do que brigar, que é o que passamos muito tempo fazendo na educação. Isso muitas vezes é um desperdício de tempo para todos. E, agora, não temos tempo a perder.

NOTAS

1. Isso provavelmente se deve ao fato de que a leitura é uma atividade complexa, e a maioria das escolas, em nossa opinião, continua a ensiná-la de uma maneira que não está de acordo com o que a ciência nos mostra sobre a importância do método fônico* sistemático para os alunos mais jovens e do conhecimento prévio, da fluência e do ensino de vocabulário e escrita para os alunos mais velhos. Mas essa discussão fica para uma próxima oportunidade.
2. Também trabalhamos em outros setores da educação, e Darryl, por exemplo, atuou como administrador sênior em um dos maiores distritos escolares do país. Não somos "defensores" de escolas conveniadas (*charter*). Defendemos escolas melhores.
3. Achamos injusto exigir que a mãe ou o pai mande seus filhos para uma escola que não é segura e não os prepara para o sucesso acadêmico. Ninguém aceitaria isso para seus filhos. Percebemos que, quando as pessoas podem escolher, elas escolhem. O mercado imobiliário é a forma mais comum de os pais escolherem as escolas – eles se mudam para áreas com escolas melhores –, mas as particulares e as *magnet*** são outros exemplos.

---

*N. de R.T. Método de alfabetização que tem como base a ênfase na relação direta entre fonema e grafema – ou seja, entre o som das letras (fonemas) e a sua escrita (grafemas).
**N. de R.T. Escolas *magnet* são públicas e geralmente se concentram em uma área específica de estudo, como ciências, artes cênicas ou educação profissional. São projetadas para atrair estudantes de diferentes distritos.

ÍNDICE

A

A democracia em tempos sombrios (Hunter), xxiii
A evolução improvável (von Hippel), 3
A mente moralista (Haidt), xxviii-xxix
Abaixo-assinado, sobre restrições, 22–23
Abertura, justiça e, 24,
Aceitação, 23, 89–91, 100
Achor, Shawn, 7, 142–143, 145, 169
Acompanhamento, após problemas de comportamento, 206, 212
Adams, David, 70–71, 130–131
Afirmação:
    anotação como sinal de, 119
    botão "Curtir" como, 60
    entre colegas, 85–86, 94–95
    estalos de dedos para demonstrar, 79–84
    expressões do olhar, 9–10
    indicações não verbais de, 118–119
    reuniões gerais para mostrar, 154
    sinais de professores de, 106–108
Agradecer, 6, 144
Alta expectativa, mensagens de, 148
Ambientes, promover a resiliência, 148
Ansiedade, xxi, 10, 60–62, 94–95, 174
Aprendizagem socioemocional (ASE), 129–171
    cultura visual para, 155–159
    e blocos para a construção do caráter, 136
    e criação da resiliência, 146–149
    educação do caráter para, 133–134
    escolher e nomear virtudes para, 134–137
    gratidão e resiliência, 141–146
    intervenção estratégica, 168–170
    mecanismos de construção de cultura para, 159–167
    mecanismos para, 149–155
    reforçar virtudes para, 137–141
Aprovação dos colegas, 60, 107
Aprovação social, 60, 107
ASE, *ver* Aprendizagem socioemocional
Atenção:
    direcionada, xxi-xxii, 57–58
    fragmentada, 95–96
    Hábitos de, 86–93, 121
    reduzir problemas relacionados a, 57–60
    restrições para aumentar, 16
    seletiva, xxi-xxii
Ativa, observação, 117–118, 122
Atividade de encerramento, 201
Atividades esportivas, xxi, 174, 180–181. *Ver também* Atividades extracurriculares
Atividades:
    antídoto, 17–18

extracurriculares, 69–70, 173–181
   para aumentar a felicidade, 15–16
Auden, W. H., 27
Aula nota 10 3.0 (Lemov), 9, 87, 122
Aulas condensadas, 43–44
Ausências, escola, 42–43
Autocensura, 105
Autoridade, autoritarismo *versus*, 125
Autorregulação, 130

B

Bambrick, Paul, 23, 99
Bem-estar:
   engajamento e significado para, 77
   impacto da pandemia de covid-19 no, 130
   restrições de celulares para maximizar, 16
Benard, Bonnie, 148
Benson, Shannon, 159–161, 183–184
Bonanno, George, 146–147
Botão "Curtir", xx, 60
Bowen, Nikki, 150–152
Brady, Lauren, 43–44
"Brilho", enviar, 84–85, 107
Brimming, Jen, 67–68, 108–115, 185
Bryson, Bill, 8,

C

Caça, 11
Casel (Collaborative for Academic, Social, and Emotional Learning), 132–133
CDC (Centro de Controle e Prevenção de Doenças), 61, 70
Celulares. *Ver também* Epidemia de *smartphones*
   interações afetadas por, 62–64

Centro de Controle e Prevenção de Doenças (CDC), 61, 70
Chan, David, 24–25
Chegada à escola, 159–161, 183–184
Christodoulou, Daisy, 58, 60
Citações da comunidade, 158–159
Civilidade, ações de, 6
Clareza, sobre restrições, 54
Cole, Steven, 4
Colegas:
   afirmação por, 85–86, 94–95
   aprovação por, 107
   feedback positivo de, 79–84
   rastreamento, 87
   relacionamentos com, 148
Coletivismo, xxviii
Collaborative for Academic, Social, and Emotional Learning (Casel), 132–133
Comece pelo porquê (Sinek), 182
Comer sozinho, 71
Common Sense Media, xxi
Comportamento contraproducente, 125–126. *Ver também* Problemas de comportamento
Comportamento no ônibus, 217–218
Comportamentos de substituição, 201, 204
Comportamentos sociais, influência sobre as normas, 62–64
Concentração contínua, 57
Condensadas, aulas, 43–44
Conexão/conexões. *Ver também* Cultura de conexão e pertencimento
   com estudantes, 42–44
   com os pais, 38–42
   como fator em escolas bem administradas, 70

criando relações para, 149–150
cultura de planejamento de, 115–117
e reciprocidade difusa, 6
em *Hábitos de discussão*, 93–94
impacto dos *smartphones* nas, 14–15
interações informais para promover, 65
intervenção estratégica para, 168
motivação para, 17–18
nas redes sociais, 60
orientação para, 210–213
por meio do conteúdo, 166

Confetes, oferecer (afirmação), 84–86, 120–121

Confiabilidade das instituições, xxiii–xxviii, 23–29

Confiança:
    e reciprocidade difusa, 6
    e sinais de pertencimento, 5
    nas instituições, xxiii–xxviii, 23–29
    videoconferências para construir, 38

Conhecimento da virtude, 134, 138–139

Consequências, 188

Consistência:
    das restrições em relação a celulares, 46, 52, 54
    justiça do processo e, 25

Construção da plateia, 69–70, 176–178

Contato visual, 5–6, 8–10

Contrato social, xxiv, xxv–xxvi, 29

Conversas individuais, 202

Conversem, Virem e, 77–78, 101, 108–114, 121

Cooperação, crescimento, 3, 8, 27–29

Corpo (Bryson), 8

Corredores, construindo cultura em, 163–167

Cosgrove, Dan, 161

Coyle, Daniel, 5, 83, 97, 110, 112

Crenças de luxo, 125

Crenças, escolher escolas com base em, 219

Csikszentmihalyi, Mihaly, 109

Cultura de conexão e pertencimento, 173–214
    atividades extracurriculares para construir, 173–181
    e problemas de comportamento, 189–192
    equipes culturais para, 185–186
    liderança para, 181–189, 192
    orientação escolar, *ver* Orientação (atuando como diretor de estudantes)
    preparando-se para desafios, 186–189
    responsabilidade como fator para, 204–205

Cultura(s). *Ver também* Cultura de conexão e pertencimento
    de indignação, 218–219
    equipe, 185–186
    impacto na socialização de estudantes em, 21
    mecanismos para construir, 159–167
    protetora, 150
    vídeos como prova da existência da, 41
    visual, 155–159

Currículo escolar para diretor de estudantes, 192–198

"Curtir", botão, xx, 60

Cyberbullying, xx

D

Dados, coleta, 208–209
De surpresa, 97, 101, 108, 113, 114, 121
Dean, Jami, 206–208
Definição dos sinais de pertencimento, 115–116, 117
Dependência, celular, 49–51, 62
Depressão, xxi, 7, 61
Desafios que os jovens enfrentam, 1–30
    na construção de vilarejos, 27–29, preparação para, 186–189
    epidemia de *smartphones*, 13–23
    com a confiança nas instituições, 23–29
    com pertencimento, 1–13
Desculpas, pedido genuíno, 194–198,
Diamon, Eric, 44
Dinâmica evolutiva de grupos, 1–5
Discussão/discussões:
    com colegas, 110
    desenvolver, 100, 104
    frases roteirizadas para, 102–104
    funções em, 101–104
    Hábitos de, 93–97, 105–108, 121
    interações individuais, orientação estudantil individual, 202
    perguntas para fomentar, 162–163
    sobre a cultura da escola, 184
Disposição, avaliação do aluno, 203
Distrações, celulares como, 56
Divagação, diminuição da, 71
Duckworth, Angela, 26, 133, 135

E

Easterling, Equel, 139–140, 143
Eaton, Sam, xxxii, 64, 68
Edelman Trust Barometer, 24
Edpuzzle, 43
Educação do caráter, 133–136
Efeito de rede, 36
Engajamento:
    dinâmico prolongado, 11–13
    fluxo e, 109
    orientação como envolvimento positivo, 212
    para o bem-estar, 77
Engenharia social positiva, 78–79
Epidemia de *smartphones*, 13–23
    combater, 15–23
    conexão e isolamento em razão de, 14–15
    pandemia de covid-19 e, xvii–xxii
Esclera do olho, 8–9
Escolas de baixa renda:
    disciplina em, 189–190
    perda de aprendizagem em, 215–216
Escolha da escola, 215–223
Espécies eussociais, 27–28
Esperar, 71
Estalos de dedos, em concordância, 79–84
Ethier, Kathleen, 70
Exatidão, em justiça do processo, 25
Exercício de "escaneamento", 169

F

Falar em público, 80–81
Feedback:
    dos colegas para, 79–84
    sobre gratidão, 145
Felicidade, 11–12, 15–16, 142, 145–146
Fink, Cristina, xx
Fluxo, 11–13, 109
Fordham Institute, 189

Frases roteirizadas, 102–104
Frazier, Denarius, xxx, 9, 20–21, 25–26, 47, 51, 75, 77–82, 87–89, 96, 97, 109–110, 123–125, 154, 157
Friedman, Charlie, xxxii, 69, 175–185
Funções, discussão, 101–104
Fundação para os Direitos Individuais na Educação, 105

G

Generosidade, 5, 140–141
Gestos de pertencimento, 5–10
Goodship, Fran, 105–108
Gratidão, 7, 141–146, 156–157
Gravidez na adolescência, xix, 35
Griffith, David, 189–191
Grupos, dinâmica evolutiva de, 1–5

H

Habilidades sociais:
    impacto da pandemia de covid-19 em, xv–xvi
    impacto das redes sociais sobre, xix
    impacto do isolamento em, 129
    interações informais para promover, 65
    intervenção estratégica para, 168
    perguntas para promover, 162–163
Hábitos de atenção, 86–93, 121
Hábitos de discussão, 93–97, 99–100, 105–108, 121
Haidt, Jonathan, xvii-xviii, xxviii–xxix, 60, 62
Hall, Ben, xxxii, 99–105
Harvard Medical School, 142
Harvey, Stacey Shells, 162, 170, 184, 185–186
Heath, Chip e Dan, 184–185
Henderson, Rob, 125
Hess, Rick, 129, 130
Hofstede, Geert, xxxviii
Holt-Lunstad, Julianne, 4
Hume, David, 49
Hutton, John, 60

I

Identidade:
    camisetas como sinal de, 179
    pertencimento a grupos e, 28
    pertencimento que molda a, 12
iGen (Twenge), xvii–xviii, 63
Imagem residual cognitiva, 7, 143
Individualismo, pertencimento *versus*, xxviii–xxix
Informações:
    qualidade da, 24
    reunir, 203
    videoconferências para fornecer, 38–42
Instituições:
    confiança em, xxiii–xxviii, 23–29
    propósitos e métodos para, 220–221
    uso crônico do celular e, 14–15
Interações:
    impacto do celular em, 62–64
    informais, 14, 65, 68–70
    orientação estudantil individual, 202
    sem tecnologia, 64–72
    sociais presenciais contínuas, xx–xxi
Intervalos escalonados, 167
Intervenção(ões):
    educação do caráter, 134
    estratégicas, 168–170

para epidemia de *smartphones*, 18–23
tutoria intensiva como, 215
Isolamento, 4, 14–15, 61, 63–64, 129

J

Jogando boliche sozinho (Putnam), 13, 29
Jones, Jody, 38, 42–43
Jubilee Centre, 134, 135, 141
Justiça, 24–25
  do processo, 24–25, 37, 55
  do resultado, 24, 55

K

Kahoot, 42
Kane, Tom, 215–216
Keohane, Robert, 6, 29
Kirby, Joe, 131, 132

L

La Rochefoucauld, François, 7
Lacunas de habilidades, resolver, 200
Leitura, impacto das redes sociais na, xix, 58
Lemov, Doug, 9, 19, 31, 122, 129–130, 144–145, 163
Lewis, Hilary, 88, 149
Lewis, Rhiannon, 130
Livros, leitura, xix

M

"Magia", enviar, 84–85, 108
Magliozzi, Erin, 86, 118–120
Manos, Michael, xxii, 57–58
Mão levantada, 107

Materiais de aprendizagem assíncronos, 42
McCrea, Peps, 83
McCullough, Jamal, 210–213
McLelland, Madalyn, 123, 124–125
McNeil, William, 110
McPhee, John, 166
Mecanismos:
  construção da cultura, 159–167
  para aprendizagem socioemocional, 149–155
  sobre, 150
Meia-atenção, 57–59
Meios de participação, 113–115, 121–122
Mensagens de alta expectativa, 148
Mentalidade flexível, 147–148
Mesas nos corredores, 163–166
Mieze, Rousseau, 86
Mollick, Ethan, 88
Monitoramento passivo, 164–165
Motivação:
  como fator de pertencimento, 77–79
  conexão como fonte de, 17–18
  normas sociais e, 83
Motivated teaching (McCrea), 83
Mutualismo, 4, 5, 8, 27–29

N

Negligência, responsabilidade *versus*, 204
Neuroplasticidade, 59–60
Newman, Lagra, 39–42
Nome, chamar estudantes pelo, 155
Normas:
  disciplinares, 189–192
  explicando a restrição, 57–64

para influenciar comportamentos sociais, 62–64
Normas sociais:
    ações e motivações influenciadas por, 83
    ensino de, 19–22
    problemas de comportamento de estudantes, *ver* Problemas de comportamento
Notas, tomar, 119

O

O jeito Harvard de ser feliz (Achor), 7
Observação ativa, 117–118, 122
Olhares afirmativos, 9–10
Orientação (atuando como diretor de estudantes):
    currículo escolar para, 198–202
    e ensino em resposta a problemas de comportamento, 192–198
    para conexão e pertencimento, 210–213
    privada, 202–206, 208–210
    pública, 202, 207–208
    Resolver problemas de comportamento, 187–188
    treinamento para, 202–204
Orientação estudantil coletiva, 202, 207-208
Orientação estudantil individual, 202–206, 208–210
Organização:
    das salas de aula, 122–126
    de corredores, 163–167
    de escolas bem administradas, 70
Ouvir, atenção fragmentada e, 95–96

P

Pais:
    comunicando-se com, 205–206
    construindo confiança em instituições para, 24–27
    contribuição para a educação do caráter de, 135
    discordantes, 218–219
    reuniões com, 37–38
    sobre normas disciplinares, 191
    treinamento em redes sociais para, 170
    usar a tecnologia para se conectar com, 38–42
Pandemia da covid-19:
    aprendizagem impactada por, xv–xvi, 215–216
    comportamento dos estudantes e, 129–131
    epidemia dos *smartphones* e, xvii–xxii
    experiências de vida e, 18–19
    lacunas sociais por, xiii–xv
Participação, meios de, 113–115
Passivo, monitoramento, 164–165
Pentland, Sandy, 4
Percebidos, sentimento dos estudantes, 209–210
Percepção da virtude, 134
"Perguntas no café da manhã", 162–163
Perguntas, fazer, 20
Pertencimento, 1–13, 75–127. *Ver também* Cultura de conexão e pertencimento
    afirmação dos colegas para, 84–86
    dinâmicas evolutivas de grupos e, 1–5

em escolas bem administradas, 70–71
estado de fluxo e seu papel no, 11–13
exemplo de, 118–120
feedback positivo dos colegas para, 79–84
Hábitos de atenção para, 86–93, 121
Hábitos de discussão para, 93–97, 105–108
indicações para, 115–117
individualismo *versus*, xxviii–xxix
liderança para, 181–189, 192
meios de participação para, 113–115
mostrar momentos e gestos, 5–10
motivação como fator para, 77–79
observação ativa para, 117–118, 122
organização e previsibilidade para, 122–126
orientação para promover, 210–213,
planejando o, 99–105, 115–117
sinergia para, 97–99
uso de redes sociais para, 34
Virem e conversem/Todos juntos para, 108–112
Phi Delta Kappan, 191
Pobreza, escolas com altos níveis de:
disciplina em, 189–190
perda de aprendizagem em, 215–216
Pondiscio, Robert, 23
Previsibilidade das salas de aula, 122–126
Problemas de comportamento:
currículo escolar para solucionar, 192–198
políticas disciplinares e, 189–192
preparar para, 186–189
transição para voltar à sala de aula, 206–208

Processo, foco no, 27
Professor(es):
construindo confiança em instituições para, 24–27
diretor de estudantes conversando com, 205–206
em escolas com alta pobreza, 191
rastreamento de, 87–88
relações entre estudantes e, 148
seleção de escolas para trabalhar, 221–222
sinais de afirmação de, 106–108
sobre políticas disciplinares, 189, 191
Propósito:
compartilhado, 26
de programas extracurriculares, 175–176, 182–183
Proteção, lugares de, 148–149
Psicologia positiva, 146
Putnam, Robert, 13, 29

Q

Quizlet, 42

R

Raciocínio virtuoso, 134, 144,
Rastrear com os olhos, 86–90
Recado no armário, 156–157
Reciprocidade:
específica e difusa, 6–7, 29
generalizada, 29
Recolher celulares, 50
Redes sociais:
características viciantes de, 60–61
e cultura da indignação, 218–219
ensinando alunos a usar, 157
falar sem ouvir os outros, 95–96

impacto de, na leitura, xix, 58
manipulação da atenção por, 58–59
na crise de saúde mental, xvii-xxii, 61–62
orientação sobre como usar, 169–170
pertencimento e uso de, 34
treinando pais para o uso produtivo, 170

Refeições, interações durante, 161–163
Refeições no estilo almoço de família, 67–68
Reflexão:
  escrever para facilitar, 203–204
  sobre a cultura escolar, 183–184
  sobre as virtudes da escola, 139
  sobre problemas de comportamento, 198
Reforço:
  de indicação de pertencimento, 116
  positivo, 80, 81, 207–208
Relacionamentos:
  construção, 149–150, 209
  cuidado, 148
  entre os colegas, 148
  entre os professores, 148
  orientação estudantil coletiva para construir, 209
Resiliência, 141–149
Resiliency (Benard), 148
Responsabilidade, 204–205
Restrição de celulares, 16–17
  aplicar, 47–51
  com base na idade, 34, 46–47
  estudantes protestando, 22–23
  exemplos de, 51–56
  inconsistente, 45–46
  razões para, 57–64

Reuniões:
  com os pais, 37–38
  de orientação, 167
  gerais, 20–21, 150–154
Revisão com vídeos, 43
Riso, 9
Roberts, Elisha, 69–70, 163

S

Sala(s) de aula:
  desordenadas, 123
  organização/previsibilidade de, 122–126
  transição para voltar à, 206–208
Saúde mental, impacto das redes sociais na, 61
Schueller, Stephen, 77,
Screencastify, 43
Segurança, escola, 190–191
Seligman, Martin, 7, 11–12, 109, 145–146, 174, 222
"Sempre em outro lugar", 63
Sessões de estudo, 42
Shim, So-Hyeon, 88
Shriver, Tim, 130
Símbolos, afirmação expressa por meio de, 154, 155
Simon-Thomas, Emiliana, 143
Sinais de pertencimento, 115–117
Sinek, Simon, 182
Sinergia, de ferramentas para pertencimento, 97–99
Solidão, xviii, 4, 7, 61
Solo silencioso, 115
Soluções:
  de baixo esforço, alto impacto, 131, 155,

definição do problema, xxxii-xxxiv
tamanho correspondente de problemas e, 184-185
Sorriso, 5-6
Stembridge, Adeyemi, 166
Switch (Heath e Heath), 184-185

T

Tarefa, mudança de, 57-59
Teacher Tapp, 33, 45
Tecnologia, 31-73. *Ver também* Redes sociais
    aplicar restrições à, 47-49
    benefícios relacionados à, 35-36
    características viciantes da, 31-35,
    exemplos de restrições sobre a, 51-56
    explicar normas relacionadas à, 57-64
    gerenciar, 35-36, 44-47, 49-51
    interações fora da, 64-72
    para se conectar com os alunos, 42-44
    para se conectar com os pais, 38-42
    para videoconferências, 36-38
    tempo médio que os estudantes usam, xxi
The culture code (Coyle), 5
The end of trauma (Bonanno), 146
The headmaster (McPhee), 166
The New Teacher Project (TNTP), 191
Tindall, Breonna, 93, 97-100, 109-110
TNTP (The New Teacher Project), 191
Todo mundo escreve, 108, 113, 121
Todos juntos, 108-113, 121
Torres, Christine, 85-86, 93
Trajetória de resiliência, 147
Transição de volta à aula, 206-208
Turkle, Sherry, xvii, 63

Tutoria intensiva, 215
Twenge, Jean, xvii-xxi, 14-16, 35, 60-64, 174
Tyner, Adam, 189-191

U

United Negro College Fund, 190

V

Valores:
    currículo para ensinar, 200
    e justiça do processo, 25
    orientação estudantil coletiva para incorporar, 209, 210
Viabilidade das instituições, xxiii-xxviii, 23-29
Videoconferência, 36-38
Vídeos ao vivo, 40
Vilarejos, construir, 23-29
Virem e conversem, 77-78, 101, 108-114, 121
Virtudes:
    cívicas, 135, 136
    currículo escolar para ensinar, 200
    de desempenho, 136
    educação de caráter para ensinar, 133-134
    escolher e nomear, 134-136, 142
    intelectuais, 135
    morais, 135, 136
    orientação estudantil coletiva para incorporar, 210
    reforçar, no dia escolar, 137-141
Visibilidade, orientação estudantil coletiva e, 208
Vocabulário compartilhado, 27
Von Hippel, William, 3, 5, 7, 8
Voz, justiça do processo e, 25

W

Warren, Nicole, 117–118
Williams, Darryl, 115
Willingham, Daniel, 202
Wilson, Edward O., 28

Wittgenstein, Ludwig von, 121
Wright, Sarah, 86

Z

Zoom, 36–38, 42